KB231639

일본 명치기 문학논쟁사

정인문 저

책머리에 ―

　원래 문학은 자연과학처럼 명확히 할 수 없는 요소를 지니고 있는 것이다. 문학에 있어서의 문제는 작품을 중핵으로 하여 제작과 수용, 작가와 작품과 독자를 맺는 상관관계에 의해 성립한다. 이와 같은 일종의 유기적인 불안정 속에 있는 것이 문학에 대한 수용자, 향수자의 각각의 해석이나 사고를 허용하게 된다. 즉 같은 의견에 도달하는 데 있어서 시간이 지체되거나, 그리고 끝내 같은 의견이 나오지 않는 결과가 초래되기도 한다.

　이것은 문학이라는 것은 무엇일까라는 중대한 과제에 대한 해답이 미래에 영원히 계속되는 까닭이다. 문학이 이러한 본질을 가지고 있는 한 문학 논쟁은 영원히 계속 될 것이다. 대결적인 자세와 실천적인 대결의 행동 속에서 살아있는 문학이라는 것은 각각의 시공에 있어서 생동감이 있는 의식을 지향해 가는 것을 말하는 것이다.

　이러한 의미에서 필자는 순차적으로 일본근대문학에 관한 논쟁사를 정리해 가려고 한다. 우선 이번에는 명치기의 문학 논쟁사에 관한 부분을 나름대로 정리하려고 한다. 그리고 이 저서를 정리함에 있어서 선행 연구서를 정리하는 수준에 그치고 있음을 미리 알려드리는 바 이며 아울러 감사의 말씀도 함께 전한다. 앞으로 내용이 미비한 부분은 보완해 나갈 예정이다.

2006년 8월

정인문 삼가 적음

목차 ─

1. 근대 일본문학 논쟁의 계보 ·· 9

　　1) 문학논쟁의 의미 ··· 9

　　2) 전위로서의 문예학의 문제제기 ······························· 11

　　3) 계몽기의 문학논쟁 ·· 14

　　4) 인생과 예술의 일원론과 이원론 ······························ 17

　　5) 폐쇄적 문학이념과 해방적 문학이념 ························· 19

　　6) 문학기법상의 미세구조 ··· 21

　　7) 본질론에 대한 방향과 쇄말에 대한 도피 ···················· 23

2. 森鷗外와 外山正一의 絵画 논쟁 ································· 27

3. 没理想 論争 ··· 41

4. 森鷗外의 『舞姫』 논쟁 ··· 55

　　1) 森鷗外의 독일유학 ··· 56

　　2) 『舞姫』 ··· 57

　　3) 石橋忍月의 『舞姫』評 ··· 58

　　4) 森鷗外의 반박 ··· 60

　　5) 野口寧斎의 『舞姫』평 ··· 62

　　6) 「詩境과 人境과의 구별」 ······································ 64

　　7) 낭만적 이상주의자의 불만 ····································· 66

　　8) 내면적 자화상으로서의 『舞姫』 ······························ 68

　　9) 『独逸日記』를 통해서 ·· 69

　　10) 엘리스와 森鷗外 ·· 72

11) 세 개의 雅文体 소설 ………………………………… 74

12) 봉건적 자기 부정 ………………………………… 75

5. 樋口一葉의 『키재기』(『たけくらべ』) 논쟁 ………………………… 79

6. 高山樗牛에 있어서 坪内逍遥와의 史劇·歷史画 논쟁 ………… 83

7. 人生相渉 論争 ………………………………………… 107

1) 山路愛山의 공리주의적 문학관 ……………………………… 107

2) 『인생과 함께 거니는 것은 무슨 까닭이냐』 ……………… 108

3) 「国民之友」와 「文学界」 ………………………………… 109

4) 女学雑誌社의 実際派와 超絶派 ……………………… 109

5) 島崎藤村의 透谷 이해 ……………………………… 113

6) 德富蘇峰의 「高踏派」 비난 ……………………… 115

7) 개인적 생명의 존중 ……………………………… 117

8) 두 개의 문학유파에 대한 도전 ………………… 120

9) 透谷의 『명치문학 管見』 ……………………… 121

10) 인생 相渉의 주장 ……………………………… 126

11) 愛山의 『英雄論』 ……………………………… 130

12) 민권론자로부터 제국주의자로 ………………… 131

8. 田山花袋의 『蒲団』 논쟁 ……………………………… 139

9. 森田草平와 『煤煙』 논쟁 ……………………………… 153

10. 자연주의 논쟁 ………………………………………… 165

1) 島村抱月의 제일성 …………………………… 165

2) 長谷川天渓의 주장 …………………………… 168

3) 太田正雄의 長谷川天渓 비판 ……………… 169

4) 天外, 荷風의 자연주의 이해 ……………………………… 171

5) 島村抱月의 자연주의 구성론 ……………………………… 173

6) 인상파 자연주의 …………………………………………… 175

7) 田中王堂의 島村抱月 비판 ………………………………… 177

8) 자연주의 이론의 모순 ……………………………………… 178

9) 비관적 심경의 강조 ………………………………………… 181

10) 安倍能成의 島村抱月 비판 ……………………………… 183

11) 片上天弦의 『무해결의 문학』 …………………………… 185

12) 島村抱月의 『회의와 고백』 ……………………………… 186

13) 魚住折蘆의 자연주의 긍정 ……………………………… 187

14) 啄木의 자연주의 비판 …………………………………… 189

15) 비판자와 방관자 …………………………………………… 191

16) 자연주의의 현실감 ………………………………………… 192

17) 正宗白鳥의 회상 …………………………………………… 194

18) 자연주의에 대한 사회적 비난 …………………………… 194

19) 예술과 실행 ………………………………………………… 196

20) 島村抱月에 있어서 天渓와 泡鳴의 대립 ……………… 198

21) 花袋의 평면묘사론 ………………………………………… 200

22) 泡鳴의 일원묘사론 ………………………………………… 201

23) 諸家의 비평과 泡鳴의 반론 ……………………………… 204

24) 泡鳴에 대한 花袋의 응수 ………………………………… 206

25) 啄木의 비판 ………………………………………………… 207

11. 赤木桁平의 「遊蕩文学」의 撲滅 논쟁 …………………… 227

12. 「白樺」 논쟁 ………………………………………………… 245

1) 시라카바이냐 바카라시이냐 245

2) 生田長江의 자연주의 前派論 247

3) 赤木桁平의 白樺派観 249

4) 武者小路実篤의 長江에의 응수 250

5) 和辻哲郎의 白樺派 옹호와 자연주의 비판 251

6) 森田草平에 있어서 江口渙의 和辻哲郎에의 반론 256

7) 和辻哲郎의 森田와 江口에의 반박 258

8) 岩野泡鳴의 조소와 和辻哲郎의 응수 260

9) 広津和郎의 비판적 옹호 263

10) 広津의 『인도주의의 정의』 268

11) 広津의 『志賀直哉論』 271

12) 武者小路의 절대적 개성 존중 272

13) 木下杢太郎와의 논쟁 274

14) 망각된 중심적 과제 278

15) 安倍能成와 生田長江의 논쟁 280

16) 阿部次郎과 生田長江의 논쟁 284

17) 개인과 사회 286

18) 三井甲之와 堺利彦의 비판 287

19) 白樺派의 현실적 지반 289

20) 「教養派」 시대 291

21) 「새로운 마을」의 창설 292

22) 有島武郎의 비판과 이해 295

23) 사회주의와의 대결 297

■ 참고문헌 312

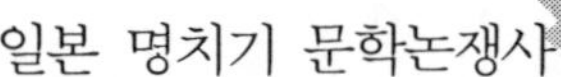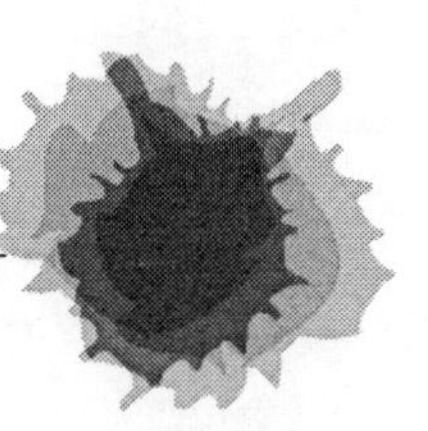

일본 명치기 문학논쟁사

1

근대 일본문학 논쟁의 계보

1) 문학논쟁의 의미

논쟁이라는 것은 문학 이외의 영역에도 있다. 거시적으로 말하면 자연과학에도 인문과학·정신과학·사회과학에도 존재한다. 과학 이외의 세계에도 존재한다. 중고의 세계를 비과학 세계라고 본다면 당연히 그곳에도 존재할 수 있다. 그리고 이와 같은 세계에서야말로 결론이 나지 않는 진흙탕 같은 논쟁이 성립될 수 있다. 즉 사물적으로는 판정이 나지 않기 때문에 완전히 평행선인 채로 끝나는 수가 있다. 자연과학의 경우에는 방법론이 관여하기도 하지만 뭐라 해도 자료나 데이터가 그것을 말해준다. 거의 같은 조건에서의 실험이 가능한 만큼 방법론의 오류가 생기지 않는 한, 똑같은 방법에 의한 실험적 작업에서 오는 결과는 적어도 정확한 판정을 내릴 수 있다. 이러한 의미에서의 논쟁은 본질적으로 반드시 나쁘게만 만들지는 않을 것이다.

하지만 문화과학·정신과학·사회과학의 경우나, 이미 과학의 끝자락으로부터 비과학으로 치부되는 영역에 있어서의 논쟁은 판정자는 있겠지만 그 판정이 정확히 판가름하기 어려운 경우도 있을 수 있다. 자연 과학 세계처럼 단순히 검은 것인지 흰 것인지 판별하기 어렵다. 예술이나 종교의 영역에서는 최초부터 함께 할 수 없는 생각들이 정면으로부터 대립된 채로 일어날 수도 있다. 본래 예술이나 종교의 수용에 있어서는 수용하는 주체가 대상과 서로 맺는 관계에서 강력한 가치관이 관여한다. 인정하던가 인정하지 않던가 말하자면 아무런 관련이 없는 사람들이 제멋대로 일선을 그어버리는 경우가 많을 수 있다. 그러면 논쟁이 성립되지 않는다고 해 버리면 그만일 것이지만, 의외로 이와 같은 세계에서 오히려 피로서 죄를 재단하는 논쟁이 일어나는 수도 있다. 더구나 그 논쟁의 결과는 확실하게 한쪽이 이길 것이라고 단정할 수도 없는 것이다.

자연과학일수록 논쟁에 있어서 명확히 선을 그을 수 없는 결과가 있을 수 있다고 하는 것은 원래부터 문학이라는 것이 자연과학과 같이 명확히 선을 그을 수 없는 요소를 가지고 있기 때문이다. 문학에 있어서 문제는 작품을 중핵으로 해서 제작과 수용, 즉 작가와 작품과 독자를 맺는 관계에 있어서 성립한다. 그리고 문제는 이 세 개의 계기를 각각의 원점에서 확장해가는 각각의 영역에 있어서 존재한다는 것이다.

이와 같은 일종의 유기적인 불안정 속에 존재하는 것이 문학에 대한 수용자, 향수자의 각각의 해석이나 생각이 여러 각도로 허용이 되어 같은 의견에 도달하는 것에 시간이 지체되거나, 혹은 서로 맞지 않는 결과를 초래하기도 한다. 이것이 문학이 가지는 운명이고 본질적으로 가지고 있는 숙명이라 할 수 있다.

문예학은 이와 같은 문학이 가진 불안정성을 될 수 있는 대로 과학적으로 처리하려고 노력하는 학문체계이다. 그러나 단 문예학의 역사가 짧다고 하는 것만이 아니라, 원래부터 문예학에 뒤떨어지지 않는 인자가 문학을 둘러싸고 있거나, 혹은 문학 그 자체 속에 내포되어 있는 것에 의해서 문예학 그 자체가 스스로의 학문적인 한계 때문에 비관적으로 좁아지게 되면서 끝내는 스스로의 학문체계를 부정할 수밖에 없는 모순 구조에 빠지게 된다는 것이다.

2) 전위로서의 문예학의 문제제기

문예학 논쟁이라는 것이 존재한다. 전시 중에 일어난 문예학 논쟁은 일본 문예학을 둘러싼 그 정신구조 자체를 문제로 삼은 것들이었다. 전시중이라는 특수조건이 가미되면서 일본식으로 편향 된 것은 전쟁으로 인한 정신적 풍토도 반영되었던 것이다. 원래 일본 문예학은 독일 문예학의 혈맥 속의 일본적인 풍토를 근거로 하여 성립된 것이었다. 그러니까 일본 문예학의 원천을 찾아가다 보면 소비에트 문예학과 대립되는 요소를 충분히 가지고 있는 것을 느낄 수 있다. 소비에트 문예학이 그 당시 당면의 적으로 간주하여 논전을 펼친 것은 독일 문예학의 흐름을 처음 서술한 현상학파의 미학에 입각한 미학적 고찰을 지반으로 한 일본의 문예학적 고찰이 아니었고, 일본적 전개를 할 수밖에 없게 된 일본 문예학 그 자체였던 것이다. 이 논쟁은 공적인 장소에서 저항한 논쟁의 모습이라기보다 음습한 요소에 의해 비뚤어진 형태로 전개되게 되었다. 이런 까닭으로 이 논쟁 그 자체는 학적 체계의 내실 그 자체의 논의보다는 자세를 문제로 삼는 정치적 색채를 띠게 만든 것이었다.

전후에 있어서 일본 문예학이 전후라는 조건이 더해지면서 세계 문예학과의 관련을 강하게 의식하기 시작되었는데 재차 논전의 징조가 나타나게 되었다. 이것은 역시 정치적인 색채를 띄게 되면서 음습한 요소를 벗어날 수 없었던 것을 의미한다. 즉 문제의 본질적 전개가 이루어지지 못한 채로 끝나고 말았던 것이다.

단지 岡崎義恵와 土居光知와의 사이에 이루어진 논쟁은 시대구분이나 장르문제와 관련되고 있는데 문예학적 고찰에 있어서 각론 부분에서는 본질적으로 어울릴 수 없었다는 것이다. 이 논쟁은 岡崎 측으로부터 제기한 구체적인 항목에 대하여 土居 측이 충분한 해답을 하지 못한 채로 종료되어 버렸다.

문예학이 우선 문제로 삼았던 것은 문예학이라는 단어를 사용하는가, 사용하지 않는가의 문제는 별도로 하더라도 문학에 대해 거시적이든 미시적이든 고찰과 응시를 하는 경우에 무엇보다도 문제의 초점에 대해 대상을 명확히 해야 하는 편리함을 생각해야 했던 것이다. 이 경우에 문예를 대상으로 한 인간의 悲願과 같은 과학적 사고의 성립, 불성립의 문제는 일단 여기서는 제쳐두기로 한다. 이것 자체가 자칫 소논쟁의 초점이 되기도 하지만 풀어갈 수 없는 미해결의 문제로서 잔재하고 있다는 것을 숙지한 위에서의 일이다.

문예학의 初源的인 또는 궁극적인 문제의식은 문예, 문학이라는 것은 과연 무엇인가 하는 문제이다. 이 문제에 대해서 만일 定理的, 공식적으로 만인을 설득시킬 수 있는 해답이 나온다고 한다면 많은 논쟁은 거시적으로 봐서 이미 그 대부분의 의의를 상실했다고 해도 과언이 아닐 것이다. 문학이라는 것은 무엇인가라는 문제는 결코 語釈的인 해답으로서는 해결할 수 없다. 과학적, 체계적 정리는 그 구조와 기능을 우선은 관념적으로 해명할 수가 있을 것이다. 그러면서도 문학은 이와 같은 관념적인 해명을 반쯤은 수용할 수 있겠지만 반쯤은 향수자가 실제로 느껴지고 실감되는 것이 아니라면 거절 반응을 일으켜서 받아들이지 않을 수도 있는 것이다. 이런 까닭으로 문학이라는 것이 무엇인가 하는 문제에 대한 해답은 지금 당장 독자를 만족시킬 수 없기도 하고 또한 더욱 더 구체적으로 들어가 보면 그것은 시공의 추이 속에서 항상 의문을 가져야만 하는 문제라고도 볼 수 있다. 대답은 이미 그 시점에서 사멸하는 것이다. 정착한 것, 완전히 굳어진 것은 관념의 시체에 불과하고 또한 살아있는 문학이 아닌 것이다. 문학은 객관적으로 문자나 媒材에 의해 정착되어 진 것뿐만 아니라 미래에 기대되는 독자와 결부되어 있는 향수의 기능 속에서 과거, 현재의 시점에서 고정화되고 관념적으로 정착이 되어 그것으로 모든 것이 끝나는 것은 아니다. 오히려 유동적으로 움직이는 것, 고정할 수 없는 것, 수용의 미묘한 접점을 찾아가는 것이어야 한다고 생각해 볼 수도 있다. 이것은 문학이 무엇이냐 하는 중대한 과제에 대한 해답이 미래에도 영원히 계속 되기 때문이다. 문예학은 이러한 해답을 준비해야 하는 것이고 잠시도 이 기능을 멈추어서는 안 되는 것이다. 形骸化되지 않는 문학이라는 사고방식이 그 본질적인 것인 한, 문학논쟁은 영원히 계속되어야 한다. 이러한 대결의 자세와 실천적 대결의 행동 속에서 생생한 문학은 각각의 시공에서의 의의를 다하는 것이다.

문예학은 또한 방법론을 준비한다. 문학이 무엇이냐 하는 의문은 수용자가 서로 관계를 맺는 방법에 대한 방법론 의식을 낳게 만든다. 방법론은 궁극적으로는 철학에 의해 유지된다. 문학론도 예술학도 미학도 그 고향은 철학으로 귀착된다. 철학의 배경에는 세계관과 진하게 결부된다. 오늘날은 실존의 세기라고 불려지는데 실존주의 그 자체의 사고방식은 실존철학에 의거하고 있다. 실존철학이 나타난 것은 20세기 인간의 삶에 대한 방식을 어떻게 세계사 속에 꾸며 가는가 하는 역사의 흐름 속에서 규정되어지는데 20세기 역사적 인간에 있어서 세계관의 귀결로서 고찰할 수가 있다. 인간 존재가 기능문명 속에서 소외감을 느끼면서 또한 인간성을 회복해 가고 인간적인 삶을 영위해 가기에는 어떠한 사고양식과 어떠한 운명적인 사회기구와 그 속에서의 삶의 방식을 실천해 가야 하는 세계관 속에 규정되어져서 20세기 문화가 형성되는 것이다. 문학도 그 예외가 아니다. 그런 까닭으로 쇄말적 내지는 폐쇄적인 문단 현상으로서는 그것을 느낄 수가 없고 거시적으로 본 문학의 명문에 관한 문학논쟁은 이상과 같은 본질을 근거로 한 노선 위에 전개되는 것이다. 이것은 문학에 대한 전위적인 문제의식이라 할 수 있다. 근대문학보다는 오히려 현대문학에 있어서 무엇보다도 절실한 문학논쟁의 초점이 형성되는 것이다. 그리고 이 경우에 논쟁의 전개에 있어서 첨예한 해답을 할 수 있는 것은 문예학인 것이다. 여기서 반드시 문예학이라는 말을 사용하지 않아도 좋다. 문예학의 색깔을 내지 않아도 대신 그 내실이 문예학의 기능을 다한다면 되는 것이다.

3) 계몽기의 문학논쟁

문학에 관한 근대적인 해석이나 사고방식 및 그 체계는 해외로부터 가져온 것이다. 有賀長雄의 『文学論』과 같이 保습이라는 오래된 개념으로 문학을 체계 지으려고 하는 시도가 없었던 것도 아니지만 福沢諭吉의 『학문의 권유』에 나오는 공리주의적 문학관으로부터 시작하여 西周의 『白学連環』『知説』『美妙学説』 내지는 번역의 『심리학』을 비롯하여 명치 계몽기의 문학관은 모두 이식의 작업이라해도 과언이 아니었다. 여기에는 아직 논쟁이 불필요한 일방적인 섭취, 흡수의 시간이 필요했던 것이다. 中江兆民 번역의 『維氏美学』과 같은 내용상으로 보면 획기적인 동시대적 소개의 작업에 이르러서는 더욱 심했던 것이다. 坪内逍遥가 『小説神髄』를 기초로 한 것도 호튼의 영문학 강의에 영향을 받아 호튼 교수의 시험성적이 나쁜 것에 대해 반발하거나, 그것에 대해 반론을 하기 보다는 새로운 세계에 눈이 열리면서 서구를 섭취해 갔던 것이다. 二葉亭의 『小説総論』만 하더라도 충실한 번역이 밑바탕이 되고 있다. 계몽기에 있어서 逍遥와 二葉亭는 한편으로는 영문학, 한편으로는 러시아 문학이라는 지반의 차이도 있겠지만 일본에 있어서 문학이론 전개의 근본 구조를 전형적으로 보이고 있는 점에서 흥미가 깊다. 두 사람 사이에는 『当世書生気質』을 둘러싼 문학상의 교환이 이루어지고 있었는데 이것이 논쟁의 효시라고 할 수 있다. 그리고 이 논쟁의 결과는 양자에 있어서 부질없는 것은 아니었다.

　계몽의 작업이 본격적인 논쟁을 불러 일으켜 문제의 심화를 조장했다고 하는 것은 森鷗外가 독일 유학으로부터 귀국한 이후였다. 森鷗外는 독일 유학중에 쇼펜하우엘, 하르트만 계열의 관념론 철학, 염세철학을 배웠다. 그리고 귀국 후는 하르트만에게 완전히 심취했다고 할 정도로 하르트만을 기본으로 한 문학이론으로 논적을 타도했던 것이다. 佐藤春夫가 말하고 있는 바와 같이 森鷗外의 독일 유학의 산물로 근대일본문학의 기원으로 삼으려는 사고방식은 문학의 중핵이 되는 소설에 있어서도 또한 문학 이론면에 있어서도 森鷗外 활동에 의해 문학면에서의 참다운 근대의 뿌리가 내린 것이라고 표현할 수 있는 것이다. 森鷗外의 『舞姫』『물거품의 기록』『파발꾼』은 유학선물이라 할 수 있는데 그 소재를 유학시의 체험에 의한 것만이 아니라 소설 골자에 있어서 서구의 근대소설을 모방한 것이다. 이 삼부작을 둘러싸고 石橋忍月의 공격이 있었고 격렬한 논쟁이 전개되었다. 그러나 이 삼부작은 그것에 앞서는 정치소설류나 坪内逍遥의 『当世書生気質』 및 二葉亭四迷의 『浮雲』
와 비교해 보아도 놀랄만한 근대성을 담고 있는 것이다. 그 문체는 雅
文体여서 『浮雲』의 회화부분이 가지고 있는 언문일치체의 청신함은 비
록 결여되어 있다 하더라도 그러나 이러한 것을 보충하고도 남는 것이
이 삼부작으로부터 발견된다는 것이다.

　石橋忍月와의 논쟁은 森鷗外의 일련의 전투적 계몽의 한 작업으로
볼 수 있다. 이 논쟁의 본질은 부분적으로는 문학을 어떻게 보느냐 하
는 본질론과 관계하고 있는데 이러한 의미에서 당시로서는 차원 높은
문학논쟁으로 평가할 수 도 있다. 그러나 『舞姫』 논쟁의 종말에 보이
는 바와 같이 『舞姫』 제명에 대한 可否論의 수렁에 빠져들면 똑같은
논지가 다시 재연될 수도 있다는 점이다. 그러나 『舞姫』 논쟁은 오늘
날까지 꼬리를 끌고 있는데 작중의 太田豊太郎의 인생관이나 처녀성을
중시하는 점이나 게다가 그곳에 설정된 주제의 해석 등은 지금 역시도
미해결인 채로 많은 문제를 남기고 있다고 할 수 있다. 巖本善治와 같
은 단순한 도의적 견해는 별도로 하고라도 당시의　山口虎太郎나 謫天
情仙의 비평이 오늘날도 시사성을 던지는 것은 森鷗外와 石橋忍月와
의 논쟁이 비평의 수준을 높이는 결과를 낳았던 것만 보더라도 그 역사
적 사명은 대단했던 것이다.

　森鷗外의 전투적 계몽의 대상은 坪内逍遥의 몰이상론에 대한 타파
와 같은 순수한 문학이념의 문제에 그치지 않고 外山正一와 사이에 있
었던 画論 논쟁이나 의료계의 장로들을 상대로 한 광범위한 医事 論争
에 이르기까지 넓고도 또한 깊었던 것이다. 특히 医事 論争속에는 상
대에 향하는 비수가 도리어 자신의 목숨을 빼앗을 수도 있다는 위험성
을 안고 있었던 논쟁도 있었다. 이러한 그의 필봉의 예리함은 石橋忍月
나 坪内逍遥에 대했을 때는 더욱 심했던 것이다. 森鷗外에 있어서 계

몽적 논쟁을 촉발하였던 봉건적 요소가 문학세계보다도 훨씬 짙게 잔존하고 있었던 까닭이 더욱 공격을 예리하게 만들었던 것이다. 森鷗外는 小倉시대의 경우 크라우제비츠의 『戰論』을 처세상의 한 규범으로서 이용했던 적도 있지만 크라우제비츠에의 경도도 이미 독일 유학시기에 시작되고 있었기 때문에 『妄想』의 노인과는 달리, 森鷗外 마음 속에 불타고 있던 진리에 대한 정열이 처세에 대한 기우를 잊어버리게 했다고 볼 수 있다. 医事 論爭은 과학에 대한 생각이나 医政 문제, 医事의 전반에 걸쳐 다양하지만 그것들을 총괄하여 광의의 개념에서의 문학논쟁의 한 일환으로 생각해 보는 것도 가능할 것이다.

4) 인생과 예술의 일원론과 이원론

『소설신수』『소설총론』이 내걸었던 사실주의의 연장선상에서 프랑스의 졸라주의 등의 援用에 의해 자연주의 문학이 개화했던 것이다. 그리고 이론과 실작이 동반하여 일어나면서 한 시기 문단의 지배적 세력이 되었다. 일본의 문학사상에서 이론과 실작이 상보적인 형태로 강하게 결합된 최초의 것이다. 그런 만큼 실작상의 각론을 포함한 논의가 자세하게 설명된 것도 있었다. 그러나 일본 자연주의가 차츰 경사해 갔던 사소설, 심경소설로부터 풍속소설에의 변질과정에 나타난 본질적인 문제를 추출한다면 그것은 예술과 실생활의 문제이다. 즉 그것은 인생과 문학을 일원론으로서 보든가, 이원론으로서 보든가 하는 것이다. 이 문제의 응용으로서 정치와 문학의 문제도 나타나게 된다.

서구에 있어서 자연주의가 크로드·베르나르의 『실험의학서설』에 촉발된 졸라의 실험소설론을 토대로 하여 발전한 것인데 그것이 일본의 경우는 견본이 되고 있는 것만이 아니라, 島崎藤村의 『파계』나 田山花袋의 『蒲団』의 노선, 특히 후자의 방향으로만 발전했던 것에 특히 생활과 문학이라는 일원론의 입장이 뿌리깊게 자리 잡게 된 원인이 있는 것이다. 이러한 문제가 영향을 미치는 것은 근본적으로는 소재와 작품 형성에 있어서 작가의 작품구성의 자세와 관련한다. 전후 中村光夫가 제기하여 논의를 불러일으켰던 사소설적 근대문학의 체질에 관한 개혁론이나 또는 문단에서 논의를 불러일으켰던 순문학 변질론 까지 확산되는 좌표축을 형성하게 된다. 문제의 보류는 坪內逍遙의 『소설신수』에까지 미치게 되었고 그것으로부터 새로운 문제의 지적은 아직 기억에 생생하다.

志賀直哉가 小林多喜二에게 기증하였다고 일컬어지는 유명한 서간집 『주인 있는 문학』은 잘못되었다고 하는 것은 물론 정치와 문학의 이원론에 관한 것이었다. 프롤레타리아 문학 진영에서도 격렬한 논쟁을 불러 일으켰던 정치와 문학의 일원론이라든지, 이원론이라는 문제는 정치적 풍토 속에서는 일원론화에의 방향으로 정리, 해소되어 갔던 것이다. 그러나 그러는 사이에는 많은 우여곡절이 있었다. 그리고 공식적으로 정리된 후에 있어서도 검증과 재검증은 몇 번이나 형태를 바꾸어 대결적인 논의 속에서 행해지고 있었던 것이다. 논쟁의 계기는 대별하여 두개로 나누어진다. 프롤레타리아 문학과 비 프롤레타리아 문학이라는 차이로부터의 대결과 또 하나는 프롤레타리아 문학 내부에 있어서의 정치의 우위성과 그 기능에 관한 대결의 문제이다.

전후의 정치와 문학논쟁의 再版은 小林多喜二의 『당생활자』에서의 여성이 한 인간으로서 취급이 되느냐 그렇지 못하느냐에 대한 논의가 기점이었다. 이것은 근본적으로 정치가 가지고 있는 비정한 기능에 관한 문제이기도 하다. 정치는 99마리의 양을 문제를 삼을 수 있지만 문학은 한 마리의 헤매는 양에게도 문학적 진실을 불어넣어 인간적 진실에 다가서려는 것이다. 그 구체적인 것에 대하여서는 정치는 무시하여 통과하려고 한다. 이와 같은 다른 기능과의 접점이 문학이라는 곳에서는 그것이 어떻게 추구되어 지는지가 논의의 초점이 된다. 이것은 문학을 정치 더 나아가서는 실생활과 문학이라는 이원론의 문제라기보다는 좀 더 세계관 그 자체, 즉 철학적 사유와 관련된 해결이 요청된다는 것이다. 문학이라는 장소에서는 아마 좁은 결론밖에 나오지 않는 문제이기도 하다. 표현의 기법에 있어서 실생활과 문학양식이 어떻게 관련하고 있는가 하는 차원을 축소된 작품 형성상의 문제이라기보다는 좀 더 인간 존재의 근본적인 양식 그 자체로 되돌려 검증할 필요가 요구되는 문제인 것이다. 이러한 문제가 문학 테두리 내에서 논해지는 경우에는 프롤레타리아 문학과 모더니즘 문학 사이에서 논의된 내용인가 형식인가 하는 비교적 수준이 낮은 거래로 끝나게 된다. 그러나 문학이라는 장소를 벗어나서 생각한다면 사고의 체계는 스스로 다른 차원에서 추구되어야 한다.

5) 폐쇄적 문학이념과 해방적 문학이념

문학을 체계적인 사고방식을 주창한 것은 서구 근대의 사고방식에 유발된 것이어서 西周 주변의 계몽적 이식의 작업이 전기를 형성하고 있다. 이러한 의미에서의 근대는 문학이 가지고 있는 폐쇄적인 사고방식을 배척하여 해방적인 문학상을 추구해왔던 것이다. 그것은 문학 자율성의 주장과도 관련이 있다. 폐쇄적인 문학관과 자율성의 주장과는 언뜻 밀착하고 있는 것 같지만은 실은 그렇지 않다. 문학의 자율성은 문학이 예술 속에 정확히 자리잡고 있는 경우에는 자연과학과 인문과학이 대별되는 체계가 있다. 인문과학이 인접한 위치에 예술이 자리 잡고 있는 것은 이미 서술한 바이다. 이와 같은 체계적인 위치 부여를 가능하게 하는 사고방식으로부터 문학의 바른 위치 부여와 독립된 가치를 인정하는 사고방식이 나타난다. 따라서 이와 같은 사고방식은 바로 문학을 폐쇄적으로 생각하는 사고방식과는 저촉하는 것이다. 권선징악을 배척하고 혹은 北村透谷가 山路愛山과 서로 논쟁을 벌였던 人生相涉論爭은 이와 같은 좌표로부터 이해할 수 있다.

무엇보다도 문학이라는 것을 좁은 의미에서의 예술의 테두리 내에 넣어서 언어의 기능과 밀착하고 있기 때문에 만약 문학이 가지고 있는 사상성을 경시한다면 거기에도 또한 문제가 발생하게 된다. 예술이 표현의 媒材를 달리하는 것에 의해 여러 가지 양식을 낳는 것은 당연한 것이지만 언어예술의 특수성은 다른 예술양식과 너무나도 이질적인 요소가 강하기 때문에 협소한 예술의 테두리 내에서 모든 것을 처리하는 것에는 문제가 생긴다. 문예라는 말을 사용하는 경우에 순수함을 추구하다보면 이와 같은 결과가 발생하기 쉽다. 이와 같은 사고방식에 대하여 학문적 용어로서는 애매하지만 문학이라는 매력을 느끼면서 그것을 배척하기 어렵다는 것은 전통적으로 사용되어 왔던 문학언어의 다의성에 관한 뉘앙스를 가지고 있다는 것을 의미한다. 이러한 것은 어떤 의미에서는 욕심 많은 또는 어떤 의미에서는 현실에 입각한 사고방식이 엄연히 존재하는 것도 사실이다. 이러한 문제를 구체적으로 파고듦으로 해서 아마 문제는 문학의 본질론으로 귀결되어 갈 것이다. 문학이 무엇인가에 대한 해답과 그 해답의 모색과 그 사고과정의 검증을 피하여서는 이루어 질 수 없는 것이다.

6) 문학기법상의 미세구조

거시적인 문학에 관한 기본적 구조를 둘러싼 논쟁에 있어서 그 대결 자세에는 때로는 얼음과 목탄처럼 서로 어울리지 않는 운명으로 보는 수도 있다. 거기에는 타협이라든가 혹은 절충적인 조화라는 것이 허용되지 않는 것이 많다. 예를 들면 時枝誠記의 言語過程説을 둘러싼 논쟁과 같은 것이다. 그리고 이러한 파생으로서 감상부정론의 논쟁과 같은 것을 말한다. 언어과정설을 둘러싼 논쟁은 時枝誠記 이론의 독창성의 근원으로서의 소슈르 이론의 비판적 섭취에 관한 문제를 둘러싸고 그 適否를 어떻게 판정하는가가 그 기점이 된다. 이러한 논쟁 자체는 時枝誠記 학설이 가지는 지반을 뒤흔드는 운명과 같은 것이지만 고군분투하였던 時枝誠記의 최종적인 침묵에 의해서 최종적으로 결론되는 과정에서 이러한 독창성에 관한 본질이 해명되었다고 하는 이점이 있었던 것이다.

무엇보다도 時枝誠記 학설의 언어과정설이 媒材説을 부정하여 문학 즉 언어로서 모든 것을 언어의 관점에서 재단하려고 한 하나의 전형이었는데 감상부정론을 주장한 약간 경솔한 방법이었다. 즉 감상부정론의 논거로서 원용한 『미학사전』의 인용이 誤読的이고 불충분한 수용에 의해 일어났던 혼란이 명확히 된 점도 있었다. 時枝誠記 학설에 담겨진 자세는 吉本隆明들이 평가하는 좋은 면을 가지고 있는 것도 인정해야 한다. 그러면서 재단하는 맛은 우리들이 흔히 손끝이 흔들리는 경우에 무엇을 떨어트릴지도 모른다는 불안도 있는 것이다. 감상부정론과 같은 것은 종래의 통념으로 봐서도 이상한 결론에 도달했다고 하는 것 외에도 언어에 집착하고 있는 면을 느낄 수 있다. 그러나 감상부정론을 둘러싼 논쟁은 문학과 언어의 結節에 대한 문학의 미세구조를 해명한다는 점에 있어서는 그 나름의 효과가 있었던 것을 부정할 수는 없다.

　작품 형성상의 교묘하고도 미세한 논쟁은 주로 문학기법상의 문제로 제기되는 것이 많았던 것이다. 谷崎潤一郎와 芥川龍之介 사이에 전개된 소설의 줄거리를 둘러싼 논쟁과 같은 것이다. 조금 전 인용한 森鷗外와 石橋忍月의 『舞姬』의 제명을 둘러싼 논쟁도 이것만을 제한한다면 과연 그럴만한 가치가 있는 것인지 어떤지에 대한 의문이 생길 것이다. 프롤레타리아 문학 진영과 모더니즘 문학 진영을 양분한 형식주의 문학논쟁에 대해서도 마찬가지이다. 太宰治와 志賀直哉 사이에 일어났던 如是我聞의 논쟁만 하더라도 志賀直哉 측은 거의 무시하는 식으로 침묵으로 일관하였지만 이것은 귀족의 용어라는 표현상의 문제에 뿌리내린 것으로 가는 말이 고와야 오는 말이 곱다는 쇄말적인 것이 확대되어 간 듯한 느낌을 지울 수 없다. 志賀直哉는 비평가 무용론을 둘러싼 논쟁에 있어서도 문제가 일어나자 스스로 침묵해버리는 버릇이 있었다. 물론 이것은 그에게 있어서 논쟁술로서의 하나의 기법이기도 하였다.

　문학기법상에 있어서 미세구조를 둘러싼 논쟁은 먼저 여러 가지 성립기반이 존재하였다. 그것은 작가와 작가의 경우도 있었고, 작가와 평론가의 경우도 있었다. 川嶋至의 『16세 일기』의 창작시점에 대하여 川端康成가 오판하였던 적이 있는데 그러나 작가 입장에서는 침묵하기 어려웠다고 볼 수 있는데 이러한 발언을 둘러싼 논쟁도 당연히 일어날 수 있는 것이다. 이러한 경우에는 객관적으로 판정이 가능하고 결론을 이끌 수 있는 자료가 있으면 좋겠지만 그러나 그와 같은 자료가 존재하지 않는 경우에는 이러한 입장에 처한 제 3자의 판정은 미묘한 입장에 처하게 된다. 작가의 입장으로부터 보면 당연히 오판이나 誤斷에 대하여 항의하고 싶겠지만 그러나 그것을 입증하기 어려운 경우에는 작가의 말투는 강한 면과 함께 한 약한 면에 의해 결론이 애매모호하게 끝나 버릴 수도 있다.

7) 본질론에 대한 방향과 쇄말에 대한 도피

문학 본질에는 논쟁의 기법이 있음과 동시에 논쟁을 둘러싼 일종의 풍토가 존재한다. 네 개로 꽉 짜여진 正論이 엄밀한 대결 형태로 본질론에 다가간 것이라 할 수 있는데 이것은 논쟁의 과정을 통하여 문제본질의 해명에 도움이 되었던 경우는 가치가 있는 논쟁이라고 할 수 있다. 그러면서 논쟁 기법이나 일종의 논쟁 풍토적 발언에 빠지면서 불모적인 쇄말 논의로 끝나버리는 예도 있다.

森鷗外와 逍遥와의 몰이상 논쟁만 하더라도 森鷗外가 주장하였던 烏有(하르트만) 선생의 것이 하르트만 覆面이었다는 것이 판명되면서 逍遥는 갑자기 전의를 상실해 버렸다. 그런 까닭으로 그 단계에서의 몰이상 논쟁은 逍遥 측으로부터 보면 軍談調의 戲文으로 변하면서 어느 지점에 가서 화의를 맺는가 하는 태도로 변모해 버렸다. 그렇다고 해서 몰이상 논쟁이 불모였다고 하는 것은 아니다. 「엉기성기 얽은 책」과 「와세다문학」이라는 화려한 잡지를 무대로 한 당시로서는 차원 높은 문학이론의 본격적 논쟁의 성과라고 평가할 수 있음과 동시에 逍遥로부터 진정을 받아 추진하는 형태로 시종하였던 森鷗外는 하르트만의 미학, 철학체계에 대하여 계몽적 기술을 공개해야 하는 책임을 지게 된 것이었는데 森鷗外는 이러한 요청에 부응하였던 것이다.

二葉亭四迷의 창녀집에 관한 문제를 기점으로 하여 일어났던 丹羽文雄와 中村光夫의 논쟁이 그 결실로서 中村光夫의 『풍속소설론』을 낳게 만든 것도 이 논문이 다한 선도자로서의 역할이 있었다. 桑原武夫가 제기하였던 「제2예술」이라는 주제가 단지 하이쿠의 영역문제만에 그치지 않고 하이쿠, 短歌를 포함하여 제2예술론의 논쟁으로서 俳壇, 歌壇에 있어서 낡은 문단에 새로운 바람을 불어넣고 근대적 開眼을 이루게 하게 한 역할은 큰 것이었다. 제2예술에 대한 폄하가 문제의 본질을 도려내고 俳壇, 歌壇이 일제히 이 문제에 대하여 즉 短詩型 문학의 본질이 그 나름의 전통적인 위치 부여를 하기에 이르게 된 것은 논쟁의 초점이 왜곡되어지지 않고 정면으로 취급되면서 그 성과가 올바르게 나타난 전형적인 예로서 들 수 있다.

有島武郎의 비통한 인텔리 패배론인 『선언 하나』를 둘러싼 논쟁도 그 논지의 핵심이 제대로 전개된 수확에 대하여 높이 평가할 수 있다. 橫光利一가 제창한 순수소설론을 둘러싼 논쟁을 예를 들어보더라도 문학에 관한 발언이 문단을 시끄럽게 한 정치적 풍토적인 요소 이외에 역시 본질이 정확하게 해명이 되면서 그 본질적인 분석이 문제의식이 확대 되어감과 동시에 그 나름의 결실을 가져왔던 것이다. 논쟁이라는 것은 본래 이와 같은 것을 기대해야 하는 것이다.

문단이라는 특수사회 그것도 패쇄적인 사회에 있어서 하나의 처세술로서의 문단논쟁술은 필요없는 것이다. 그것은 문학이 쇼가 아니라는 것을 말하자는 것이다. 좀 더 인간의 삶의 본질과 관련한 것을 말하자는 것이다. 전후 정치와 문학논쟁이 화려한 말에 의해 서로 주고받음과 동시에, 야유적인 응대에 끝나버린다는 것은 본질을 벗어난 쇄말적 쇠약으로 이어지는 것과 조응하는 것이다.

高山樗牛의 『미적 생활을 논하다』라는 비평이 불러일으킨 논쟁은 登張竹風가 언급하였던 니체 논의와 결부되면서 핵심적인 高山樗牛보다는 오히려 登張竹風에의 맞바람과 니체론으로 휩쓸려버려서 「말뼈에 사람 말」 논쟁과 같은 것의 곁가지로 흘러 버리게 된 일도 있었다. 당시 니체에 대한 일반적 이해는 극히 미약하였기 때문에 니체에 대한 인식을 깊게 한 역할은 의미가 있었는데 高山樗牛도 자신의 미적 생활론이 니체와 결부되는 것이 합당하지 않다는 것을 주장하기에 이르게 되면서 登張竹風의 용기와 그것에 대응한 그러한 분위기에 휩쓸린 주변의 소란스러운 행위를 생각하지 않을 수 없었다. 니체를 지적한 森鷗外에 이르러서 제대로 된 니체에 대한 이해가 결실을 맺게 된다.

千葉亀雄가 「世紀」의 2호에서 신감각파의 명칭을 붙이게 되는데 生田長江를 비롯하여 구문단 대부분의 사람이 새로운 문학세력으로서의 신감각파를 이단시 한다. 그것은 신감각파 또는 이념적인 결속이 없는 채로 단지 구문학을 「墓標的 상식」이나 「낡은 심미와 습성」으로 비판하면서 양자 사이에 숙명적인 대결 자세가 언어와 구절 사이에 나타나게 된 것은 대정 말기부터 소화 초기에 걸친 문단 분위기에 의한 것이었다. 언어적인 표현으로서는 쇄말적인 말초적 논의도 있었다. 하지만 이것은 역시 신구 교대의 시기에 있어서 필연의 운명적인 논쟁이었고 대결이었다. 그리고 이러한 대결, 논쟁 속으로부터 새로운 시대를 함께 가야 할 힘이 산출되는 것이다. 이것은 대동단결한 신흥예술파가 반 마르크스주의의 깃발을 들고 프롤레타리아 문학에 대항한 정치적 자세라기보다는 당시의 시대의 요청에 부응하는 본질적인 것과 밀착하고 있는데 창작기법상의 실천과도 농밀한 혈연관계를 맺은 논쟁이었다고 이해할 수 있다.

　논쟁의 결과가 본질적인 초점에 집약되어 내실 있는 충실한 것이 되던가, 그렇지 않으면 본질을 벗어난 말초적 논의로 떨어져 버리는가는 물론 논쟁의 당사자의 마음자세에 기인하는 것이라고 할 수 있다. 그러나 논쟁은 반드시 최초의 문제의식을 가진 당사자만의 독점물이 아니라 거기에는 일종의 行司役의 개입도 있을 수 있고, 또는 생각지도 않는 신참이 뛰어 들어오든지, 아니면 기다리다 지쳤던 援軍의 到来도 있을 수 있고, 그리고 또한 배반도 맛볼 수 있을 것이다. 최근의 저널리즘에 있어서 이와 같은 일종의 논쟁 풍토 속에서 전개되어지는 만큼 왕년의 용쟁상박식의 森鷗外·逍遥 논쟁과 같은 것은 일어날 수도 없고 일어나지도 않을 것이다. 그런 만큼 무엇이 문제의 본질이고 초점인가 하는 것을 정확하게 인식해야 할 필요가 있다.

(長谷川泉、『近代文学論争の系譜と問題点』 참조)

2 森鷗外와 外山正一의 絵画 논쟁

여기에서 언급하고 있는 絵画論은 技術論뿐만 아니라 일반 예술이론에 속하는 문제이다. 그리고 특히 森鷗外가 가지고 있는 하르트만 미학체계를 음미한 뒤에 비로소 알 수 있다는 점에서 이 장르가 주목된다. 그러니까 이것에 앞서서 『현대 諸家의 소설론을 읽는다』나 『명치22년 비평가의 詩眼』 등의 문예논고가 있다. 이것은 逍遙와의 소위 「몰이상 논쟁」의 선구적 行論인데 그 연결고리로 봐야 한다. 또한 이 회화론에는 森鷗外가 보통 논적들과 논쟁하는 경우에 행하는 관행적인 향방이 확실히 보이고 있다는 점에서 미리 언급해 두면 편리하리라 생각된다. 森鷗外의 画論 속에서 일반 예술이론으로서 취급되는 주요한 것들은 예를 들면 『外山正一씨의 画論을 논박하다』(「엉기성기 얽은 종이」 명치23.5) 와 『外山正一씨의 画論을 再評해서 諸家의 논박하는 説에 추급한다』(명치23.6) 의 두개의 論이다.

이에 반해서 外山正一의 画論은 『일본 회화의 미래』라고 제목을 붙인 것으로 명치23년 4월 27일 小石川 식물원 내의 회의소에서 열려졌던 명치미술학회 제 2차 대회 석상에서 연설한 것이다. 이것은 「수년전

보다 숙성되었던 일본 회화론」이라고 명명되고 부터는 논자로서의 자신감이 생겼음을 의미하는 것이기도 하다. 정치가인 原敬의 일기에도 「이 문장을 연설조로 낭독하여 갈채를 받았다」라고 기록되어 있을 정도로 그 내용은 신문지상에도 실렸을 뿐만 아니라 소책자로서 5월 15일 출판되기도 하였다.

外山正一는 우선 명치의 画論으로서 일본화와 서양화의 두개의 유파가 있는 것을 서술하고 그 양 유파의 특징을 지적하여 다음과 같이 말하고 있다.

   1. 지금의 화가들은 画題에 괴로워하여 화제 선택을 잘못하고 있는 것이다. 그 위에 自然画이든 想像画이든 간에 예술적 수준이 깊지 않고 외면적으로 표현되고 있는 것에는 내면적인 무언가가 결락되어 있다. 화면에 그려지고 있는「殿堂은 너무 전당으로 치우쳐져 있고 」「군인은 너무 군인에 치우쳐져 있다」. 게다가 動機가 약하고 理想化가 부족하다. 「만일 진실로 미인을 만나 그 사람을 위해서는 목숨을 버릴 정도로, 즉 그 사람의 모습이 누워서도 눈에 떠오를 정도의 경우에서만이 비로소 참다운 미인을 그릴 수가 있게 된다. 더구나 그 미인이야말로 실로 상상의 미인인 것이다. 어떤 미인일지라도 육체적인 미인에는 다소 불안정한 점이 있을 수 있다. 그렇지만 그것을 그리는 것은 그 가슴 속에 있는 미인의 관념을 말하는 것이다」. 想像画도 진짜여야 하겠지만 그 경우에는 이런 종류의 理想化가 필요하게 된다. 「그림은 진짜에 의해서 더욱 고상하게 될 수 있는 상상을 묘출하게 된다」. 이러한 이야기는 약간 타당성이 결여되어 있기는 하지만 미인의 관념이라든지, 고상한 상상이라는 것은 미인의 이데에 해당한다고 할 수 있다.

   2. 화가는 「情機衝動 되었을 때에 그려서는 안 된다」. 즉 이것은 소위 外術品이 아니고 内術品의 요구라는 것이다. 「믿음이 있을 때 비로소 그리는 것에 노력하라. 감동하는 것이 있을 때 비로소 그리는 것에 노력하라. 영감이 있을 때 비로소 그리는 것을 노력하라」. 「우리들 진실로 竜을 그려내지 않으면 사람으로 하여금 용이 된다고 생각할 수는 없다」. 外山가 말 하고자 하는 것은 단

순히 테마가 있어도 그 모티브가 강하지 않으면 예술은 불가능하다. 테마를 생동시킨다는 것은 동기의 강함이라는 의미로 받아들일 수 있는 것이다.

3. 画題의 변천에 대해서 말하고자 한다. 「太古에 행해진 画題 중 대부분은 종교적인 것이 많고 다음에는 画題 중 많은 것은 역사적, 천연적, 肖像的인 것들이다. 人事的 화제는 마지막에 많이 행해지는 것들이다」. 画題의 변천은 동서를 통해서 그 궤를 함께 한다. 왜 이와 같이 변천하는가 하면 그것은 시대와 사회의 요구에 부응하기 때문이다. 「당시대 사람들이 주의해야 하는 사물, 當時人의 감정과 관계없는 事物은 화가 스스로도 주의하지 않으면 안 된다. 화가 자신의 감정과도 관계가 있어야 한다」. 오늘날의 말로 하면 画題의 유효성과 관련되는 문제이다. 즉 画題에 당시 사람들이 가장 관심을 가지고 있는 사물을 선택할 것, 또는 화가의 「감정을 움직이는 것을 취해야 한다는 것」은 긴요하다. 그림에는 花鳥, 山水, 인물, 역사, 人事 등의 여러 画題가 있을 수 있는데 「종전에 많이 행해지지 않았던 画題는 앞으로 가장 많이 행해져야 할 人事的 画題라고 할 수 있다」. 개화기 세상에서도 많은 사람들의 마음을 빼았었던 것은 人事라고 할 수 있기 때문이다.

이러한 결론은 詩歌 문예에 있어서도 주제에 관한 유효성과 비교하여 볼 때 회화의 경우 구상과 주제의 참신함이 미술가들이 요구하는 주요한 사항이 아니라고 말하는 것은 예를 들면 레싱이 『라오콘』에서 주장한 그대로이다. 회화에서 숙지되고 있는 주제가 예술의 효과를 증진시키기도 하고 보완하기도 한다. 外山는 이러한 점을 충분히 고려한 후 画題의 변천에 대해 논의해야 할 것이다.

4. 이제부터의 화가들은 思想画를 그려야 한다고 주장하는 것은 人事的 画題를 강조하고 있는 外山의 자연스런 귀결이었던 것이다. 종래는 形状, 활동, 정서를 나타내는 그림이 대부분이었고 잡다한 사상에 대해 그린 것은 없었다. 즉 「일본의 화가는 역시 感納的 단계 즉 receptive stage에 있었다는 것을 의미한다. 아직 사상적 단계 즉 conceptive stage에는 이르지 못했다는 것을 말할 수 있다. 그렇지만 앞으로는 노력하여 사상적 단계에 오르도록 해야 할 것이다」.

receptive stage의 용어나 개념 해석은 별도로 하더라도 조형미술이 시가문예만큼 사상성을 가질 수 없었던 것은 당연하였다. 그러나 완전히 사상을 배제하는 것은 아니었다. 레싱은 미술은 사계절이 바뀌어 자연으로부터 한 순간밖에 이용할 수 없다 하더라도 그것이 상상의 힘에 자연스럽게 활동하는 것은 효과가 있다는 것을 의미하는 것이다. 그는 시각을 사상의 힘으로 나타내기 위해서는 일시적인 것이 아니라 오랫동안 깊게 観照될 수 있는 순간을 선택해야 한다고 말하고 있다.

이러한 의미에 있어서 사상성을 회화로 대체하는 것은 반드시 비난받을 것은 아니지만 外山가 예를 들은 몇 개의 思想画의 실례는 유일한 한 순간이 일시적으로 간주되는 것이 많다는 것이다. 그것은 사색에 이르지 못했다고 하는 것은 예를 들 수 있는 것이 별로였기 때문이기도 하다.

外山는 주지한 바와 같이 『新体詩抄』의 편자의 한 사람이다. 口語에 가까운 자유스러운 표현을 가지고 근대의 복잡한 사상을 노래하는 것으로 이것은 종래 없었던 새로운 형태의 詩를 만들려고 하는 企図가 그 성과여부는 별도로 하더라도 계몽기 일본의 요구에 부응한 것이었다고 할 수 있다. 이 画論에도 『新体詩抄』의 기도와 공통되는 면이 있다. 단지 이 論의 최대 결점은 이것이 문학론으로서 승화되지 못하고 線条, 색채, 대조 등 주로 시각으로 호소하는 조형미를 생명으로 하는 画論이라는 데에 문제가 있다. 만일 詩論 또는 소설론이었다면 첫째, 외면적인 표현을 넘어서 내용적 깊이 둘째, 테마 이상으로 모티브의 존중 셋째, 시대에 부응하는 소재의 변천 넷째, 사상의 중시라는 네 개의 시점은 대단한 중요성을 가지고 있었던 것이다. 때마침 그것이 어디까지나 형상의 미와 단순한 정서의 표상을 本色으로 하는 회화에 대해서 일컬어졌기 때문에 그리고 또한 부분적으로는 타당하지 않는 용어나 문장도 있었기 때문에 森鷗外로부터 격렬한 비난을 받게 된다. 거기에 대해 반박할 힘도 잃어버려서 침묵하지 않을 수 없게 된 것은 불쌍할 정도였다.

森鷗外의 비판은 심미학의 표준에 비춘 것으로 논리적으로는 정밀한 것이었다. 그는 外山의 부분적인 구절을 인용하여 그 이론적 모순을 파고들어가는 부분은 대단히 예리하였다. 그러나 그러한 일면에 너무나 지엽적인 잘못을 따지는 것에 급급했고 논자의 의도를 정확히 파고드는 것이 부족했다. 이것은 이후에 전개되는 「몰이상 논쟁」을 비롯한 많은 그의 문학논쟁에 보이는 공통적인 것이다. 상대의 논점에 대해 파고듦에 있어서 그 문제를 제기하는 관대함이 부족하였고, 또한 자신의 이론에만 사로잡혀 남의 파탄을 가차없이 파헤친다는 행방만 지향했던 것이다. 森鷗外의 論을 읽고 있으면 그 정연한 논리의 전개에 감탄하지 않을 수 없지만 문제는 자신의 立論에 대해 대상을 세워서 다른 여분은 잘라버린다는 점은 문제를 남길 수가 있다.

森鷗外에 의하면 다음과 같다.

1. 外山의 論은 內術品에 국한하고 있어서 外術品에는 미치지 못한다. 회화에 있어서 技術的인 문제가 있음에도 불구하고 억지로 論을 세운다 해도 이익은 없다. 內術品의 제작은 「가르쳐서 얻어야 할 것이 많지 않고 화가의 공상은 대부분 천부적인 것」이기 때문이다. 外山가 말하는 화가가 画題에 괴로워하는 것은 아니고 또한 회화의 좋고 나쁨은 별도로 하더라도 画題 그 자체와 상관없이 「화가의 공상과 기술의 여부에 하나의 화제를 얻을 수 있는 가에 달려있다」는 것이다. 外山는 일본인의 그림에는 형태만 있어서 그 이상의 사상이 없다고 말하는 것은, 즉 外山가 말하는 사상이라는 것은 「類想」에 대해서 말하는 「個想」을 의미하는 것이다. 또한 미인의 묘사론에 보는 봐와 같이 자연미와 術美를 분류하는 것이 당연하지만 外山는 미술가의 공상과 종교가의 신앙을 혼동하고 있었다.

2. 外山의 모티브의 존중이라는 것은 즉 森鷗外가 말하는 공상과 신앙의 혼동을 지칭하는 것이다. 外山는 용이나 관음보살의 실재를 믿지 않는다면 이런 종류의 画題에 의한 좋은 그림은 불가능하다고 말하고 있지만 그렇다고 한다면

그리스의 신이나 가톨릭의 天地의 경우는 画題가 되는 가치를 이미 상실해버리고 또한 불교신앙이 쇠약해진 시기는 관음보살의 그림이 없어지게 되거나, 또는 마돈나가 프로테스탄트의 天地에서는 사용할 수 없게 될 수도 있다는 것이다. 이것들이 현재도 미술품이 될 수 있다고 하는 것은 小天地主義에 서있기 때문이다. 「관음보살의 인형이 그림 속에 들어가서 個想이 될 수 없기 때문에 그림 관음보살은 個想上으로 봐서 혼자가 될 수밖에 없다는 것이다. 그렇지만 관음보살의 인형은 그림 속에 들어가서 소천지주의를 품지 않을 수 없기 때문에 그림 관음보살은 소천지주의로부터 볼 경우 한 사람이 될 수 없다는 것을 의미한다. 인형 속에 仏性 혹은 人性이 있는 것이고, 또한 이 소천지주의로부터 보면 사람들은 모두 관음보살이 될 수 있는 것이다. 그 또한 영원한 宗教画의 장래로 남을 수 있기」 때문이다.

이러한 類想·個想·小天地想의, 소위 하르트만이 말하고 있는 미의 삼 계급은 이후의 森鷗外도 펼쳤다. 그러나 그 경우는 설명이 투박해서 아직 그가 하르트만 미학을 충분히 음미하지 못하였다는 것을 의미한다.

감동의 경우는 実感과 仮感을 구별해야 한다. 부처를 믿고 仏画를 그리는 경우는 예를 들면 지금의 소설가가 정치소설을 창작하여 自党의 이익을 꾀하는 공리주의가 포함하고 있는 것과 같은 것이 아닌가. 이것은 오히려 불교신앙을 가지고 있지 않는 開明世界의 미술가가 부처를 그려 국민에 다가가지 못하고 대신 審美感에 호소하는 편이 清浄하고 바르다고 森鷗外는 주장한다. 이것은 外山의 테마와 모티브의 문제를 그 나름대로 미학적으로 정연하게 정리한 것이지만 그러나 강조할 곳을 일부러 생략하여 문제의 본질에서 벗어난 비평이기도 했다.

3. 「시대의 好尚」에 대한 존중이 時好에 던지는 의미일 경우는 그것을 돌아볼 필요가 없다고 森鷗外는 말한다. 그러나 「세상의 類育史上의 한 점에 서서 그 시대에 적당한 지식」이 있을 경우 그 시대에 적당하다는 말은 「千古, 万古

앞으로 나아가는 것이지 후퇴는 없는 것」이다. 이것을 비판하는 縄墨도「시대의 好尚을 떠나서」자기가 원하는 것을 얻을 수가 있다.

따라서 이것을 의식하여 시대의 好尚에 맞추려고 하는 경향이 강한 오늘날에 있어서도 画題에는 무엇보다도 사람들이 흥미를 끄는 사물을 선택할 필요는 없다. 또한 画題는 반드시 화가의 실감에 따라 움직일 필요는 없다.

이렇게 말하고 外山가 감정이라고 말하는 것에 대하여 森鷗外는 이것을 실감이라고 바꾸어 말하고 있다. 森鷗外에 의하면 外山는 실감에 대해서 감정으로 표현했다고 한다. 이와 같이 바꾸어 말하면 문제는 크게 달라지겠지만 과연 그것이 상대의 論을 바르게 받아들이고 있는지 어떤지는 의문이다. 어쨌든 여기서도 外山가 오늘날의 문제로 풀어가고 있는데 반하여 森鷗外는 原理論의 입장에서 처리하려는 경향이 있다.

4. 外山의 形状画・활동화・정서화・사상화가 무엇인지는 이해할 수 없다. 또한 receptive stage의 感納的 단계는 변명을 기다릴 필요도 없이 conceptive stage의 사상적 단계가 되고 있는 것은 이해하기 어렵다. 사상은 이데로서 conceptive라는 것은「미술가의 공상으로부터 内術品이 시작이 되어 顯形을 만들 때이고, 공상의 끈을 연결할 때이고, 제작의 끈을 이어가는 것이기 때문에 conceptive가 아니면 제작을 할 수 없을 때 미술은 感納에 그치게 되고, receptive에 그치게 된다」. 그렇기 때문에 회화의 感納的 단계라는 것은 模写画라고 해야 할 것이고 또한 conceptive는 製作画를 지칭하는 것인데 심미학의 용어 예라 할 수 있다.

外山의 思想画의 사상은 이데가 아니고 個想・類想도 아니고 conceptive라고 한다면 그것은 공상 동작의 한 순간에 지나지 않는다. 또한 外山가 들은「頼朝의 묘」그 밖의 구체적인 예는 어느 쪽도「설명을 기다릴 것이 아니라 깨달아야 하는 곳에 많은 것이다」. 그것은 笑覧会 등에서 한 병의 물을 제목으로 하여「阿弓阿鶴의 눈물」이라고 하는 것과 같은 것인데「제목을 붙여서 사물을 알아야 하는 것이고, 사물은 제목을 얻어야 비로소 기이한 것이 된다」는 정도라고 森鷗外는 말하고 있다.

여기에서도 森鷗外는 外山의 論이라는 것이 미학적 지식의 결핍에 대해 비난한 것만큼 外山가 현실 생활에 입각한 画題를 선택해야 한다고 하는 적극적인 문제 제출에 대해서는 아무런 응답을 주고 있지 못하는 것이다.

확실히 外山의 문장은「용어에 있어서 석연하지 않는」것이 많고 따라서 그는 그것에 대해 많은 의문을 던졌다. 森鷗外는 석연하지 않는 점에 대해 그것을 미학적으로 정리하여「논해지고 있는 방법이 제대로 정비되지 못해서 그 사용된 언어가 정밀하지 못함」을 비난했다. 그것은 내용보다는 방법과 용어에 대해 문제시 한 것이다.

무엇보다도 森鷗外는 그 再論에서 外山의 사상 내지 思想画라는 것에 대해 追考하면서 그 사상은「形美」에 대한「髓美」인 것이고, 정감에 사고를 더한 것이라고 설명하고 있다. 그러나 사실「髓美」는 小天地主義의 個想 이외에는 없음에도 불구하고 画題에 그것에 대해 추구한 것은 잘못된 것이었는데 그 생각이 이것으로 인해 그림으로 포함되어야 한다는 것이 아니라는 것을 그는 알지 못했다. 회화 등의 조형미술에는 긴장을 일으키는 미는 적다. 外山는 자신의 뜻을 사회문제에 기울인 결과 사회적 갈등이 표출된 思想画의 画題를 강조한 것이지만 그것은 조형미술에 적당하지 않은 画題들이다.

그런가 하면 外山 비판자들이 말하는 바와 같이, 회화에 있어서 기술만을 중시하여 内術品을 멸시하는 것은 잘못된 것이다. 그는 森鷗外와 사스렐의 말을 인용했다고 한다.「미술품이 만들어짐에 있어서 그 원동력은 시작 된다. 발휘는 그 다음이다. 이 객관적 詩学上의 효과만이 반드시 그러한 것은 아니다. 그것은 技術上보다 더욱 그러할 수 있다. 그렇지만 미술품을 판단할 때에는 그 다음이 되는 것이 더욱 주요한 것이라고 판단해야 한다. 그것은 이 주관적인 미술상의 제작이 그 결과가 되기 때문이다. 이러한 문제에 있어서도 진리는 중앙이 아닌 湊合点에 있는 것이다. 상반된 것에 대한 조화를 유지시켜 주는 높은 湊合点에 있다」라고 인용한 것이다.

또는 画題도 内術品도 모두 하나로 돌아가는 것에 대한 판단에 그 중점을 두고 있는 것이다. 미학의 理説에 입각하여 추상적, 이론적으로 말하면 그대로임에 틀림없다. 森鷗外는 하르트만 미학의 大綱에 대해 編述한 『審美綱領』(명치32)에도 다음과 같이 말하고 있다.

하르트만은 일원론자로서 自性을 세워 이상과 의지를 가지고 그 양면을 세웠다. 미는 脱実하는 까닭으로 의지가 없고 단지 의지의 影図가 있을 뿐이다. 그러나 미는 그 影図와 自性을 대표한다. (중략) 예술미가 형성되는 것이나 또는 제작자 공상의 능력은 즉 이 自性의 작용이라 할 수 있다. 그 미술품은 즉 純理想으로 하여 이 純理想은 自性을 대표하는 것이다. 예술미가 이루어지는 것이나 유일한 自性, 神来의 이상으로서 작자를 만나고 싶어하거나 작자가 제작하고 싶다고 욕심을 내는 의지와 함께 그것은 발동한다. 작자의 有意識 理想은 단지 자평을 하여 보충할 뿐이다. (『審美綱領』上의 戌)

하르트만 미학은 森鷗外가 「既成의 심미학 계통상 가장 뛰어나고 가장 완전한 것」이라고 평가하고 있듯이 이것을 기본으로 하여 예술론을 상하로 만든 것이다. 森鷗外 美論의 비판자였던 高山樗牛도 또한 이 하르트만을 가지고 근세 미학사상의 도착점이라 인정한 것이다.

그러나 예술 창작에 있어서 「작자의 有意識 理想과 같은 것은 단지 自評을 하여 보충하는 것만」이라고 일갈해도 좋은지는 문제가 남는다.

森鷗外도 이러한 점에는 확실하지 않는데 外山 画論 再評 속에서 그는 外山의 사상의 작용 속에는 考思의 의미가 있다고 하였다. 「考思에 대해 이해를 못하는 사람이라면 情感에 대한 각오의 작용이 있다고 하는 것은 특별한 것이다」라고 해설한 후 그는 다음과 같이 말하고 있다.

지금의 서양시학에 있어서 시의 범위를 확대한 까닭으로 인해 시는 반드시 情感的이 되어야만 考思를 취할 수 있다는 서사시와 희곡에는 정감보다 考思를 보충하지 않고서는 되지 않는다. 소위 詭謀의 시학에 있어서는 싫다고 해도 그 지위를 빼앗는 결과가 되는데 造術, 특히 그림 작업에 있어서는 考思가 재료가 되어야 한다는 것이다.

즉 서정시는 별도로 하고라도 서사시(소설)나 희곡에 있어서 「考思」(사상성)의 의의는 인정하지 않을 수 없다. 서정시라고 해도 森鷗外 자신의 短歌『我百首』와 같은 것은 사상 서정시의 한 전형이라고 해도 과언이 아니다.

문예작품은 그렇다 하더라도 회화는 전연 다른 것이라고 말할 수 있는가. 再評 속에서 이 말에 이어 그는 外山의 사상에는 「個想, 미술품의 結胎, 그림의 髓, 考思의 네 개의 뜻뿐만이 아니라 또한 갈등이 있는 미의 변화라고 해야 할」 것을 포함하고 있는 것, 또한 그것도 「빈부의 차별로부터 일어나는」 사회적 갈등이라는 것에 대해 알아차렸다. 이것은 外山가 사회문제에 관심을 가진 결과이기 때문이겠지만 또는 그의 논의가 「풋내기로 하여금 同感을 나타낸 것」과 같은 종류의 예에 연유하고 있는 것이다. 그리고 이런 종류의 예로서는 러시아인 某의 소설 속에 「증기기관에 관한 연구가 流汗面에 덮어씌우기를 기도하는 것」이 있었다. 「단지 희망하는 外山씨의 画題라는 것은 모두 특히 造術에 적당하지 않은 것들」 뿐이라고 평했다.

여기까지 이르게 되면 최초의 論駁과 비교하여도 森鷗外의 후퇴가 보인다. 적어도 그는 外山의 모티브 존중에 대한 동정과 이해를 여기서는 다소라도 보이고 있는 것이다. 사실로서 예술 이전이라고 보여 지는 재료, 소재나 考思도 반드시 內術品으로서의 회화 제작의 중요한 하나의 원인이 된다고 할 수 있다.

20세기 초에 프랑스에서 일어난 큐비즘(야수파)과 같은 것은 물체의 본질을 이성에 호소하여 図象化 하고 그 구조를 기하학적으로 재구성하려고 시도하였다. 그것에 이어서 構成派도 또한 역학적인 미를 창조하려고 하는 추상적 조형의 예술이었다. 또한 사회적 갈등의 화제도 계급대립의 사회의 진전과 함께 적지 않게 나타나게 된 것은 명치, 대정의 洋画史上의 사실이 그것을 증명한다.

예를 들면 小林万五가 그리는 곳의 부부물인 『걸립꾼』(명치33) 이나 가난한 해학사의 내부를 재료로 한 白滝幾之助의 『연습』(명치30), 嬰児를 업고 겨울밤의 정거장에 잠들고 있는 노숙의 여자인 長原孝太郎의 『정거장의 밤』(명치40), 가난한 집의 내부를 재료로 한 満谷国四郎의 『車夫의 가족』(명치41), 게다가 대정 말기의 프롤레타리아 회화의 출현에 의해 조형미술에도 사회적 갈등의 그림자가 크게 드리우게 되었다.

무엇보다도 이후의 『파발꾼』에 의한 幽玄 논쟁에 보이는 바와 같이, 이 시기에 있어서 森鷗外는 우선 순수한 미의 확립을 제1의 목적으로 하고 있다. 조금이라도 미의 범주 바깥에 있는 형이상학적 사색을 예술 바깥으로 추방하려는 의식이 강렬했다. 그 때문에 자연스레 그의 立論은 편협하게 되었고 또한 도리어 추상적인 경향을 나타내었다고 할 수 있다.

특히 문예 분야에 있어서는 「考思를 가지고 보충하는 것」이 아니다. 톨스토이는 그 일기 속에서 다음과 같이 말하고 있다. 창작과정에 두 개의 단계가 있는데 제1단계에서는 예술가는 현실을 보는 대로 무의식 또는 직접적으로 취급한다. 그것과 똑같은 것을 그 이전에는 몇 사람이나 아직 전혀 본 적이 없었던 것처럼 현실을 완전히 새롭게 취급한다. 먼 옛날에 의식되고 있었던 것이 재차 무의식적으로 되면 그렇게 되는 것이다. 이것은 하르트만 = 森鷗外에 의하면 「유일한 自性, 神来의 이상으로서 작자를 고용하여 작자가 제작하려고 욕심내는 의지와 함께 발동한다」는 것에 해당된다.

그런데 톨스토이는 창작과정의 제2단계에서는 이 무의식적인 것을 재차 의식적인 것으로 바꾸는 것이 문제라고 하였다. 그 때 현실 전체가 다시 한 번 완전히 신선하게 무의식적으로 인간에게 작용해야 한다는 것이다. 그러한 뒤에 인간은 더 한층 의식적으로 그 현실을 형성할 수 있다고 하는 것이다. 이 말을 인용한 안나·제가스는 루카치에게 보낸 왕복 서간 속에서 자신은 오직 제2단계에 중점을 두고 논하고 있다고 하였다. 그것은 하르트만 = 森鷗外가 「작자의 有意識 이상과 같은 것은 단지 자평을 하여 보충할 뿐」이라고 일고도 돌아볼 것이 없는 부분에 해당하는 것인데 이렇게 언급하고 있다.

제가스에 의하면 예술적 창작의 제2단계는 현실로부터 현실적, 사회적인 미래를 지시하는 예술작품의 성립과 관련하는 부분이다. 그 이전 현실의 무의식적 섭취, 즉 예술적 과정의 제1단계와 분리한 것으로서 좋은지 어떤지는 판단이 서지 않는다. 제1단계를 넘어설 수 있는 것이 무한대로 중요한 반면에 제1단계는 창작의 예비조건, 전제여서 그것 없이는 총합에 도달할 수 없다고 그는 말한다. 이 점은 루카치도 동의하고 있어서 제2단계는 제1의 단계로부터 인위적으로 고립시켜서는 되지 않고 양자 사이에는 극히 복잡한 변증법적 상호작용이 존속하고 있는 것을 강조하고 있다.

무엇보다도 톨스토이, 제가스, 루카치는 어느 쪽도 문학의 창작과정에 대해 논하고 있는 것이어서 똑같은 예술론이어도 회화의 경우와는 자연스레 요인의 軽重의 度에 차이가 나는 점이 있다. 앞에 인용한 바와 같이 森鷗外는 물론 그것을 알고 있었다. 그는 嵯峨의 舎御室가 소설가의 책임으로서 진리의 발휘, 인생의 설명, 사회의 비평에 대해 들었던 것을 긍정했다. 그러나 그것에 대해서「어쩌면 인생의 설명과 사회의 비평이라는 것은 소설의 재료에 대한 외관적 약속이라고 할 수 있고, 그 소위 진리를 발휘함에 이르러서는 즉 이 시의 神髓로 하여금 소설의 내관적 약속이 실로 여기에 있다고 할 수 있는 것」이라고 생각하고 있다. 그러나 이 사고방식은 약간 형식 논리적이다. 즉 제가스=루카치가 말하는 제2단계의 중요성에 대해 경시하지 않는 것까지도「인생의 설명, 사회의 비평」과「진리의 발휘」사이에 있어서 극히 복잡한 변증법적 상호작용을 충분히 인정하지 않고 있다.

森鷗外가 예술비평을 학문적 지반에 입각시키려고 해서 비평가의 미학적 결점이나 개념적 언어의 부정에 대해 바로 세우고자 하는 것은 이 계몽기에 있어서 충분히 의미가 있다고 할 수 있다. 그러나 이것이 의학계에 있어서 유효했던 것처럼 예술평론 상에서 유효했던가 어떤가는 의심스럽다. 그것은 예술의 본질이 원래부터 과학적으로 재단하기에는 너무 복잡하기 때문이기도 하고 또한 미학 그 자체가 철학 분야 중에서도 아직 발전이 제대로 되지 못한 영역에 속하기 때문이다. 특히 하르트만 = 森鷗外의 관념철학은 구체적인 작품을 구체적으로 재단할 수 있는 표준을 정착한다는 것은 대단히 어려운 문제에 속한다. 그렇다고 하더라도 그것은 단순히 하르트만 미학에 한정되는 것이 아니고 미학 일반의 숙명인지도 모른다.

(吉田精一、明治の文芸評論、명치55.9 참조)

3

没理想 論争

　『소설신수』가 출현한 이후 坪内逍遥를 비롯한 二葉亭四迷, 嵯峨の
舎御室, 幸田露伴, 尾崎紅葉를 시작으로 해서 硯友社의 사람들이 새
로이 등장함과 동시에 비평은 풍부한 대상을 얻어서 일시에 융성하기에
이르렀다.「이 1, 2년간 신문잡지의 지면이 많이 나타남에 따라서 비평
문학위에 출현한 사람들일 것이다. 소설의 번역이 있을 때마다 여러 신
문잡지는 여기에 비평이 실리게 되었는데 아침에 태어나 저녁에 죽는다
는 속담이 있을 정도의 소책자들도 또한 정중히 비평하는 신문잡지도
있었다」(大西祝,『批評論』、명치21). 그리고 高田半峰와 똑같이 内田魯
庵, 石橋忍月들은 주로 외국문학 혹은 이론의 지식을 가지고 비교 비
평하고 ᆻ 있었는데 이것은 高田半峰가 본 바와 같이 模写소설 혹은 사회
소설이라고 불려졌던 근대소설을 보다 상세하게 규정하려고 모색을 계
속하고 있었다.

　森鷗外는 명치17년부터 명치21년까지 위생학 연구를 위해 유학하였
는데 그 동안에 주로 독일문학을 중심으로 한 해외문학에 친근감을 가
지고 접근하였다. 이론적 기초로서는 그 계급적 성격의 일치를 위해

하르트만 철학으로부터 영향을 받았고 그것을 가지고 귀국하였다. 그리고 명치22년 10월 「柵草紙」를 창간하기에 이르러서 그 명석한 분석과 박학한 지식은 모든 문제를 높은 정도에까지 정리할 수가 있었다. 이미 『外山正一씨의 画論을 반박하다』(명치23)에 있어서 하르트만의 審美의 표준을 가지고 森鷗外는 「이전에 소설에 다하지 못했던 것을 지금은 다 해야 할 때가 왔다. 坪内逍遥의 批評眼을 들여다보기에 하르트만이라는 안경을 씌우는 것」에 의해 坪内逍遥쪽으로 향해졌다.

일반적으로 말해서 没理想 논쟁은 우선 前哨戰이 있었는데 그것이 본격적인 논쟁으로 발전하였다고 볼 수 있다. 전초전은 逍遥의 『小説三派』(명치23), 『底知らずの湖』(명치23), 『梅花詩集を読みて』(명치24), 『梓神子』(명치24)에 대해서, 鷗外가 『逍遥子の新作十二番中既発四番合評、梅花詞集及梓神子』(명치24)에서 공격을 가한 것에서 출발하고 있다. 계속해서 본격적인 논쟁은 逍遥가 『シェークスピア脚本評注』의 「緒言」(명치24)과 『我にあらずして汝にあり』(명치24)를 쓰게 되었는데, 이것에 대해서 鷗外가 『早稲田文学の没理想』과 『附記、其言を取らず』(명치24)에서 이것에 대해 반박을 가한 것에서부터 시작된다.

말하자면 逍遥와 鷗外와의 대립은 逍遥가 「読売新聞」에 『小説派』, 『梓神子』를 발표한 것을 鷗外가 『逍遥の諸評語』라는 제목으로 「しがらみ草紙」誌上에 논평할 때부터라 할 수 있다. 여기서 鷗外는 逍遥의 문학관이 『小説神髄』당시보다 더욱 타협적이 된 것을 공격하였는데, 그것은 「三派」의 우열을 분명히 할 것을 주장하였던 것이다. 「비평가는 식물학자가 식물을 보고, 동물학자가 동물을 보듯이 이상에서 벗어나 그 사물을 냉정히 평가해야 한다」는 逍遥의 주장에 대해서, 鷗外는 그것은 어디까지나 비평의 전제에 지나지 않으며 비평의 본질인 「판단을 내리려고 할 때에는 이상이 있어야 하고, 표준이 있어야 한다」고

주장하면서 하르트만의 미학을 빌려 명확히 이상주의를 주장하였다.

전술한 바와 같이, 몰이상이라는 것은 逍遙가 『梓神子』에서 처음으로 사용한 말이지만, 그러나 자신의 이론으로 주장하게 된 것은 명치24년 11월 「早稲田文学」의 『マクベス評釈の緒言』이 최초였다. 여기에서 사용된 「몰이상」이라는 한 마디에 鷗外가 맹렬히 반박을 가한 것도 그리고 화려한 논쟁으로 전개된 것도 이러한 지반이 있었기 때문이었다. 세익스피어의 작품이 걸작이라는 것은 마치 자연과 같이 「몰이상」이기 때문에, 말하자면 좁은 이상만을 가지고 그것에 대한 해석·비평을 삼가야한다는 逍遙의 말은 암암리에 鷗外를 의식한 발언이었다.

逍遙에 의하면 評釈에는 두 가지 방법이 있다. 있는 그대로의 字義, 語格 등을 評釈해서 修辞上에 미치는 것, 또 하나는 작자의 본의 또는 작품의 이상을 발휘해서 비평 평론하는 것이 바로 그것이다. 逍遙자신은 그의 생각대로 第一義의 방법을 취하기로 결심하였다고 했다. 逍遙는 모두 일반적으로 評釈이라는 말을 사용하고 있지만, 제1의 방법과 제2의 방법에 의한 것과는 분명히 개념상의 차이가 있다. 말하자면 비평의 방법에 있어서 전제가 되고 있는 해석의, 또는 그 전제인 語釈과 비평 그 자체를 혼동하고 있는 것이다. 逍遙가 말하는 제1의 방법에 의한 것은 語釈이고, 제2의 방법에 의거한 것은 비평인 것이다.

『マクベス評釈の諸言』과 같은 그렇게 중요하다고 생각되지도 않는 한 문장을 취해서 『早稲田文学の没理想』에서 鷗外가 정면으로 소위 몰이상 논쟁에 대해 도전한 것은 여러 비판이 있었음에도 불구하고, 逍遙가 재차 비평 부정을 생각하게 하는 말을 흘렸을 뿐만 아니라 『我れにあらずして汝にあり』에서 암암리에 鷗外에 대해 역습적인 태도로 나왔기 때문이다.

여기서 주의해야 할 점은 『梓神子』에서 逍遙는 「비평가는 식물가가

식물을 평가하는 것과 같이, 동물가가 동물을 평가하는 것과 같이, 이상에서 벗어나 그 사물을 냉정히 평가해야 한다」라는 몰이상의 비평을 주장했던 것에 반하여, 『マクベス評釈の緒言』에서는 세익스피어 작품 그 자체가 몰이상이라 주장하고 있다. 몰이상이 전자에서는 비평의 태도를 의미하지만, 후자에서는 작품 특질을 의미한다. 이러한 애매함이 소위 몰이상 논쟁을 애매하게 만들어가는 유력한 원인 중의 하나가 되고 있는 것이다.

이와 같이 같은 이상의 한 마디에 비추어 보더라도 양자는 그 개념에 큰 차이가 있는 것을 쉽게 알 수가 있다. 鷗外에게 있어서는 어디까지나 본래의 이데(관념)를 의미하는 것이고, 逍遙에 있어서는 주관 또는 편견을 의미하는 것이 되기 때문에 몰이상은 허심과 통하는 것이었다.

鷗外가 이 「没」을 「無」의 의미로 해석하였던 것에 반해서, 逍遙는 鷗外의 비평에 있어서 주장하였던 『烏有先生に謝す』(명치25) 및 『没理想の語義を辨ず』(명치25) 속에서 「몰이상이라는 것은 즉 有大理想이라 일컫는 것이라 주장하였다. 그는 그것을 몰이상이라고 주장하였던 것은 그 大理想을 나타내기 어려운 絶体絶命의 방편이 되는 것이다」라고 변명하였다. 그는 또한 「내가 말하는 몰이상은 没却理想 또는 不見理想의 양 뜻을 함께 내포하고 있는 것이다」라고 부연 설명하고 있다. 그러나 이러한 표현으로부터 그는 다시 애매함이 잔존하고 있지만, 逍遙의 뜻을 달리 살펴본다면 원래 그의 본뜻은 「没」이라는 것은 「不見」과 「没却」을 겸하는 의미였지 「無理想」은 아니었다. 여기에 대해 鷗外는 逍遙의 「理想」을 지금의 말로 하자면 「理念」으로 해석했다. 이것은 그가 逍遙의 논리를 깨뜨리는 첫 번째 방법인 『早稲田文学の没理想』(명치24)이라는 문장에서 「理想」에 「Idee」라는 서양어를 붙이고서는 이것과 「極致 Ideal」를 구별하고 있는 것에서도 분명히 알 수 있다. 「没」을 「無」로 하고, 「理想」을 「理念」으로 해석해서 「没理想」 즉 「無理念」에 의해 최대의 예술의 특색으로 하는 사고방식은 반드시 하르트만 철학이 아니라 하더라도 일반적인 관념 철학, 미학의 신봉자로부터도 도저히 수용하기 어려운 것이었다. 또한 「記実」을 숭상하고 「談理」를 멀리해야 한다는 逍遥의 논지는 그것이 직접 그 자신에게 빗댄 것이 아니라 하더라도 美의 표준을 세워 그것에 의해 예술의 객관적인 가치를 인정하려는 鷗外의 입장을 부정하는 것으로 볼 수밖에 없었다. 거기서 鷗外는 하르트만의 美学을 演繹하여 그 이론을 바탕으로 해서 逍遥의 문장을 비판하려고 한 것이다. 이것에 대해 逍遥는 이 정도에서 화해를 맺고 이 귀찮은 논적으로부터 벗어나야겠다는 생각을 하고 있는 모습과 鷗外의 집요한 반박에 질려있는 모습이 금방이라도 손에 잡힐 듯이 보인다.

鷗外가 문학활동을 하던 초기에는 항상 신경이 쓰였던 존재가 坪内逍遥와 石橋忍月였던 것 같다. 鷗外가 독일 유학으로부터 귀국했던 명치21년 무렵의 이 두 사람은 이미 문단에서 어느 정도 비중을 차지하고 있었다. 무슨 일에서든 제일인자가 되고 싶어했던 鷗外는 어떠한 방법을 취하든 이 두 사람을 극복해야만 했다. 그래서 명치25년 3월에는 『逍遥子と烏有先生と』라는 긴 논진을 펴고 있다. 이러한 이론을 전개해서 차례로 論点을 이동해 가면서 자신이 말하고 싶은 바를 실컷 퍼붓고는 이제는 더할 것이 없다는 식이었다. 여기에 대해 「나는 단지 세익스피어의 맥베드를 評註함에 있어서 小理想을 빌려 작자를 평가하는데 있어서 도움이 되지 않는다면 評註는 어디까지나 수사학상의 評註에 그치고 말 것이다」(『烏有先生に答ふ』)라고 솔직하게 진정을 피력하고 있던 逍遥로서는 뜻하지 않는 집요한 논쟁에 휩싸이게 되면서 당혹하였음에 틀림없을 것이다. 그는 애초부터 주체적으로 논쟁을 이끌려는

적극적인 의욕이 없었기 때문에 중도에서 어떻게 하든 벗어나려고 하는 자세만이 드러나고 있는 것도 어쩔 수 없는 일일 것이다. 몇 번인가 논전이 겹쳐지면서 『逍遥子と烏有先生と』에 이르게 되었던 것도 「나도 역시 공평하지 못한 때도 있었고, 愛憎을 떨쳐버리지 못하고 욕심낸 적도 있었다. 그렇지만 나는 논리를 지키고 시비를 가리려고 했다. 내가 공평했던 것, 애증을 뿌리치려고 한 것은 시시비비를 가리자는 것에 있었다」라고 3년 전 「しがらみ草紙」 창간 당시의 『今の諸家の小説論を読みて』의 논지를 되풀이한 것뿐이었지, 실제로는 중요한 논점은 하나도 전개되지도 못했다. 명치25년 2월 『小羊子が白日夢』을 쓴 이후의 逍遥는 문체부터 戲文調로 바꾸었는데 그것은 오직 자조적인 擬態로 鷗外의 집요한 추격을 피하려고 하였던 것에 원인이 있다.

여기에 대해 鷗外는 『早稲田文学の後没理想』이라는 長文을 발표하고, 이후 『傍観機構』에서 의학 논쟁으로 맞서면서 이 문학논쟁은 종결되었는데 그 때가 명치25년 6월이었다.

처음부터 다시 정리하여 보면, 우선 「没理想」이라는 말의 개념에 대해 차이가 있었고, 이후 이러한 점을 둘러싸고 응수가 겹쳐지면서 그 간격을 메우는 정도에서 논쟁은 끝났다. 그러니까 미증유의 장기 논쟁이었던 것에 비하면 알맹이는 별반 없었다. 예를 들면 逍遥의 「記実」(帰納)에 대한 鷗外의 「談理」(演繹)라는 것이 그것에 해당되는데 이것은 장르의 정의라는 비평의 기술에 속하는 부분인 것이다. 이것은 지식을 확인하는 것에 의해 얼마든지 양해가 가능한 사항들이었다. 외면적으로 난해하게 보인다는 것은 鷗外가 무리하게 「没理想」이 판단정지를 의미하는 것이 아니라 암묵 속에 가치판단에 관한 기준을 포함하는 것이기 때문에 단지 그것을 숨기고 있을 뿐이라는 것을 지적하고 있다. 그것에 반하여 逍遥가 반쯤 긍정적인 대답을 하였기 때문이다. 비평의 기준에 대해 명시하라고 요구하는 것은 물론 鷗外자신에게는 그러한 준비가 이미 완료되어 있었기 때문이기도 하겠지만 하르트만이 말하는 「小天地想」에 의거하여 예술의 창조를 이데(관념)와 상상력으로 설명하는 것은 당연히 일반론에 지나지 않는 것이었다. 이것은 호기심으로 逍遙의 논리모순을 추궁하는 정도이어서 그 일반론으로서의 약점은 부각될 뿐이다.

逍遙가 세익스피어의 작품에 대해서 속을 알 수 없는 호수와 같이 광대하지만 이상은 죽어 있기 때문에 재단비평을 할 것이 아니라 記實에 따르는 연구 상의 결의를 천명하면서 談理보다도 記實에 대해서 설명하고 있다. 이것에 대해서 鷗外는 하르트만의 관념 미학에 의거하여 예술은 美의 이상의 구현물이고 그것을 没理想으로 보는 것은 잘못이라고 주장하고 談理의 중요성에 대해 역설했다. 즉 이 논쟁은 逍遙가 세익스피어의 평론에 대해 시도하면서 그러한 과정에서 세익스피어의 위대성은 理想을 논하는 것에 있는 것이 아니라, 읽는 사람의 주관에 따라 여러 가지로 해석을 달리 할 수 있다고 보는 것에서 비롯되었다.

逍遙는 이상이 내재해 있어서 잘 안 보인다는 의미에서 「몰이상」이라고 한 것에 대하여, 鷗外는 「無理想」으로 받아들였던 것이다. 또한 그의 의미로는 인생관에 가까운 「이상」에 대해서 그는 이념 내지「극치」의 의미로 바꾸어 해석하였기 때문에 표준과 이상을 중요시하는 그 자신의 근본태도가 비난받았다고 오해하고 반박한 것이다. 이러한 개념에 대한 애매함, 그 어긋남이 밝혀졌을 때는 논쟁은 이미 끝난 뒤였다.

逍遙는 세익스피어의 위대함을 가지고 자신의 이론을 정당화시키는 가장 유력한 근거로 삼았는데, 장님이 코끼리 만지는 식의 의견은 피하고 싶다는 것은 자연스런 이치라고 했다. 그러나 「記實」을 내세우는 그 근거가 그곳에서 발생하지 않았기 때문이었는데, 鷗外의 탄핵에 대하여 이전의 회의주의에 반쯤 빠져 있으면서도 현재 연구 중이라고 대답한 것은 逍遥의 솔직한 반응이었는지 모른다. 그 솔직함이 하르트만을 내세운 鷗外와의 구조를 깨뜨리고, 鷗外도 또한 그것을 인정하는 과정이야말로 이 장대한 논쟁의 하이라이트라 할 수 있다. 「나는 어떤 철학을 가지고 있는 것은 아니다. 몰이상의 평을 만들어 갈 뿐이다. 그래도 나는 아무런 철학도 없이, 이치를 談하는 것에 대한 어떤 부당함을 느끼는 것은 아니다」(『逍遥子と烏有先生と』). 어깨에 힘이 빠지는 듯한 이러한 自解에 鷗外의 자기의식의 실체가 드러난다고 볼 수 있는데, 논쟁의 참다운 문제가 명치20년대 문학상황 속에서 비평가로서 자립하는 것이 얼마나 어려운 시대였던가를 단적으로 보여주는 실례가 되고 있다. 鷗外는 미리 그것을 알고서 「記実」에 머물려는 逍遥를 끌어내리어 자기표현에 대해 주장한 것 같이 보이지만, 사실은 逍遥와 鷗外라는 대립, 또는 逍遥와 하르트만이라는 관계를 설정함으로서 생긴 결락은 개운한 것이 아니다. 그래서 逍遥가 戯文의 자세를 취해서 중지를 선언한 것도 어쩌면 당연한 논리였는지 모른다. 그러나 逍遥에게도 원리적인 통찰에 대한 준비가 되어 있지 못하다는 것만은 부정할 수 없는 사실이다.

　이상과 같은 논쟁을 다시 한 번 간단히 정리하면 다음과 같다. 森鷗外는 記実家 逍遥에 대해서 談理家 하르트만을 대립시키는 작전을 사용하여 談理의 중요성을 주장함과 동시에, 형이상학적인 미의 이상에 대한 존재를 주장하고 있는데 그것의 구현물인 예술을 무이상으로 하는 것의 잘못에 대해 지적했다. 또한 逍遥의 몰이상주의를 졸라의 자연주의와 비교해 가면서 이것을 부정했다. 이것이 몰이상 논쟁의 발단이 되었다. 逍遥는 자기 및 時勢에 대해 돌아봄에 있어서 自戒와 계몽을 겸하고 있었는데 본래 관념적이지 않는 문학을 관념적으로 논단하는 것에 대한 위험을 말하고 있다. 신중하게 記実 연구의 길을 나아가야 할 것을 주장한 것이지만 그 논법은 처음부터 문학 즉 이상의 기본 이념을 견지하고 또한 미학에 의한 談理비평을 계속해 온 森鷗外의 입장과는 정면으로 부딪치게 된 것이다.

逍遥는 자신이 말하는 몰이상은 무이상이 아니고, 단지 이상이 숨어 있다고 해서 잘 보이지 않는다는 뜻을 말하는 것이고 大理想을 추구하여 얻어지는 것이 없었기 때문에 하나의 방편론에 지나지 않았던 것, 또는 자신이 부정하는 談理자체가 결코 부정하자는 것이 아니라 단지 실패를 피하여 記実을 먼저 두고 싶을 뿐이라는 것 등에 대해 변명하였다. 아울러 하르트만이 말하고 있는 형이상학론에 대해 알기 어렵다는 것을 고백하면서 그곳에 敎示를 얻었다고 말했다. 꽤 솔직한 이들의 諸論에 의해서 逍遥의 진위는 대부분 명확하게 되었지만 그것이 확실하게 되고 보니까 반드시 森鷗外와 기본적으로 대립한 것만이 아니라는 것이다. 이것에 대해서 森鷗外는 逍遥가 말하고 있는 상식적 발언에 대한 논리적 문제점을 철저하게 파헤치고 있다. 아울러서 하르트만은 어디까지나 하르트만인 것을 분명히 하면서 자신이 하르트만에 의거하는 까닭, 하르트만의 특색, 所説 등에 대해서 상세하게 설명한 것인데 단지 미의 이상에 있어서의 근원이 형이상학적 문제에 대해서는 「하르트만으로부터 이것에 대해 들어보면 단지 우리들의 무의식에 관한 철학을 읽는 것」만이라고 하면서 그 난관을 돌파해 나갔던 것이 주목된다.

逍遥는 森鷗外의 또 한 번의 반론을 재촉하면서도 자신은 이것으로 논전을 그만두었으면 하고 선언했다. 이것은 귀찮은 논쟁에 대해 싫어하였던 「早稲田文学」 독자들의 반항을 고려한 것이기도 했다. 또는 문자 그대로 자신에게 있어서는 몰이상론의 유래를 말한 것이다. 또한 셰익스피어 연구에 몰입해 온 자신의 심정의 솔직한 고백이 보이기도 한다. 이것에 대해서 森鷗外는 최후의 반론을 펼쳤다. 거기서 森鷗外는 몰이상에 관한 문제가 대부분 해소된 것을 인정하면서도 逍遙에 있어서 그 語義에 있어서의 전후 변화, 이론적 불철저성 등에 대해 파고들었다. 게다가 逍遙가 문책한 이상과 같은 문제에 대해서도 대답하고 있는데 이 문제에 있어서는 자신이 하르트만의 全系를 전부 확신하고 있는 것은 아니라고 말하고 있다. 말하자면 정면으로부터의 회답은 피하고 있는 것이다.

　이것으로 이 대논쟁은 종결된 것이지만 이 논쟁은 용어해석의 차이에 유래하는 것이 컸다고 볼 수 있다. 또한 오직 논리만을 가지고 설파하려는 森鷗外와 체험적, 심리적인 설명을 주로 파헤쳐가려는 逍遙와의 간격이 있었기 때문에 논쟁 전체로서는 충분한 대립 발전, 심화는 볼 수 없었다고 할 수 있다. 그러나 취급되어졌던 문제는 대단히 중요한 것이었다. 여기에서의 주요 논제는 記実, 談理의 싸움이라 할 수 있는데 결국 記実을 먼저 취하든가, 양자에 선후를 붙이지 말든가 하는 조그마한 차이에 불과했던 것이다. 그러나 森鷗外의 비평에는 표준이 반드시 필요하다고 한 원리적 지적은 대단히 중요한 것이다. 단지 그는 그 표준이 귀납의 결과로서 얻어진다고 생각했기 때문에 逍遙와의 차이는 좁혀졌지만 이것을 더욱 깊게 파고 들어가면 소화기가 되어 겨우 등장하기 시작한 비평에서의 주체의 문제가 당연히 나타나게 되는 것이다. 몰이상의 論에 있어서도 뛰어난 작품의 몰이상성에 대해 설명한 逍遙의 진의는 하르트만의 소천지주의의 사고방식에 의거하여 작품에 있어서 類想을 부정하였던 森鷗外 주장과는 기본적으로 같은 것이어서 오해가 풀리면서 문제가 해소되어 버렸던 것이다. 여기에서 더욱 파고 들어 가면 각 소우주에 대한 비평가에 있어서 주체적 선택원리의 문제가 당연히 새롭게 등장한다. 즉 어느 쪽도 비평론의 근간에 관한 좋은 논제였음에도 불구하고 양자의 발언에 관한 범위가 스스로 제한되어 있어서이겠지만 그곳에는 아무래도 명치다운 시대적 성격이 느껴져 온다. 문학을 과학적으로 취급하려고 한 逍遥와 오로지 미학의 범주에서만 문학을 생각한 森鷗外와는 이질성보다 도리어 동질성의 편이 강했다고 해도 좋을 것이다. 제3의 미에 관한 형이상학론에 대해서는 逍遥는 오직 듣는 입장에 시종하였지만 森鷗外가 결국 자신은 하르트만의 全系를 확신하지 못한다고 말하면서 그것에 확실한 대답을 주지 못하였다는 것은 주목되는 사실이다. 그리고 森鷗外는 이윽고 逍遥의 의문에 대답하는 형태로 하르트만 미학에 관한 訳述에 힘을 기울이게 된다. 森鷗外의 관념론으로부터의 이탈자세가 이런 것에서도 엿볼 수 있는 것이지만 이것은 逍遥와의 대립논쟁에 있어서 그가 받은 하나의 영향이라고 해도 좋을 것이다.

어쨌든 이 논쟁은 지금까지 진행된 적이 없었던 写実派 逍遥와 관념미학파 森鷗外가 부딪혀 갔던 대논쟁이었다. 양자 공히 제각각의 자질을 전력투구하여 실질적 열매는 적었지만 그 반면에 활발한 논쟁이 전개되었다. 주목하는 사람도 많았지만 그 논의가 아카데믹한 성질이었기 때문에 문학사조상에서의 직접적인 영향은 거의 없었다고 해도 좋다. 즉 문학의 문제는 겨우 정밀이론의 대상이 될 정도였지만 문학이론사상에 있어서의 의미는 상당했다고 봐도 좋다.

일본근대문학 발족기에 있어서의 이 논쟁은 문단의 관심을 끈 것에 비해서는, 또한 그 화려함에 비해서는 논쟁자체는 결국 애매하면서도 어중간하게 끝나 버렸다. 전술한 바와 같이, 逍遥로부터 보면 評釈도 창작도 「成心」을 버리고 「小主観」에서 벗어나 자신이 지향해야 한다는 어찌보면 극히 상식적인 발언에 지나지 않은 것임에도 불구하고 당시 전투적 근원적인 계몽가로 자처하고 있었던 鷗外는 이것을 물고 늘어져 「몰이상」, 「没却理想」이라는 그럴듯한 개념어를 무한정으로 사용하여 자신의 논리에 편승해 버렸다는 것이 진상일 것이다. 일본 근대문학자 중에서 鷗外만큼 의식적인 작가는 없었다고 해도 과언이 아니다. 그 만큼 과학자로서 실험의학을 표준으로 삼아 학문의 독립을 위해 싸웠는데, 그것은 역으로 말하면 문학자로서는 인스피레이션과 공상을 중요시하였던 하르트만의 무의식 미학을 표준으로 해서 美의 독립을 위해 싸워 온 것이었다.

평론가로서의 鷗外의 활동 거점은 「しがらみ草紙」와 그 후신인 「めざまし草」였다. 鷗外의 평론은 인상비평이나 기술비평이 저미하고 있던 당시 문단에 하르트만의 미학체계를 원용해서 새로운 비평의 기준을 제공하려고 한 것에 특색이 있다. 逍遥는 하르트만을 祖述한 鷗外의 문예론에 대해서 미지하였던 만큼, 이것을 이해하는데 필사의 노력을 다했다고 한다. 이후 逍遥의 학문에 대한 의식이 달라졌다는 것이다. 즉 그는 사물을 조직적으로 생각하려 하였고, 질서를 세워 사물을 설명하려는 이치는 이 논쟁 때 고생한 결과라고 솔직히 말하고 있다. 많은 사람들은 二葉亭가 逍遥에게 큰 영향을 미쳤다고 생각하기 쉽지만 이상에서 볼 때, 鷗外와의 논전 쪽이 그에게 훨씬 큰 영향을 주었다고 볼 수 있다. 또한 그는 「몰이상이라는 말 대신에 순객관이라는 말을 사용했다면, 이 정도로까지 길게 끌지는 않았을 것이다」라고 말하고 있었다고 한다. 즉 그 만큼의 대논쟁이 한 마디의 개념에 관한 사용방법에 구애받아 되풀이 된 觀이 있었다고 하는 것이다. 당시 양자 사이에는 논쟁이 또 다시 논쟁을 불러 일으켰던 만큼 두 사람 사이에 있어서의 공통의 지반이 결여되어 있었고, 따라서 이 논쟁이 당시 문학계에는 거의 실질적인 영향은 미치지 못했던 것이다.

鷗外는 이 논전 중 하르트만의 철학, 나아가서는 관념론 철학에 대해 이해하지 못했던 逍遥로부터 하르트만 철학체계에 관한 궁극적인 질문을 받고 그 요약에 대해 곧장 대답할 수 없었다. 그래서 그는 이 논쟁이 종결된 후, 하르트만의 미학에 관한 공부를 다시 시작하게 된다. 이『審美論』(명치25～26)은 하르트만의『미의 철학』의 冒頭 부분을 번역한 것이다. 또한『審美綱領』(명치32)에『미의 철학』全卷의 대강을 編述하기도 했다. 이 두 개의 업적은 적어도 그 시작의 반은 이 때의 逍遥가 질문한 것에 대한 대응 차원이었다고 볼 수가 있다. 逍遥 측에서 보더라도 鷗外이상으로 논쟁이 가져다 준 효과는 컸던 것이다. 원래 독일 계통의 문학론은 그에게는 미지의 세계였고, 또한 계통적인 미학에 대해서는 잘 알지 못했기 때문에 그는 鷗外가 말하는 것을 충분히 이해하지 못하였다. 그것 때문에 애써 부족한 곳을 메우기 위하여 부단히 노력을 했다고 한다. 逍遥가 스스로 논전의 중지를 제의했다고 해서 그 중지가 곧 鷗外의 이론에 대해 굴복했다고는 말할 수 없다. 그의 원래의 취지 태도는 즉 나를 떠난 대상의 美点, 장점을 인식하려는 순객관적인 자세 및 현실을 중히 여겨 空理를 뿌리치고 어디까지나 귀납적, 실증적으로 판단하고 관조해야 한다는 것이 「早稲田文学」의 방침이었다. 이러한 것은 鷗外와의 논전에 있어서도 전혀 다를 바가 없었다. 피차간의 차이는 「영문학과 독문학과의 대조」, 혹은 사실주의와 이상주의와의 입장 차이라고도 말할 수 있지만, 양자가 궁극적으로 지향하는 바는 같았다.

몰이상 논쟁은 일본근대 최초의 본격적인 문학논쟁이 되었다. 사실주의 입장에서서 「몰이상」을 주장한 逍遥에 대해서, 이상주의의 입장을 견지한 鷗外의 논조는 낭만주의로 통하는 문학이론의 萌芽를 인정하고 있다. 시간 허비라는 인상을 지울 수 없는 이 논쟁에 있어서의 문학사적인 컨텍스트는 문학관의 혼란 속에 추상적인 형태이긴 하지만, 서양 문학 이해에 관한 큰 줄거리를 끌어들인 것에 있다. 그리고 문학의 근본문제가 정밀 논리화된 것 그 자체가 큰 의의를 가진다고 할 수 있다.

4

森鷗外의 『舞姫』 논쟁

森鷗外의 서양행의 사정은 다를 수 있지만 그러나 결과적으로 혁명의 난을 피하여 국외로 망명하였던 프랑스 귀족들이 외국생활과 그 신선한 견문에 의거하여 귀국한 이후 자국에 신문학을 창조한 것과 비슷한 데가 있다. 이것을 일본 근대문학의 기원으로 보는 것은 우연히도 세계적인 조류와 공통하는 것이 있다는 이유에서이다. 森鷗外가 귀국한 이후에 전개한 문학활동을 프랑스 망명문학과 비교해 보면 이 시인이 좋아했던 것을 느낄 수 있다. 그러나 森鷗外의 서양행을 기원으로 하는 역사관으로부터 그 줄거리를 더듬어 가기에는 근대 일본문학이 너무나도 다채롭고 단층이 복잡하다는 것이다. 이것은 逍遙 또는 二葉亭를 기원으로 하는 사고방식과도 같은 것이다. 베린스키를 祖述로 했다고 일컬어지고 있는 문학이론으로서의 『소설총론』, 창작으로서의 『浮雲』, 트루게네프의 번역으로서의 『밀회』 등 二葉亭의 손을 거친 각 분야의 과업을 생각해 보면 이것이 당시 일본문단에 가져왔던 인상이 얼마나 신선했던지와는 관계없이 참다운 의미에서 생각해 볼 때 二葉亭가 근대 일본문학의 출발점이 된 것은 아니었다. 北村透谷만 보더라도 똑같은 것을 느낄 수 있다. 그것도 출발, 이것도 출발이었는지 어땠는 지는 잘 모르겠지만 그러한 것이 어느 쪽도 출발은 있었지만 중단되고 말았다. 그러한 의미에서 보면 근대 일본문학의 기원은 몇 개인가가 서로 얽히면서 독자적인 전개를 보였다고 하는 것이 옳을 것이다.

1) 森鷗外의 독일유학

그는 「명치17년 8월 23일 오후 6시 기차 출발」이라고 『航西日記』에 쓰고 있다. 근대 일본문학의 기원으로 보기에 어울리는 듯한 가슴이 뛰는 느낌에 대해 서술하고 있다. 森鷗外는 이 때 옛날 식으로 해서 23살이었다. 다음 24일에 프랑스 배로 요코하마를 출발하여 베를린에 도착한 것이 10월 11일이었다. 「완전히 처녀와 같은 관능으로 외계의 모든 사건에 반응해가면서 안으로는 꿈쩍도 않는 힘을 비축하고 있었다」는 독일 체류의 4년간 유학을 마치고 귀국한 것이 명치21년 9월 8일, 그의 나이 27세였다. 귀국한 그의 제일성이 역시집 『於母影』였고 또한 「얼기설기 엮은 草紙」의 창간, 그것에 발표하는 비평활동이 계속되었다. 특히 『舞姬』『물거품의 기록』『파발꾼』의 세 편의 雅文体 소설이야말로 문자 그대로 森鷗外의 독일선물이었다. 이들 세 편의 창작에 대해서는 신문, 잡지 등에 여러 가지 비평이 나왔다. 그 중에서도 특히 신진기예의 문예평론가 石橋忍月는 한 작품마다 구체적인 작품 비평을 시도하였는데 그 때마다 森鷗外와 사이에 있어서 논쟁이 교환되었다.

2) 『舞姫』

『舞姫』는 명치23년 1월 「国民之友」제69호 부록에 실린 雅文体의 단편소설로 森鷗外의 처녀작이다. 주인공의 太田豊太郎 자신의 筆録 이라는 형식으로 되어 있다. 어릴 때부터 엄격한 가정교육을 받으면서 자라난 太田豊太郎는 일찍 부친을 여의었지만 수석으로 대학 법학부를 졸업하고 某省에 직책을 얻어서 서양행을 명령받았다. 「나의 이름을 날리는 것도 나의 가문에 부응하는 것도 바로 이 때이다」라고 용기를 내어 베를린으로 출발하였던 것이다. 「나는 공명에 대한 애매모호한 마음과 몸에 배인 검약정신으로 이 유럽의 새로운 도시 한가운데에 서 있다. 얼마나 빛나는 것이냐. 나의 눈을 사로잡은 것이다. 또 나의 마음을 황홀하게 만드는 것이다」라고 술회하고 있는 장면은 바로 太田豊太郎의 감회인 것이다. 멀리 외국까지 와서 자유스러운 대학 학풍의 영향을 받아 지금까지 「수동적, 기계적」으로 자라나 그와 같이 단련되어 온 자신에게 의문을 가지게 되었다. 그것으로 인해 독립적인 사상에 눈뜨게 된다. 법률지식보다도 역사나 문학에 흥미를 가지게 되었다. 절대주의에 봉사해야 했고, 또한 관료국가의 간부 후보생이었던 그에게 근대적인 자아의 각성이 찾아온 것이다. 이러한 자기 변혁에 휩싸여 있던 太田豊太郎 앞에 엘리스라는 가난한 무용수가 나타나게 되고 처음에는 연민의 정이었던 것이 차츰 연애로 발전해 간다. 그러나 그러한 사실이 고국에 알려지게 되고 太田豊太郎는 해직된다. 두 사람은 동거에까지 나아갔지만 친구 相沢謙吉의 주선으로 모 신문사의 통신원이 되면서 겨우 생활비를 충당하게 된다. 때마침 정부의 고관이었던 天方 백작을 따라 베를린에 온 相沢謙吉의 충고를 듣게 된다. 天方 백작도 또한 太田

豊太郎의 천재적인 어학력을 아낀 나머지 그의 재등용을 약속하게 되고 太田豊太郎는 엘리스와의 관계를 끊을 것을 相沢謙吉에게 약속한다. 이윽고 그는 天方 백작을 수행하여 러시아로 가게 되었고 다시 베를린으로 되돌아 오게 되었지만 이윽고 입신출세가 약속되어 있던 일본으로 귀국하게 된다. 아무 것도 알지 못하고 있는 엘리스는 임신 중의 아기를 위해 「내 마음의 즐거움을 생각하라. 태어날 자식은 그대를 닮아 검은 눈동자를 가질 것이다. 이 눈동자 아, 꿈에만 볼 수 있는 그대의 검은 눈동자를 가지고 태어나는 날에는 그대가 올바른 마음이 되길 바란다」라고 두 사람의 행복해질 날을 상상한다. 그러나 그녀는 太田豊太郎의 진정을 알게 되고 절망한 나머지 발광한다. 太田豊太郎는 相沢謙吉와 결탁하여 엘리스의 어머니에게 생계비를 댈 정도의 돈을 구면해주고 귀국한다.

 이 작품은 太田豊太郎가 귀국하는 도중의 사이공 항구에 잠시 머무는 동안, 5년전의 일을 회상하면서 지난 날의 전말을 기록한다는 체제이다. 「아아, 相沢謙吉같은 좋은 친구는 이 세상에 두 번 다시 얻기 어려울 것이다. 그렇지만 나의 뇌리의 한 점에는 그를 미워하는 마음이 오늘날까지 남아 있다」는 太田豊太郎의 감개로 이 소설은 끝나고 있다.

3) 石橋忍月의 『舞姫』評

 이 작품에 대한 石橋忍月의 평은 명치23년 2월 「国民之友」의 신년 부록 제1의 걸작으로 인정되었다. 만일 소설계에 있어서 명치21년 이전을 逍遥의 시대라고 한다면, 명치22년을 山田美妙, 尾崎紅葉의 시대라고 할 수 있다. 또한 명치23년은 아마 森鷗外, 幸田露伴의 시대라고 할 수 있을 것이다. 올해의 문단에서 패권을 쥔 것은 아마 이 두 사람임에 틀림없다는 것이다. 그러나 이 작품에도 결점이 없는 것은 아니다. 칭찬하는 평만이 있고 누구도 그것에 대해 비평하려 하지 않기 때문에 그가 두세 곳의 이상한 점에 대해 지적하면서 작자에게 질문하고 있는 것이다.

石橋忍月가 『舞姬』의 결점으로서 들고 있는 것 중에는 本篇의 중심이 주인공 太田豊太郎의 참회이기 때문에 무용수는 이것의 부수에 지나지 않는다고 보고 『舞姬』라는 표제는 적당하지 않다는 의견이었다. 이것에 대해서 森鷗外는 많은 예를 인용하면서 반박하고 있는데 논할 가치도 없는 문제이기 때문에 지금은 여기서 묻지 않기로 한다고 주장하고 있다. 石橋忍月 평의 근본은 『舞姬』의 意匠 그 자체에 있다. 石橋忍月에 의하면 『舞姬』의 意匠은 연애와 공명이 양립할 수 없는 인생의 境遇에는 소심하고 겁쟁이고 또한 독립심이 부족한 인물을 주인공으로 내세워 그 지위와 경우와의 관계를 발휘시키려 하는 것에 있다는 것이다. 주인공인 太田豊太郎가 미리부터 연애와 공명을 양립할 수 없다고 판단이 될 때는 단연코 연애를 버리고 공명을 취할 용기가 만일 있다고 한다면 그는 반드시 그렇게 했어야 하는 것이다. 그러나 그는 소심하고 겁쟁이고 또한 거기다가 원래부터 그런 용기가 존재하지 않는 인간이었다. 가련한 여자를 갖고 놀다가 또한 그녀를 미치게까지 해버리는 그는 대담하고 가혹 냉담한 인간은 결코 아니었다. 그는 자비심이 깊고 恩愛의 정이 깊었기 때문에 처녀성을 존중해야 하는 것을 알고 있었던 것이다. 과연 그렇다고 한다면 사랑하는 엘리스를 버리고 귀국해야 했다라고 하는 것은 太田豊太郎라는 인간의 性情과 행위의 관계가 支離滅裂하다고 말하지 않을 수 없다. 작자는 太田豊太郎로 하여금 연애를 버리고 공명을 취하게 하였지만 이것은 잘못된 것이라 할 수 있고 도리어 공명을 버리고 연애를 취해야 하는 것이 마땅했다. 주인공의 의지가 약하고 성의가 보이지 않기 때문에 따라서 감정이 건전하지 않다는 것은 본편을 위해서 아쉬운 부분이라 생각된다. 작자는 「詩境과 人境의 구별」이 있다는 것을 알면서도 그것을 실행함에 있어서 이 구별을 잊었다고 하는 것이 石橋忍月의 의견이었다. 이와 같은 石橋忍月에 의해 제출된 의문은 이 작품의 근본에 언급하고 있는 문제라고 봐도 좋을 것이다.

4) 森鷗外의 반박

여기에 대해서 森鷗外는 명치23년 4월 「얼기설기 엮은 草紙」 제7호에 『舞姬에 대해 気取半之丞에게 주는 글』이라는 한 문장을 실으면서 石橋忍月를 반박하고 있다.

처녀를 존경하는 마음과 불치의 정신병에 걸린 여자를 그 어머니에게 맡기고 생활비를 남기고 떠나는 마음이라는 것이 왜 양립되지 못하는가. 太田豊太郎가 엘리스를 버린 것은 그녀가 미치기 이전이었는데 이러한 점이 처녀를 존경하는 마음과 모순되는 것이라면 약한 인간이 境遇에 좌우될 수 있다는 실정에 대해 잘 알지 못하는 말인 것이다. 太田豊太郎는 소심한 인간이다. 대관직에게 약속한 것은 사실이라 할지라도 太田豊太郎가 러시아로부터 돌아와서 병에 걸리지도 않고 엘리스 또한 미치지 않고 서로 이야기를 나눌 수 있는 기회가 주어졌다고 한다면 太田豊太郎가 혹시 상황에 따라서는 귀국을 단념했을지도 모른다. 일단 약속한 귀국을 단념하는 것이 大官(天方 백작)에 대해서 체면을 잃는 것이라 한다면 수치를 느껴 자살했을지도 모르는 것은 아니다. 그런 것이 되지 못했다고 하는 것은 다행일 수도 있다. 野口寧斎는 이것에 대해 『舞姬』를 평하여 太田豊太郎는 참다운 사랑을 알지 못한다고 했지만 이러한 주장이야 말로 『舞姫』비평 속에 있어서 잘못된 것이라고 할 것이다. 太田豊太郎는 참다운 애정을 모른다. 그러나 그가 만일 진실로 사랑해야 했을 사람을 만났다고 한다면 진실로 이러한 것을 가지고 사랑할 수 있는 인간이라고 볼 수 있을 것이다. 의지가 박약하다고 해서 그리고 행동이 약하다고 해서, 또한 기가 약하다고 해서, 성의가 부족하다고 해서 감정이 건전하지 못하다고 말하고 있는데 太田豊太郎는 역시 그러한 타입의 인간이라 할 수 있다. 그러나 이러한 성격을 가진 인간을 주인공으로 했다고 해서 人境과 詩境의 구별을 모른다고 평한다면, 세익스피어도 『햄릿』을 창작하기 위해 人境과 詩境의 구별을 모르는 인간이라 할 수 있다. 太田豊太郎가 마음이 약하고, 또한 변하기 쉬운 마음을 가진 인간이라는 것은 발단이 되고 있는데 예를 들면 「사람의 마음을 알아차리기 어렵다고 하는 것은 당연한 것이다. 자신의 마음조차 변하기 쉽다는 것을 깨달아야 한다」고 현재 자신의 마음을 서술하고 있다. 그가 사려 깊다고 느껴지는 것은 이러한 것으로부터도 알 수 있다. 요컨대 太田豊太郎는 원래부터 마음이 약하고 또한 금방 마음이 잘 변하는 스타일의 인간이었기 때문에 그가 엘리스를 버렸다고 하는 것도 이러한 까닭으로부터 오는 것이라 할 수 있다.

그러나 러시아로부터 돌아오고 나서 太田豊太郎가 병에도 걸리지 않고, 또한 만일 엘리스도 발광하지 않고 서로 간에 이야기를 나눌 수 있는 기회가 있었다고 한다면 그가 어쩌면 귀국을 단념했을지도 모른다. 혹은 그가 대관과의 약속을 깨트리고 자신의 체면이 손상되어 자살했을지 모른다고 말하는 것은 森鷗外가 이러한 사실이 괴로워 말을 회피하려는 것으로밖에 느껴지지 않는다. 「太田豊太郎가 처녀(엘리스)를 존경하고 있는 마음과 그가 귀국한 이후에 있어서 엘리스를 생각하는 마음이 양립되어야 한다고 하는 것은 그의 진심이 의심스러워진다」는 생각이 설령 납득이 된다 하더라도 石橋忍月가 문제로 삼고 있는 것은 이 두 개의 마음이 양립되고 있는, 즉 마음이 약하고 또한 변하기 쉬운 마음을 가진 스타일의 인물을 왜 이와 같은 작품의 주인공으로 삼아야 했는가 하는 점인 것이다. 왜 공명에 대한 유혹을 뿌리치고 엘리스와의 사랑에 계속 나아가야 하는 인물상을 가진 주인공으로 선택하게 하지 않았는가 하는 점이다. 石橋忍月는 이 무렵 동경대학 법과 재학의 한 대학생에 불과하였지만 이미 『레싱거論』을 쓰고 있었고 괴테, 실러 등 서룸·운트·드렁크 시대의 독일문학을 애독하고 있었기 때문에 가령 신상의 파멸로 끝난다 하더라도 초지일관 연애의 순수함으로 살아가려 는 정열적인 청년을 『舞姬』의 주인공으로 하여 그려냈을 것이라고 생 각하는 것은 오히려 자연스러운 것이다. 이것에 대해 森鷗外의 대응은 이미 완성된 작품으로서의 『舞姬』에 있어서 주인공 太田豊太郎의 심정 과 행동이 반드시 모순이 되는 것만은 아니라는 식의 변명이어서 그것이 반드시 石橋忍月의 의문에 대해 정면으로 대답하고 있는 것은 아니다. 그러나 이것은 대단히 흥미 깊은 문제가 전개된 것임에는 틀림없다.

5) 野口寧斎의 『舞姬』평

太田豊太郎가 참다운 사랑에 대해 잘 몰랐을 것이라는 野口寧斎의 비평에 대해 森鷗外도 동감하고 있다. 따라서 그는 「나는 이러한 사정 으로 인해 舞姬 비평 속의 잘못된 부분이라고 생각한다. 舞姬를 읽고 서 이곳에까지 생각이 이르게 된 것은 정에 대해 깊게 이해를 못하는 사람이다」고 말하고 있는 것은 전술한 대로이다. 野口寧斎의 『舞姬』평 은 명치23년 1월 「얼기설기 엮은 草紙」 제4호에 실린 것이다. 「舞姬 가 나오자마자 비평가들이 여럿이 나섰다. 하루는 산책을 하다가 바위 에 걸터앉아서 이것을 읽었다. 재미있어서 읽고 질리지는 않았다. 그 반쯤에 이르렀다. 내 몸은 어느 사이엔가 책 속의 인물이 되어 빨려 들어 갔다. 다 읽고 나자 만면에 희열이 생겼다」는 식의 것이었다. 이것은 비평과는 아무런 관련이 없는 공허한 美文에 지나지 않는다.

그리고 그가 太田豊太郎가 참된 사랑에 대해 인식하지 못하고 있다고 주장하는 근거는 다음과 같다. 그가 森鷗外의 묘사 중에서 인용한 것은 다음과 같은 것들이다. 「舞姬를 읽고 제일 먼저 느낀 것이 무엇이냐 하면, 인물의 성정, 공명의 마음, 공부, 기계적 인물, 피상적 활발, 의지가 없음, 조잡, 無定操 등이다. 어떤 때는 연결되어 가는 것에 대해 언급하다가, 또는 숨어 있거나, 혹은 보이기도 한다.(중략) 단지 자세하면서도 교묘하게 인물이 잘 사생되어 있다는 것을 느낄 수 있다. 가련한 모습에 익숙해진 자신 스스로가 불우한 사람, 서로간의 마음이 잘 통하는 今丹次, 진정한 연정에 대해 깨닫지 못하는 太田豊太郎에로 접근해간다. (중략) 이 舞姬는 단편이라고는 하지만 성정이 전편을 꿰뚫고 있다. 진정한 애정을 모르는 사내, 순수한 일심으로 딴 마음이 전혀 없는 여자, 이러한 것들이 서로 호혜적으로 이 소설이 형성되어 간다. 과연 대가의 붓이라 할 수 있다」.

『舞姬』의 주인공을 「為永風의 인물상」으로 보고 있는데 그것은 今丹次라고 부르고 있는 것에 의해서도 분명한 바와 같이, 『舞姬』를 에도의 人情本과 비슷하다고 받아들일 수 있다는 것에 대해 모르면서 그는 단지 찬사를 늘어놓은 것에 지나지 않았다. 이것은 石橋忍月의 비평과는 아마 비교도 되지 못하는 넌센스라 할 수 있다. 진정한 애정을 알고 있지 못하다는 등등의 발언을 운운하는 것도 어떻게 보면 통속적인 의미에서 말하고 있는 것이 분명하다. 이러한 것을 취해서 「舞姬評 속의 잘못된 말」이라고 지적하고 있는 森鷗外의 태도는 이해하기 어렵다고 말하지 않을 수 없다고 그는 평가하고 있는 것이다.

森鷗外가 野口寧斎의 의견에 동의하여 「太田豊太郎는 진정한 사랑을 알지 못한다. 그렇지만 그가 만일 진정으로 사랑해야 할 사람을 만났다면 진실로 사랑할 수 있었던 사람이었다」고 말하고 있는 것은 너무나도 속이 들여다보이는 말일 수밖에 없다. 그렇다면 太田豊太郎에 있어서 엘리스는 진실로 사랑해야 할 대상이 아니었단 말인가. 그리고 동거생활까지 나아갔던 엘리스에 대한 애정은 장난에 지나지 않았단 말인가. 만일 그렇다고 한다면 작품의 서두에 太田豊太郎가 사람에 대해 잘 알고 있지 못하다는 한계에 대해서 누누이 서술할 필요도 없을 것이고, 더구나 「아아, 相沢謙吉같은 좋은 친구는 이 세상에 다시 만나기 어려울 것이다. 그렇지만 나의 뇌리에 한 점도 그를 미워하는 마음은 오늘날까지 남아있다」는 결구의 한 구절은 의미를 잃고 있는 것이 아니겠는가.

6) 「詩境과 人境과의 구별」

『舞姫』의 작자가 「詩境과 人境과의 구별」이 있다는 것을 알면서도 이것을 정작 실행함에 있어서는 그 구별을 잊어버렸다고 말하고 있는 石橋忍月의 불만에 대해서 森鷗外는 다음과 같이 응답하고 있다.

> 의지가 약하다든지, 행동이 약하다든지, 끈기가 없다든지, 성심성의가 없다든지, 감정이 건전하지 못하다고 하고 있는데 이것은 모두 맞는 말이다. 그렇지만 이러한 성질을 가진 사람이 詩材가 될 수 있다는 것은 예를 들면, 詩境과 人境의 구별을 모른다고 하는 것이 세익스피어가 『햄릿』을 창작함에 있어서 詩境과 人境과의 구별을 모르는 사람으로 넣어야 하는 것과 같은 것이 아니냐.

이상과 같이 「詩境과 人境과의 구별」이라는 石橋忍月의 말은 이것만으로는 애매하지만 그의 『想実論』을 참조해 보면 그가 말하고자 하는 바는 분명하다. 시의 소재는 천차만별이어서 이르는 곳마다 산재하고 있지만 시에 들어갈 것과 들어가지 않는 것이 있다. 詩境, 人境의 구분이라는 것은 이런 것이다.

　　지금 여기에 극단적인 예를 들어보면 농촌에 사는 부인이 들판에 다리를 쭉 펴고 구운 감자를 먹는 모습이 사실은 人境이라 할 수 있다. 여기에 반해 농촌에 있는 부인이 채소밭을 돌아다니다가 그 흔적을 기억하는 집오리에게 두부조각을 주는 모양새는 사실은 詩境이 될 수 있다. 그리고 우리들은 아직 중국, 서양에 있어서 시인이 詩境의 実例를 들었다는 것을 듣지 못했다. 일본에 있어서 소위 규수의 시인이라 할 수 있는 清少納言이라는 가인이 있었다. 清少納言이 枕草紙 속에서 「마음을 감동하게 만드는 것」「그리운 것」「마음이 가는 것」「미운 것」「대단한 것」 등을 숫자로 세어 가면 천 가지의 예가 詩境에 들어갈 수 있는 것을 精選한 적이 있다. 清少納言은 실로 일대의 인걸이었다. 우리가 생각하기에 시인이 시를 만들려는 욕심에 있어서 우선 착목해야 할 것이 두 개가 있다. 그 하나가 人境과 詩境을 精査할 것, 또 하나는 詩境을 예술적으로 象形으로 収合하는 것이다.

이와 같이 石橋忍月가 말하는 「詩境과 人境의 구별」이 되고 있는 것은 대단히 상식적인 일임과 동시에, 문학을 제재에 의해서 한정하려고 하는 대단히 피상적인 것을 알 수 있다. 이것과 그의 『想実論』과의 관계에 대해 말하면 「虚를 가지고 虚에 두지 않고, 実을 가지고 実에 두지 않는 것이라 할 수 있는데 이 두 개의 사이에 위안이 존재한다는 것이다」는 예의 『難波土産』의 말을 들어서 「近松의 본의에 대해 고찰할 때는 그는 천연에 심미학적 눈을 가진 사람이 되는 것이고, 人境과 詩境의 구별을 할 줄 아는 사람이 된다. 그는 想을 지키지 못한 사람이 되고, 시를 지키지 못한 사람이 된다. 実에 想, 조화의 요충을 알고 있는 사람이라 할 수 있다」는 곳으로부터 봐서, 요컨대 想実 조화, 虚実 皮膜 사이에 詩境이 있다는 것에 대해 말하려는 것을 알 수 있다. 『소설신수』의 방관적인 写実主義와는 달리, 낭만적 이상주의 입장을 가지고 있다는 것은 명료하다. 이러한 입장으로부터 石橋忍月는 『舞姫』의 작자가 詩境과 人境의 구별을 잊고 있는 것에 대해 책망하고 있는 것이다. 즉 명치 관료국가에 필요한 인재가 되려는 세속적 공명심 때문에 연애를 희생시켜야 한다는 것은 필경 人境의 완성이라 할 수 있는데 그것은 도저히 詩境인 예술의 소재가 될 수 없다는 주장인 것이다. 세속적 공명심 때문에 연애를 희생시켜야 한다는 것은 농부가 들판에 다리를 쭉 펴고 구운 감자를 먹고 있는 모습이 마치 그런 모습이 천박하기 때문에 예술의 소재가 될 수 없다는 것과 같은 것이다. 그것은 石橋忍月의 놀랄만한 로맨틱한 이상주의가 표현되고 있기 때문이 아니겠는가. 농부가 구운 감자를 먹는 모양새는 清少納言의 詩境에 들어갈 수 없는 것이다. 그러나 芭蕉의 詩境 등은 오히려 이러한 곳에서 발견되어 지는 것이다.

7) 낭만적 이상주의자의 불만

『舞姫』의 작자가 人境과 詩境의 구별을 잊어버렸다고 하는 것은 石橋忍月의 로맨틱한 이상주의 입장으로부터는 참을 수 없는 불만이었음에 틀림없다. 아마 이 때의 石橋忍月의 가슴 속에는 불쌍한 엘리스를 미친 채로 내버려 두고 입신출세가 약속되어 있는 고국으로 돌아가는

太田豊太郎의 인물상 대신에, 연애의 순결에 몸을 바친 베르테르의 모습이 회상되었는지 모르겠다. 레싱거, 괴테, 실러 등 설룸·운트·드렁크의 청춘 독일파의 문학에 심취하고 있던 젊은 대학생의 문예평론가 石橋忍月에 대해서 이와 같은 상상은 결코 이유가 없는 것은 아니었다.

石橋忍月가 『舞姬』의 취지를 연애이냐 공명이냐 하는 형태로 요약한 것은 결국 이 작품에 대해 이해가 제대로 되어 있지 못하다는 것을 의미하는 것은 아닐까. 이것은 가정이나 국가에 대한 봉사를 일념으로 생각하였던 봉건적인 명치일본의 한 청년이 유럽 문명에 접하면서 서서히 근대정신에 눈을 떠가게 된다. 가정이라든가 사회라는 약속으로부터 해방되어 입신출세 따위에 대한 가치를 믿지 않고 개인의식을 자각하여 근대인이 됨과 동시에, 또한 그것은 같은 부류의 공통으로 지니고 있던 성정이 인간성에 대해 깨달아가면서, 잡으래야 잡을 수 없었던 것으로 인식되고 있던 연애의 참다운 의의를 깨닫고 고민한다는 스토리이다. 요컨대 봉건인이 근대인이 되어가는 정신 변혁사라고 해야 할만 한 것이 이 작품의 테마가 아니겠는가 하고 말하고 있다. 아마 그런 것임에 틀림없다. 그러나 연애이냐 공명이냐 하는 石橋忍月의 문제제기는 말하자면 이와 같은 제재가 이런 식으로 그려진 것에 대해 불만이었다. 그는 『舞姬』라는 만들어진 작품에 대한 감상을 할 생각은 없었던 것 같다. 단지 그것이 石橋忍月 자신도 확실히 구별해서 쓰고 있지 않았다는 것은 예를 들면 「太田豊太郎 답다는 것은 연애와 공명을 양립시킬 필요가 없는 경우에는 단연 연애를 버리고 공명을 취하는 용기가 필요하다는 것이다. 그는 소심하고 겁쟁이 같은 인물이다」 등과, 「그가 바로 공명을 버리고 연애를 취하는 것이 마땅했다」는 것의, 즉 반대되는 발언으로부터도 그것을 알 수가 있다. 이것은 『舞姬』가 되고 있는 제명에 대한 可否 등의, 말하자면 의외의 문제가 생기는 것으로부터도 명료하다. 게다가 또한 『江湖新聞』에 발표된 森鷗外에의 재반박을 보면 도리어 이 제명에 관한 문제가 많이 관련되어 있어서 앞의 본질적인 문제가 관심 밖으로 밀려난 느낌이 든다는 것으로부터도 더 한층 명료하다.

그러나 이와 같은 잡다한 것을 포함하고 있든 아니든 간에 연애이냐 공명이냐 하는 문제제기는 『舞姬』 작자의 폐부를 찌르는 것임에 틀림없었다고 하는 것은 森鷗外에 있어서 혼란의 응수가 되어 나타났던 것이다.

한 법과대학생이었던 젊은 문예평론가 石橋忍月의 한 마디가 자신감에 가득 찼던 전투적이었던 森鷗外에게 왜 그토록 충격을 던졌을까. 이러한 곳에 『舞姬』가 가지고 있는 복잡한 성격을 읽을 수 있다.

8) 내면적 자화상으로서의 『舞姬』

『舞姬』는 「아마 청년 森鷗外 당시의 내면적 자화상이 아닌가」하는 것은, 예를 들면 작품의 주인공 속에 종종 작자 자신을 탐구하려는 시선이 표출되고 있다고 하는 것은 일반적으로 자연주의 문학의 사소설적 성격이 확립된 이후의 것으로 일컬어지고 있다. 따라서 『舞姬』 당시는 지금시점에서 생각해보아도 이상할 정도로 그러한 사고방식과 관련이 없었던 것 같다. 太田豊太郎를 丹次郎와 비교되는 비평이 나타나는 것으로부터도 그 일단을 엿볼 수가 있다. 그러나 예를 들면 명치23년 1월 「얼기설기 얽은 草紙」(「しがらみ草紙」) 제4호에 실린 山口虎太郎의 『舞姬細評』에 의하면 「숨겨진 자신이 차츰차츰 바깥으로 나옴에 따라서 官長의 수괴가 되어서는 안 된다는 운운, 이러한 기계적인 것을 싫어하는 마음이 나올 수 있을지 의심스럽다」는 사고방식이 당시에 없었던

것은 아니었다. 그런데 명치30년 11월 「新著月刊」 제8호에 실린 담화 필기는 『자작소설의 재료』라는 이름으로 발표되었다. 그 속에서 森鷗外 는 다음과 같이 말하고 있다.

　　『舞姫』 쪽은 독일 북부의 대도시 베를린에서의 사건을 그릴 예정으로 풍속 이라든가 토지라는 것에는 나름대로 주의를 하여 묘사할 예정이었다. 일본의 가난한 서생이 신문사의 통신원 등을 하면서 살아가는 사람 따위는 나름대로 있었기 때문에. (중략) 『舞姫』는 사실에 입각해서 쓴 것은 아닙니다. 그러한 이 야기가 있을 수 있는 것입니다. 포우뎅·스테트가 쓴 소설에 독일 젊은이가 파 리에 가서 천한 여자와 부부 비슷한 생활을 한 이야기가 있었다. 나의 『舞姫』 는 스쳐지나가는 정도로 영향을 받았다고 할 수 있는데 물론 나는 그것에 전적 으로 의거한 것은 아니었다. 그러나 그 경우가 비슷합니다. 파리 생활에 있어서 그녀의 최후는 3층인지 4층인지 모르는 창문으로부터 시내에 깔린 돌 위로 뛰 어내려 죽었다고 생각합니다. 이러한 경우를 쓴 작품은 그 밖에도 여러 가지가 있습니다.

　『舞姫』는 이 담화와 같이 사실에 근거해서 쓴 것이 아니고, 또한 주인 공 太田豊太郎가 작자 자신이 아닌 것은 말할 것도 없다. 그러나 그러함 에도 불구하고 太田豊太郎에게는 당시 작자의 사상이 상당히 짙게 베어 있는 것은 틀림없다. 그것은 太田豊太郎에게 森鷗外의 내면적 자화상이 느껴지는 것은 오히려 자연스럽다 할 수 있다. 적어도 『舞姫』가 당시 森 鷗外의 내면적 세계를 비추어 낸 것인 것은 의심할 여지가 없다.

9) 『独逸日記』를 통해서

　『独逸日記』를 통해서 알 수 있는 在独 4년간의 森鷗外는 다시 말하면「완전히 처녀와 같은 관능으로 외계의 모든 사항에 대해 반응하였는데 안으로는 좌절한 적이 없을 정도의 힘을 비축하고 있었다」는 것이었다. 이러한 긴장과 자부심이 그대로 『独逸日記』의 문체가 되고 있는 것이다. 이러한 예를 한두 군데 인용하여 보면 다음과 같다.

서양서를 나는 170여권을 가지고 있다. 폐쇄된 이래로 나는 잠시 짬을 내었다. 손에 잡히는 대로 읽어본다. 그리스의 대가 소크라테스, 오리피데스, 에스큐로스의 伝奇가 들어 있다. 프랑스의 名医인 오네, 알렉이, 그레일의 情史도 있다. 단테의 신곡은 유현미가 있어서 황홀하다. 괴테의 전집은 웅장하며 위대하다. 누가 나에게 이런 즐거움을 줄 것이냐.

이것은 라이프치히 대학이 여름방학에 들어가면서 많은 사람들이 피서를 떠나게 되었을 때의 일기이다. 카루루스웨의 적십자사의 회의에 참석하기 위해 石黒 軍医監을 수행했던 森鷗外는 독일어로 변론 응수하였는데 당시의 사정을 일기에는 다음과 같이 기록하고 있다.

부라보라고 부르자. 뒤에 서 있던 한 議員이 회원명부를 열람하다가 말한다. 学士 森林太郎이다. 대학의 과정을 마친 자는 스스로 특수한 곳에 갈 수 있을 것이다. 폼페이 구석의 書記席인 내 자리로 돌아온다. 내 옆을 지나가다가 나의 어깨를 주무르고 一笑하며 지나간다. 서기직에 근무하고 있던 프랑스인 에리산이 나에게 와서 연설의 초안을 청구한다. 나는 원래부터 즉석에서 생각하는 타입이기 때문에 초안이 필요한 것은 아니다. 즉 이런 뜻을 말한다. (중략) 나는 제네바 盟約에 주석을 첨가하여 부하들에게 그것을 보고 하게 하였다.

이와 같이 『独逸日記』의 어디를 펼쳐보아도 石橋忍月가 소심하고 겁쟁이라고 평가한 太田豊太郎와 공통적인 심경의 그림자는 찾아볼 수가 없다. 동시에 또한 이국의 무용수와 연애를 한 것 같은 부분은 어디에도 발견할 수가 없다. 물론 예를 들면 다음과 같은 기사가 전혀 없는 것은 아니다. 유학기간이 반쯤 지나고 나서 페텐고페르를 스승으로 삼아 배우고 있던 森鷗外는 도레스덴에서 뮌헨으로 향하였는데 그 때의 일기이다.

> 오전 11시 뮌헨府에 도착하여 独帝 여관에 투숙한다. (중략) 밤에 와르베르히와 게르토네르프라츠의 극장에 들어갔다. 그 후에 중앙회당에 이르렀다. 가면 무용극을 관람하였다. 나도 또한 코가 큰 가면을 청하여 그것을 덮어쓰고 그 장소로 향했다. 한 소녀가 흰 색깔이 있는 문양의 의상을 입고 거기다가 검은 가면을 덮어쓰고 나에게 춤을 추자고 한다. 나는 말했다. 나는 외국인이다. 춤을 잘 추지 못한다. 그러자 여자가 말한다. 그러면 대신에 한 잔 하자고 한다. 나는 여자를 앞세워 어떤 탁자 쪽으로 가서 술을 청하여 한 때의 여흥을 즐겼다. 돌아오는 도중에 여자와 함께 하였는데 그녀 집 앞에 이르렀다. 아기와 백모와 함께 이곳에 산다고 하였다. 낮에는 주방에서 술을 한다고 했다. 아기 이름은 바베테라고 하였다. 나는 그녀의 집을 찾아갔지만 방문하지는 않았다. 왜 그랬는지 내 자신도 그 경위에 대해서는 알 도리가 없다. 여관으로 돌아와서 잠을 청했다.

우리들은 무용수 바베테로부터 엘리스의 흔적을 찾으려고 하여 무례한 호기심을 억제하는 입장에서 「나는 그녀의 집을 찾아갔지만 방문하지는 않았다. 왜 그랬는지 내 자신도 그 경위에 대해서는 알 도리가 없다」라고 서술되어 있는데 이러한 것으로부터 森鷗外가 간과하고 있는 것이 아닌가 하고 생각된다. 결국 정확히 쓰여있는 부분에 대해 알 수는 없지만 이와 같은 기사로부터 어느 정도는 파악할 수가 있다. 즉 그것은 이국에서 젊은 날을 보냈던 森鷗外 입장으로부터 보면 일기 외에 발표되지 않은 것들도 있었을 것이다.

10) 엘리스와 森鷗外

森鷗外가 독일로부터 귀국한 것은 명치21년 9월 8일이었는데 그로부터 2주간 정도 지난 후에 『舞姬』의 히로인과 同名의 엘리스라는 독일 숙녀가 森鷗外를 쫓아서 멀리 일본까지 왔던 사건이 있었다. 森鷗外의 여동생인 小金井喜美子는 『森於菟에게』라는 제목의 문장 속에서 당시의 사정을 다음과 같이 쓰고 있다.

분주하게 날을 보내고 있던 9월 24일 이른 아침에 天住의 어머니가 오셔서 오빠가 그쪽에서 마음 편하게 대했던 여자가 쫓아와서 築地의 精養軒에 있다고 하였다. 나는 깜짝 놀랐습니다.

계속해서 다음과 같이 쓰고 있다. 10월 16일의 일이다.

엘리스는 얌전하게 돌아갔습니다. 다른 사람에 대한 말의 진위를 알 수 있을 만큼의 상식도 갖추지 못한 가련한 여자의 행방에 대해 곰곰이 생각해보았습니다. 집안 누구도 대단한 존재라고 생각하고 있던 오빠이었기 때문에 아무런 문제가 없이 끝난 것은 집안의 기쁨이라 생각할 수 있었습니다.

小金井喜美子의 이와 같은 문장과 관련해서 森於菟는 『鷗外와 여성』 속에서 다음과 같이 쓰고 있다.

아버지와 엘리스가 깊은 사이가 아니었던 것에 대해 다행으로 생각하고 있던 당시 우리 집안의 기분은 집안을 재건해야 했던 중심인물이었던 「오빠에게 큰 지장이 없이 끝난 것은 집안의 기쁨이었습니다」고 표출됨과 동시에, 가령 엘리스가 불쌍하고 어리석은 여자였다 하더라도 이 여자를 바라보는 아버지의 눈에 한 방울의 눈물이 맺혔다고 한들 그것이 특별히 아버지에게 누가 되지는 않았을 것이다.

그는 또한 『그 때의 아버지 鷗外』에서도 다음과 같이 말하고 있다.

豊太郎의 모델은 원래부터 아버지가 아니었다. 그러나 발랄하고 활기에 가득 찼던 베를린 생활이 생동감 있고 힘이 넘친 아버지 피에 영향을 끼쳤는지 어떠했는지는 나는 지금 여기서 말하고 싶지 않다. 그러나 엘리스와 같은 소녀의 그림자가 잠시 그의 뇌리를 스쳐간 것은 틀림없을 것이다. 예를 들면 『妄想』에는 「그렇게 하는 동안에 유학 3년의 기간이 지나갔다. 나는 아직 균형을 잡지 못하는 사물의 동요같은 것을 마음 속에 느끼고 있었고 또한 스승을 구하는 데도 문화가 발달된 나라를 떠날 수는 없었다」라고 기록되어 있다. 그러나 그리운 꿈의 나라는 그립지만 그곳에 되돌아가는 것이 아쉽다고 생각하는 것은 학술의 새로운 경지를 개간함에 있어서는 여러 가지 요약이 구비되어 있었다.

이와 같이 엘리스를 보내는 아버지의 눈에 한 줄기의 눈물이 어려 있었다 할지라도 라는 식으로 森於菟는 쓰고 있는데 이 때의 森鷗外 눈에 진실로 눈물이 맺혀 있었는지 어떤지에 대해서 알고 있는 사람은 한 사람도 없을 것이다. 그러한 것에 대해서 森鷗外 자신도 한 마디도 말하고 있지도 않기도 하고, 또한 그것에 대해 쓰고 있지도 않다. 더구나 재차 바다를 건너 독일로 돌아간 그 숙녀와 독일에서 실제로 어떤 교섭이 있었는지에 대해서는 일기에도 나타나고 있지 않기 때문에 그 이상의 것은 여기에서 쓸 수가 없다. 단지 전아한 雅文體 소설 『舞姫』를 쓰고 있을 뿐이다. 이미 독일에서의 체험을 승화하여 완벽한 표현을 획득하고 나서는 이미 전부 사용해버린 소재에 대해서 지금 새삼스레 무엇을 말할 필요가 있느냐는 것이다. 어쨌든 이러한 것들이 『舞姫』로부터 石橋忍月가 바랐던 것은 아니었으며, 그것은 결과적으로 『舞姫』가 독일 유학시기의 森鷗外의 내면적 자화상이 되는 까닭이다.

11) 세 개의 雅文体 소설

『舞姫』와 비교해 보면 『물거품의 기록』이나 『파발꾼』은 자전적 요소는 적지만 그러나 그곳에는 많든 적든 작자자신의 심정이 위탁되어 있는 것만은 변함없다. 『물거품의 기록』에서와 같이 파와리아왕 루흐드이 제2세가 호수에 빠져 죽은 것은 森鷗外의 在独 중의 사건으로 『独逸日記』에도 쓰여져 있는데 등장인물의 한 사람인 巨勢라는 일본 화가는 그의 친구인 原田直次郎가 모델이라고 작자 스스로가 말하고 있다. 『파발꾼』에 대해서는 『자작소설의 재료』에 다음과 같이 기록되어 있다.

> 『파발꾼』은 독일 중부 도레스덴이라는 도시를 무대로 하여 쓴 것입니다. 내가 왕궁에 출입한 곳도 대부분은 도레스덴 뿐입니다만 최상류의 사회층 사람들과 교제하게 된 것도 이 때였습니다. 그 왕궁에서 실제로 행해 본 機動演説 등은 내가 직접 한 것입니다. 등장인물 중에 진짜는 없다고 해도 과언이 아닙니다. 왕궁에서 행해지던 제사의 모양이라든가 알현 할 때의 모습 등은 거짓으로 만들어진 것이 아니라 모두 내 스스로가 목격한 것을 직접 쓴 것입니다.

명치18년 9월 5일 독일 제2군단이 벌이고 있던 추계연습에 참가하였던 鷗外는 그 연습시간을 내어 도요벤의 폰·뷰로의 古城에 머물렀던 적이 있었다. 이곳 城主의 딸이 『파발꾼』의 모델이 된 이이다였다. 이와 같이 鷗外는 세 편의 雅文体 소설에서 독일에서 제각각 체험하였던 청춘의 생각을 위탁하고 있는데 예를 들면 『舞姫』는 북부 베를린, 『물거품의 기록』은 남부 뮌헨, 『파발꾼』은 중부 도레스덴이라는 식으로 어느 쪽도 実地에 직접 그가 보았던, 지금도 역시 생생하게 눈에 보이는 듯한 경치를 활용하고 있는 것이다. 특히 『물거품의 기록』에 나타나고 있는 巨勢의 연인인 마리는 익사하게 되고, 『파발꾼』에서는 小林와 이이다 공주는 신분차이로부터 결혼을 할 수 없게 된다. 근대적으로 자아의 각성과 떼려야 뗄 수 없는 연애를 취급하면서도 그 전말이 항상 비련에 끝나도록 묘사되어 있다. 더구나 그 비련의 원인이라는 것이 결코 근대적인 것이 아니다. 작자의 청춘의 생각을 위탁하고 있는 것은 소설 배경만이 아니다. 연애를 이와 같은 형태로 밖에 그리지 못한다는 것은 이들 작품에 작자의 생생한 심정이 위탁되어 있다는 것을 역설적으로 말하는 것이 아니겠는가.

그러한 중에서도 특히 『舞姬』에서의 사랑과 공명이라는 어찌보면 구시대적인 것이라 할 수 있는 대결 속에 공명심 때문에 사랑을 버려야 했던 지식청년을 주인공으로 삼고 있다. 그러한 주인공의 내적 자화상을 구상하였던 곳에 鷗外의 인간과 문학에 관한 근본성격이 나타나고 있는 것이다. 독립적인 구상을 가지고 있다는 점에서 太田豊太郎라는 캐릭터는 뛰어나다고 할 수 있는데 내부적으로 결코 좌절한 적이 없고 그만한 힘을 비축하고 있던 鷗外로 하여금 이와 같은 주인공상을 만들어 내었던 것이다. 그러니까 좌절당한 경험이 없고 강력한 힘을 가지고 있었던 鷗外의 캐릭터적인 요소가 예를 들면 주인공인 太田豊太郎가 연애 때문에 인생의 좌절을 두려워하는 인물상으로 표출 된 것이 아니겠는가.

12) 봉건적 자기 부정

좌절을 모르는 鷗外의 불굴의 정신이야말로 봉건적인 자기 부정에 의해 지탱되어 온 것이다. 근대적인 자기 부정과는 역의 형태를 취하고 있다. 그렇기 때문에 다음과 같은 『舞姬』에서의 주인공의 술회는 거의 鷗外 자신의 고백을 듣는 느낌마저 드는 것이다.

그 사람들은 내가 맥주를 마시지 않고 당구를 치지 않는 것을 경직된 사고 방식과 욕망을 억제하는 힘 때문이라는 식으로 그것을 비웃거나 질투한다. 그렇지만 그것은 나를 몰라서 하는 말이다. 아아, 이러한 까닭은 내 자신도 잘 모른다는 사실을 이 사람들은 알아야 할 것이다. 내 마음은 合歡(자귀나무)이라는 나뭇잎과 같아서 그곳에 손을 대기만 하면 수축이 되면서 피하려고 한다. 내 마음은 이러한 나뭇잎과 같은 것이다. 내가 어렸을 때부터 長者의 가르침을 받들어 학문의 도를 지킬 수 있었던 것도 또는 내가 하고 있는 일을 거침없이 해낼 수 있는 것도 용기가 있다고 이루어지는 것은 아니다. 인내와 공부의 힘이라 할지라도 내 스스로를 반성하고 다른 사람조차 반성하게 만듦에 이르러서 부족했던 길을 이르게 만들었던 것이다. 이러한 곳에 내 자신이 착잡하게 느껴진 것은 외계의 사물을 취하지 않고 외면할 정도의 용기가 있는 것도 아니고, 단지 외계의 사물에 대해 두려워하면서 내 스스로 자신의 수족을 묶어버렸다는 것에 있다.

대체적으로 일본근대문학에 있어서 鷗外만큼 고백벽과 무관했던 작가도 드물 것이다. 그의 문학적 생애를 통해서 볼 때 고백은커녕 그는 자신의 진면목을 보이려고 하지 않았다. 오히려 그는 가면을 억지로 진면목으로 바꾼 작가라고 말할 수 있는지 모른다. 여기에 인용한 것도 물론 직접 고백이 아니라 어디까지나 가공의 인물의 술회라는 형태로 되어있다. 그러나 그렇다고 하더라도 이 정도로 고백적인 기분이 잘 나타난 것은 없을 것이다.

귀국한 鷗外의 뒤를 쫓아왔던 독일 숙녀 엘리스가 아무런 소기의 성과도 없이 허무하게 요코하마를 떠난 것은 명치22년 10월 17일이었다. 鷗外도 이 때 배를 타고 프랑스 本船에까지 배웅하였다. 엘리스에 관한 교섭은 동생인 篤次郎나 매제인 小金井良精에게 맡기고 있었는데 그녀가 단념을 하고 귀국할 결심이 서고 나서 그때 가서 비로소 鷗外가 얼굴을 내밀었던 것이다. 이러한 부분에서 「내 마음은 合歡이라는 나뭇잎과 같아서 거기에 손을 대기만 하면 수축되어 피하려고 한」다든지, 「마음의 착잡함은 외계의 사물에 대해 잊어버리고 그것을 돌아볼 마음이 생기지도 않고, 단지 외부적인 것에 대해 두려워하면서 스스로 자신의 손발을 묶을 뿐」이라는 太田豊太郎의 술회는 어쩌면 鷗外자신의 소리처럼 들린다고 말한다면 너무 지나친 생각일까. 그리고 여기서는 특히 「우리집안 사람들의 모두 대단하게 생각하고 있는 오빠였기 때문에 이러한 장애가 무사히 탈 없이 끝나게 된 것은 우리 가문에 있어서 큰 기쁨이었습니다」라고 말하고 있는 여동생 喜美子의 서술의 부분을 다시 생각하게 만들고 있다.

어쨌든 『舞姬』가 발표된 것은 명치23년 1월 3일 발행된 「国民之友」이였기 때문에 명치22년의 12월까지 집필된 것임에 틀림없는데 적어도 엘리스를 배웅하였던 인상이 아직도 생생하게 잡혀질 듯이 느껴지는 것은 확실하다. 이러한 때에 신진기예의 평론가, 젊은 대학생인 石橋忍月가 「저자는 太田豊太郎로 하여금 연애를 버리고 공명을 취하게 만들고 있다. 그러나 나는 그가 공명을 버리고 연애를 취해야 했었다고 믿고 싶다」고 비판을 가하였는데 「저자는 詩境과 人境과의 구별이 있다는 것을 숙지하고 그것을 구별함에 있어서 그 본질을 그는 잊어버리고 있었던 것이다」고 불만을 쏟아내었던 것이다. 이것이 鷗外에게 정곡을 찔렀다고 생각되는 것은 이상과 같은 사정에 의해서도 느낄 수 있는 것이다.

비과학적인 것, 비합리적인 것, 비이성적인 것에 대항해 싸워 왔던 鷗外는 그 자신이 갖고 있던 윤리감은 어디까지나 봉건적인 색깔이 농후한 것이었다. 그는 太田豊太郎와 같이 의혹과 동요를 느꼈음에는 틀림없지만 그것에 대해 변혁하려고는 생각하지 못했다. 그렇기는커녕 그는 그러한 의혹과 동요를 강력하게 묵살해 버렸던 것이다. 石橋忍月가 鷗外에게 요구한 것은 「연애는 이 세상의 秘鑰인 것이다」라고 주장하며 오래된 습관과 투쟁하여 연애결혼을 쟁취하였지만 결국 그러한 구습에 희생이 될 수밖에 없었던 北村透谷에 의해서 다른 형태의 문학으로 실현되었던 것이다.

(臼井吉見, 近代文学論争 上、1975 참조)

5 樋口一葉의 『키재기』(『たけくらべ』) 논쟁

『키재기』는 명치28년 1월부터 명치29년 1월까지 「文学界」에 연재되었다. 명치29년 4월 「文芸倶楽部」에 수록되었다. 伊勢物語에서 보듯이 어릴 때부터 친구였던 남녀가 相聞歌로 교환하였던 곳으로부터 제명이 생겼는데, 그 제명으로부터도 알 수 있는 바와 같이 전 16장으로 구성되어 있는 이 작품은 吉原 유곽과 인접한 大音寺 앞을 무대로 하여 여름부터 초겨울까지의 계절 속에서 소년 소녀의 첫사랑이 전개되는 이야기라고 할 수 있다.

吉原의 기루 大黒屋의 양녀인 美登利는 14세인데 검은 머리에 활발한 옷차림새, 거기다가 돈 씀씀이가 좋아서 表町의 田中屋의 正太郎나 横町의 三五郎들 어린이 패거리의 여왕행세를 하고 있다. 그런데 이 表町組와 대립하고 있는 패거리가 머리를 길게 늘어뜨린 나이는 16살의 長吉라는 소년이다. 평소부터 난폭한 長吉는 千束神社의 마츠리에 表町의 패거리에게는 결코 질 수 없다고 똑같은 거리 내에 있던 竜華寺의 후계자인 藤本信如를 자기들 패거리에 끌어넣는다. 千束神社의 마츠리가 열리던 밤에 長吉들은 表町組의 패거리들에게 쳐들어가게 되고 美登利의 이마에 흙이 묻은 나막신을 던진다. 이러한 사건이 있고 나서 美登利는 내밀히 연모하고 있던 藤本信如를 원망하게 된다. 그러나 그 원망은 해소되지 못하게 되는데 어느 비 오는 아침, 문 앞에서 나막신의 코 끈이 끊어졌던 藤本信如에게 분홍색 문양의 끈을 던져준다. 그런데 그 끈은 藤本信如의 손까지는 이르지 못하게 되고 그것은 비에 젖게 되었다. 이러한 상징적인 묘사로부터 美登利의 신상에는 큰 변화가 일어나게 되는데 大鳥神社의 제례를 경계로 하여 명랑하고 지기 싫어하고 그리고 활달한 소녀는 갑자기 사람이 변한 것처럼 조용해졌다. 이어서 藤本信如는 불문에 들어가게 되면서 두 사람은 각자의 길을 걸어가게 된다.

이 작품의 무대는 아직 에도의 흔적이 짙게 남아있는 명치20년대의 동경의 下町 즉 吉原 유곽 주변이다. 一葉는 명치26년 22살의 여름부터 대략 10개월 정도 吉原를 감싸고 있는 下谷 竜泉寺町, 통칭 大音寺 앞에 잡화물, 과자 종류의 조그마한 가게를 열고 있었다. 그러한 무대배경이 이러한 뛰어난 풍물시를 만들게 하는 배경이 되었다. 등장하는 어린이들도 각각 모델이 있었다. 이 스토리는 젊은 승려와 유녀와의 슬픈 사랑이라는 말하자면 전통적인 로맨스의 소년 소녀판이라 할 수 있다. 이러한 테두리 속에 작자자신의 소녀시대에 체험했던 심정을 녹인 작품인 것이다. 一葉의 아버지는 공무 일을 보면서 고리대금도 겸하고 있었다. 一葉는 美登利와 같은 나이였던 14살 때에 渋谷三郎를 알게 되고 약혼을 하게 된다. 그런데 그녀가 18살 무렵에 아버지가 죽게 되고 그와 동시에 약혼자였던 渋谷三郎와의 인연도 끊어지게 되고 집안은 영락해갔다. 一葉는 이러한 자신의 체험을 美登利와 藤本信如와 正太郎에 분유하여 투영시키고 있다.

이 작품에는 가난한 사람들에 대한 동정도 나타나고 있는데 인육의 시장과 같은 예기에 대한 여성으로서의 항의도 실려 있다. 물론 소년 소녀들이 사랑에 눈떠가는 미묘한 심리도 잘 나타나고 있다. 그러나 이 작품의 뛰어난 점은 藤本信如는 승려로, 그리고 美登利는 유녀가 되지 않으면 안 되었던 까닭에 서로 간에 내심으로는 상대를 사랑하고 있으면서도 어쩔 수 없이 헤어질 수밖에 없었던 그 결말에 있다고 본다. 그러한 곳에 一葉는 자신의 불행한 체험을 투영시키고 있는데 그곳에 그녀는 세상을 숙명인 채로, 마음이 내키지 않는 형태로 유전해 가는 것이라고 보았다. 뜬구름과 같은 탄식을 그곳에 위탁한 것이다. 스토리가 화려한 여름 마츠리에서 시작이 되어 초겨울에 끝나고 있는 것도, 美登利가 던진 분홍색의 문양과 藤本信如가 준 흰 수선화와의 대조도 아름답고 가련한 멋을 느끼게 한다.

　『키재기』는 「文芸倶楽部」에 일괄 게재되자 「눈뜨게 하는 풀」(「めさまし草」)의 「三人冗語」에서 森鷗外·幸田露伴·斎藤緑雨가 절찬하게 되자 명작의 이름을 높였다. 이 중에서 특히 鷗外는 보기 싫은 대상을 잘 그려내어서 아름다운 예술을 창조하고 있는 것, 大音寺 앞의 풍물에 완벽한 표현을 그려내고 있는 것, 「분홍색이 들어있는 문양」 부근이 稀有의 주옥과 같은 詩趣를 드러내고 있다고 높이 평가했다. 그러나 『たけくらべ』는 단순한 사랑에 관해 그린 작품은 아니다. 명치라는 시대의 立志의 정신과 상반되는 소년 소녀를 그리고 있는데 하나의 사회 비평성을 담은 걸작이라 할 수 있다. 美登利가 大鳥神社의 마츠리를 경계로 하여 사람이 변한 것처럼 조용해지게 된 것은 종래 선행 연구자들이 생각하는 것처럼 美登利에게 초조가 찾아왔기 때문이 아니라 처음 가게에 등장하는 것 때문이라는 등의 佐多稲子의 견해는 주목을 받았다. 이러한 것에서 새로운 작품 분석의 필요성도 생겨났지만 그러나 명작이라는 평가는 변함이 없다.

선행 연구평가 중에서도 『키재기』 마지막 부분에서의 美登利의 동요, 변모의 원인을 둘러싼 논쟁을 대표적인 것으로 꼽을 수 있다. 초조라고 분석하였던 정서에 부정적이었던 佐多稲子의 「初店」설(「群像」 소화60.5)에 前田愛가 같은 잡지 (소화60.7)에서 「初潮＋유곽 내에서의 成女式」설을 주장하고 그것에 대해 반론했다. 이후 다른 논자들도 참가하면서 양 계통의 설 사이에는 논의가 계속되었다. 이것은 一葉 소설의 성격을 새롭게 보는 하나의 계기가 되었다.

初潮説은 작품을 천박한 소녀소설의 영역으로 떨어트린 것으로서 佐多稲子는 그 정설에 대해 강하게 비판했다. 한편 前田愛는 初店説과 14장에서의 美登利의 유곽내의 체재시간에 있어서의 비정합성, 鷗外・露伴・緑雨의 合評인 「三人冗語」에서의 발언인 「팥밥의 대접」은 초조를 시사하는 것, 「중복 이미지를 환기하는 인용의 중층성」이 나타내고 있는 텍스트의 성질상 초조의 사실과 비슷한 앞으로 들어가게 될 初店의 예시에 있어서의 이중성으로 분석해야 한다고 주장하였다. 美登利의 島田髷는 成女의 표시인데 그 후의 그녀의 운명은 명백한 것이라고 주장하면서 반론했다. 양자의 응수 속에서 제시된 여러 가지 문제점(初店, 기생이 처음으로 손님을 받는 것, 팥밥, 島田髷에 대한 吉原에서의 풍습, 초조라는 것의 軽重, 작품의 구조나 다른 서술과의 정합성, 선행문학으로부터 인용에 있어서의 조직으로서의 성격)은 그 후도 계속 이어지고 있다. 그리고 그 곳에 수정이나 새로운 자료 제시도 더해지면서 작품분석의 시도가 잇달아 일어났다. 예를 들면 平成5년까지의 논의를 北川秋雄가 정리하고 있고(『一葉라는 현상』 平成10.11), 또한 최근에는 出原隆俊가 기생이 처음으로 손님을 받는 것을 그린 소설이라는 식으로 새로운 것을 지적했다.(『論集樋口一葉』 平成8.11). 그러나 이러한 논쟁이 수면 하에서는 一葉소설의 공백을 고찰하는 하나의 길을 제시했다고 할 수 있다.

6 高山樗牛에 있어서 坪内逍遥와의 史劇·歷史画 논쟁

高山樗牛가 국가주의·일본주의를 하나의 이상으로서 크게 주장한 기간은 비교적 짧았는데 그것은 1년 반을 헤아리는 것에 지나지 않았다. 그의 주요한 문예평론의 하나인 『시대의 정신과 대문학』(「太陽」 명치32.2)에서는 이미 추상적이지만 시대정신과 합치하는 문학을 추구하였다. 그러나 그곳에는 일본주의·국가주의의 노골적인 주장은 직접적으로는 표면에 나타나지 않았다.

동서고금의 문학사상 움직일 수 없는 하나의 사실은 「큰 문학은 큰 인물과 같고 가장 시대정신을 대표하는 것이다」라는 것은 바로 이것이다.(중략) 자주 당대 국민의 감정 및 歎求에 가장 명료한 발성을 주어 그 기뻐하는 곳에 가장 구체적인 体形을 부여하게 되는데, 예를 들면 「보아라. 이들의 이상은 여기에 있다」고 주장하는 것에 대해 어떻게 생각하느냐. 눈으로 보는 것에 만족하지 말고, 귀로 듣는 것에 대해 만족하지 말고, 입으로 말하는 것에 만족하지 말고 단지 그 가슴 속에 있는 것을 예를 들면 허무하게 어둠 속으로 내던져지는 것 같은 민중의 가슴은 영향력이 있다고 할 수 있다. 이것에 화합하는 것과 같은 것이고 게다가 이러한 것으로 가게 만드는 것이다. 이와 같은 것을 소위 시대의 소리라 할 수 있다.

그런데 지금의 문사는「유곽에서 통용되는 말을 익혀서는 芸妓, 첩의 내막을 파헤치기도 하고 또는 유곽사회에서의 보수성에 대해 통달하려고 한다」는 것을 제1의 자격으로 생각하고 있었다. 그러나 당시 문사는 문체에는 고심하였지만 시대를 잘 알지 못했다. 시대정신이라는 것은 대합실, 요리집의 석상에는 잘 나타나지 않는다.「한 나라에 있어서 문학의 근거를 통찰하여서 고금내외의 역사적 추세를 달관해 가는 것이 명료」해야만 한다. 거기에는「시대정신과 국민사상의 활동」을 보여야 한다. 유고, 쿄루넬, 馬琴과 같은 사람은 시대를 해석하고 있는데 그 시대에 어울리는 이상을 洞観하여 이것을 표시한 것이라 할 수 있다. 그들은 그 어느 것도 그러한 것을 큰 계절품과 같은 것이라 하였다.

오늘날은 국민사상의 일대 전환기이다. 국민 도덕도 일본주의 · 국가주의와의 투쟁에 의해 새로운 세계를 펼치려 하고 있다. 그런데 문학계는 왜 이러한 사회 풍조의 急転에 냉담했던 것일까.

이상이 이 논의의 주지라 할 수 있는데 직접적인 목적은 硯友社 계통의 이상이 없는 写実小説에 대한 비판이었기 때문에 内田魯庵와 같은 사람도 여기에 찬성하였다. 즉 그는 이러한 당연한 논리가 새롭게 설명되어 지고 있는 것을 보고 감개했다고 한다(『朝茶の子』,「新小説」 명치32.5～7). 内田魯庵은 일본주의에 동정을 보낸 것은 아니지만 그러나 그의 입장은 당시의 말로 표현하면 세계주의에 가까웠다고 볼 수 있다. 그가 동조했던 것이 이 논의의 主旨를 형성하고 있었다.

高山樗牛는 이어서 『일본주의와 대문학』을 썼다. 前論에 있어서 소위 시대의 정신 그 자체에 대해서는 우리들은 그 곳에 도달하지 못했는데 그 이유는 지금 일본에서는 시대정신이 제대로 통일되어 있지 못하고

게다가 일반사회는 아직 일정한 이상을 가진 것이 되고 있지 못하기 때
문이다고 주장하였다. 즉 그것은 현재의 사회가 너무나도 紛然한 사회
라는 것이다. 범용한 문학자의 두뇌를 가지고 그것을 해석하기에는 너
무나도 복잡하다는 것이다. 대문학이 나오기까지에는 시대정신에 관한
통일이 필요했고 또한 거기에는 교육도덕을 일본주의를 가지고 통일해
나가는 것이 필요하다고 결론을 맺고 있다. 그러나 그 결론은 의례적인
것으로 들려져서 지금과 같은 배타적인 역설은 보이지 않는다.

어쨌든 간에 이 문장을 최후로 하여 高山樗牛는 그의 작품으로부터
일본주의에 대한 顯彰이나 선전 문구는 사라지고 있다. 그리고 『친구
某에게 주어 昨今의 문단을 논하는 글』(「太陽」 명치32.7)에 이르게 되
면 그는 근대주의라는 새로운 이상을 내걸기 시작한다.

> 근대주의는 가장 엄정한 의미에 있어서의 자연주의이다. 시를 위해 시를 만
> 드는 것은 근대주의가 아니다. 추한 것을 추한 것으로 덮지 않고, 미를 미로
> 가지고 자랑하지 않고, 현실속의 진리를 추구하여 자연 속에 그 이상을 추구한
> 다. 이런 것이 근대주의의 정신이다. 예술의 인생에 있어서 그 미를 내거는 것
> 에만 있는 것이 아니고 그 진실된 것을 나타내는 것에 있는 것이다. 쓸데없이
> 공상을 쫓아서 자기 스스로 자축한다는 것은 내가 소위 말하는 근대주의가 아
> 닌 것이다.(중략) 진리는 의복을 필요로 하는 것이 아니고, 근대주의는 가장 엄
> 정한 의미에 있어서의 写実主義이다.

근대주의가 가장 엄정한 의미에 있어서의 자연주의라는 해석에 문제
가 있다고 하더라도 이것은 우선 뒤에 나타나는 자연주의 문학운동의
선구가 되는 발언이라고 볼 수 있다. 추한 것을 가지고 그냥 덮어 버리
지 않으면서도 그 현실 속에 진리를 추구한다고 말하고 있는데 그것은
미를 표방하는 것에 있지 않고 그 참됨을 나타내는 것에 있다고 말하고

있다. 그것은 엄정한 의미에 있어서의 写実主義라고 말할 수 있는데 어느 쪽도 앞으로 전개되는 자연주의의 표방이 되고 기치가 된 것임에는 틀림없다. 또한 근대주의의 작가로서 그가 다음과 같이 열거한 화이트만, 깃프링그, 졸라, 톨스토이, 입센들은 어느 만큼 그가 이해하고 독파했는지는 별도로 하더라도 깃프링그와 톨스토이를 제외하면 자연주의의 주창자 내지 그 동조자라고 간주되던 시인, 문인들이었다.

무엇보다도 이 문장은 근대주의의 일관된 주장이라 할 수 없다. 스스로가 그것에 대해 지리멸렬하여 맥락이 없다고 말하고 있는 바와 같이, 문단의 여러 현상에 대해 구석구석까지 언급하고 있다. 또한 나라에 순직한 애국시인 쿄루넬 찬미의 말을 서술하고 있는데 그것은 그가 지적하고 있는 소위 근대주의에 대해 잘 이해 못하고 있는 문사들이 주장하는 소위 사이비 写実을 매도하고 있다. 그것은 추함을 추한 것으로 받아들이지 않고 단지 그려내는 것에만 강조한 것을 언급한다면 종래 자연주의의 제일성이라고 일컬어지는 小杉天外의 『첫모습』 서문(명치33.8)보다 일년 이상 앞서는 것이라 할 수 있다.

앞에는 국민성의 특질이나 일본 고유의 장점을 살리는데 있어서 제대로 발휘하지 못한다는 점에서 인성의 약점을 즐겨 그려내는 사실소설에 대해 비난하였던 高山樗牛는 여기서는 진실과 추억에 대해 얼버무리지 않고 참된 사실주의를 기대하는 논자가 되어 있었다. 高山樗牛 입장에서는 종래의 写実과 참된 사실과는 다른 것이라고 주장할 수도 있겠지만 어쨌든 간에 근대주의는 일본주의 입장에서는 문학론이 아니다. 이렇게 보면 高山樗牛의 국가주의는 의외로 뿌리가 깊은 것이 아니었다. 그러니까 그것은 필요 이상으로 큰 소리를 지르는 형태일 뿐이다.

근대주의로 이행했던 이유를 들자면 丁酉懇話会와의 관계를 생각해야 할 것이다. 그것은 横井時雄・大西祝・姉崎正治들의 주창에 의해 명치30년 1월 발족하였는데 일본주의와는 대립적인 입장에 있었다. 高山樗牛는 姉崎正治와는 친구 사이이기도 해서 이러한 제휴를 받아들였던 것이다. 姉崎正治는 잡지 「日本主義」가 비교종교학자였던 그를 대립적인 적으로 생각하였던 한 사람이었다. 비종교적이라는 점에서 국수보존주의보다 더욱 편협하였다고 볼 수 있는 일본주의는 한 때 문과대학의 서양사상을 대표한 적이 있었던 高山樗牛의 영원한 주거지는 결코 아니었다. 명치33년 丁酉懇話会는 조직을 바꾸어 丁酉倫理会로 개칭하게 되는데 1월부터 매월 학술연설회를 개최함과 동시에 또한 5월부터 격월제로 「丁酉倫理会 倫理 講演集」을 간행하였다. 이러한 새로운 조직에 있어서의 선언서에도 高山樗牛는 기고하고 있었는데, 3월에는 「사람과 천분」이라는 제목의 강연을 행하고 있었다. 그것에 앞서서 명치33년 1월 桜州青年同志会에서의 「청년의 時弊」라는 제목으로 연설하였는데 그 내용은 다음과 같다.

지난 날 간사로부터 받았던 잡지 속의 강령에 제1 도덕주의라는 것이 국가주의를 대변한다는 명문이 있었다. 그런데 그것은 내가 소위 일본주의라고 말하고 있는 성격의 것은 없는 것 같다. 그래서 나는 이러한 것에 크게 느낀 바가 있어서 제군들에게 한마디 고하고자 한다. 여러분들이 주장하고 있는 국가주의라는 것이 과연 어떠한 것인지를 어느 정도로 이해하고 있는지는 의심이 가지 않는 것도 아니다. 이것은 자칫하면 오늘날 훌륭한 학자들 사이에서도 그 의견이 분분하여 일정하지 않는 것과 같이 어려운 문제에 의해 여러분들과 같은 청년이 그와 같은 주의를 일방적으로 공시하여 따른다는 것은 온당하지 않는 듯이 생각된다.

이렇게 말하고 그는 일본주의의 주장이나 운동에 대해서 냉정한 방관적 입장에 서게 된다.

일본주의는 그렇다 하더라도 명치32, 33년도에 있어서 그의 문예 및 미학 관계의 주요 업적은 후에 生田長江가 칭찬한 「近世美学」(명치 32.9)의 간행 외에 거기다가 『시가와 인체미』(「太陽」 명치32.2), 『시가의 所縁과 그 대상』(「太陽」 명치30.8)으로부터 시작되는 逍遙와 사이에 진행되었던 史劇論, 또한 『역사화의 본령 및 제목』(「太陽」 명치 32.10)과 얽히면서 똑같이 逍遙와의 사이에 교환되었던 歷史画의 본질론 등을 말할 수 있다. 사극·史画의 논쟁은 일괄적으로 논해야 하겠지만 우선 이것에 대해서 고찰해 보자.

高山樗牛의 사극론은 「봄의 집이 『桐一葉』를 읽고서」(「太陽」 명치 29.4)에서 시작된다. 『桐一葉』에 대해서는 이미 鷗外·上田敏들의 주목할 만한 비평이 있었다. 高山樗牛의 경우는 이 작품에 대해 명치문학의 보배로서 우선 칭찬의 비평을 가하면서도 그러나 비극으로서 부족했던 점을 「너무나 正史에 충실했기 때문에 비극적 勇者의 성격이 주인공인 且元에게 부여하기 어렵게 되었던」 점을 꼽고 있는데 그 원인으로서 이러한 점을 최대의 결함으로 인식하였다. 이 비평은 후의 사극논쟁, 또는 歷史画 논쟁으로 통하는 高山樗牛의 입각지를 최초로 명시한 것이라 할 수 있다.

高山樗牛에 의하면 이 각본이 형식적인 면에서 결함을 가지고 있다고 하는 것은 且元의 성격이 비극적이지 못하다는 것에 기인한다는 것이다. 그는 단순하게 성실하고 의리 있는 노무사에 지나지 않았기 때문에 그가 여러 가지 일을 꾸며도 朝三暮四와 같은 계략 이상이 나오지 않는 점에 있는 것이다. 그 때문에 且元의 계략을 듣고 감동하는 주위의 인물은 그다지 많지 않다. 즉 「큰 비극은 큰 파열을 요구하고 있고 큰 파열은 큰 클라이막스를 요구한다. 큰 인물에 두고 있지 않다고 보기 보다는 무언가에 단순히 이것에 인내할 뿐이」라는 비장감이 떠도는 원칙에도 어긋나고 있다는 것이다. 逍遙도 이런 이치에 대해 알고 있었지만 正史에 너무나도 충실하려고 한 결과가 이러한 결점을 초래한 것이다. 문학은 역사가 아니기 때문에 史實에 구애받지 않는 독립자존의 지위를 유지해야 할 필요가 있었던 것이다.

이러한 것이 소위 高山樗牛의 비평의 중심이라 할 수 있다. 주인공의 성격을 특히 悲壮劇이 떠도는 주인공과 어울리지 않다고 보는 점은 鷗外와 비슷하다 할 수 있는데 鷗外는 이것을 유형적이고 강렬한 개성이 보이지 않는다고 힐난한 것에 대해서 高山樗牛는 거의 똑같은 의미의 평언을 제시하였다. 그는 그 이유에 대해 正史에 구애받기 때문이라는 해석을 내렸다. 正史에서 벗어나서 좀 더 상상력을 동원하여 비극적 성격을 가미해서 조형해야 할 필요가 있다는 것이다. 이러한 비평은 그의「『牧の方』를 평하다」의 한 근거가 되고 있다.

高山樗牛는 첫째로 『牧の方』가 三部曲의 하나로서 세상에 나타난 것에 대하여 힐난하고 있는데 말하자면 그것 때문에 인물의 숫자, 사건의 錯綜 등이 너무 팽대하고 복잡해져서 완전한 희곡적 효과를 내기 어렵다고 했다. 다음은 희곡은 무대에 올린 인물의 언어와 동작에 의해서 사항을 표현하는 시가의 일종인데도 불구하고 장면 이외의 역사적 지식에 대해 작자는 예상하고 있어야 하는데 그것이 만일 없으면 全曲의 사리를 만들기 어렵다는 점에 대해 힐난했던 것이다. 셋째로 여주인공「牧の方」의 개성이 뚜렷하면서도 全曲을 통해서 일관하고 있지는 않지만 그녀는 통상 일반적인 부녀자로서는 어울릴 수 있어도 大悲曲의 勇者로 삼기에는 천박단순하다고 볼 수 있다. 넷째로 삽화적이고 全曲의 통일과는 관계없는 인물이나 사건이 頻出하고 있는 것은 무대상의 효과를 너무 고려한 나머지 그것이 이 작품의 결점이 되고 있다고 지적하고 있다.

여기에 대해서 逍遙는 『사극에 대한 의문』(「早稲田文学」 명치30.10)

에서 대답하였다. 세익스피어의 반서사시적 시극은 삼부작이기는커녕 많을 때는 8편, 적어도 3, 4편을 함께 묶어 1편으로 하려는 형식인데 그것은 극 형식으로 볼 때는 불구에 속한다고도 할 수 있지만 그러나 지금 현재는 역시 환영받고 있기도 하고 또한 학자들에게 칭찬받고 있다고 하는 것은 사극의 본령이 다른 극과 차별화가 있는 것 때문이 아니겠는가. 울리치는 이것에 대해 사극의 목적은 사적 사건의 미미한 진의를 描破하는 것에 있다고 하였다. 세익스피어의 사극도 사적 발전의 이상한 隱微를 포착한 것에 특색이 있다고 볼 수 있다.

이러한 전제하에 말하자면 세익스피어 사극을 표준으로 볼 때에 高山樗牛가 힐난한 제1의 삼부극에 대한 비난은 그대로 세익스피어에도 해당한다고 볼 수 있다. 제2의 비난도 물론 똑같다. 영국사에 통하지 않는다는 것은 그의 사극을 이해할 수 없다는 것을 의미한다. 이것은 국사(일본사)극에서만 허용되어야 할 조건인 것이다. 제3의 비평은 미학의 가르침이라 할 수 있는데 이것 또한 세익스피어 사극에는 맞지 않다. 지식이 짧고 의지가 박약한 소인배 같은 왕이나 군주가 사적 비극의 주인공이 되고 있는 것이다. 제4에 있어서의 作意에 奇譚이 많고, 산만하게 흘러버리는 어려움이라는 것은 세익스피어도 그것에서 벗어날 수 없었다는 것이다.

이상이 逍遥가 논박했던 요지이다. 최후에 逍遥는 미학상에서의 형식론은 小詩人流의 指南針으로 참다운 詩才에는 아무런 도움이 되지 않는다고 했다. 천재에게 作詩의 법을 가르치는 일은 미학자나 비평가가 반드시 잘 하는 것만은 아니다. 멋대로 지도하지 마라. 미학이라는 것은 作詩의 방법을 가르칠 수는 있어도 재질의 大小를 준별하는 법을 가르치는 것은 아니다. 이러한 것은 高山樗牛뿐만 아니라 鷗外를 포함하여 『桐一葉』 이래 逍遥가 개척하였던 세익스피어풍의 새로운 사극의 비평가들에게 던지고 싶었던 진심이었던 것이다.

高山樗牛는 게다가 「坪内逍遥가 『사극에 대한 의심』을 읽다」(「太陽」 명치30.10)의 제목 하에 사극의 본질론에 대해 반론하고 있는데 그는 逍遥의 반박을 두 가지 점으로 요약하였다. 이것은 구체적인 기술론을 추상적인 형식론으로 바꾸고 있는 것이라 할 수 있는데 말하자면 문학상의 문제를 미학상의 문제로 전환하여 자기의 영역으로 바꾼 교묘한 논쟁법인 것이다. 그는 逍遥論의 귀결을 다음과 같이 정리했다.

(1) 사극의 목적은 사적 발전에 관한 隱微한 진의를 描破하여 시로 만든 것에 있다.
(2) 사적 발전의 진의는 역대 사극의 형식에 의해 처음으로 형성된 것이다. 때문에 사극은 불과 57구를 한정하는 다른 극시의 일반적인 형태와는 다른 것이다.

이와 같이 그는 두 개로 나누어 본 것이다. 그런데 여기서 사극은 史이냐 詩이냐 하는 문제를 제기하게 된다. 만일 史로 한다면 역사로 선택해야 할 필요가 없기 때문에 표면상으로는 사극일지라도 詩가 되어야 마땅하다는 것이다. 逍遥만 보더라도 詩史에서의 균형이 그 主旨가 되고 있는 것이다.

詩와 史의 어느 쪽이 主가 되고 어느 쪽이 從이 되는 것이냐. 그런데 예를 들면 逍遥의 입장은 史를 먼저 두고 詩를 뒤로하고 있다. 그러나 詩를 主로 하고 있는 입장으로부터는 正史 중의 事實도 단순한 공상의 재료가 되는 것이기 때문에 시적 법칙이 요구하는 것에서는 사적 진의는 문제가 되는 것이 아니다. 사적 사실이라는 것은 단순한 극중의 사건 및 극적 동작에 있어서의 그럴듯함을 유지하는 재료밖에 되지 못한다.

따라서 사극에 있어서 적당한 자료라는 것은 그것이 역사상 현저한 사실이어서 그 유래인연이 소멸되어 버렸던가, 또는 首尾形迹의 비장한 점만이 나타나 보니까 경험, 행위만을 믿는 통상인들에게는 이상과 같은 것이 확실하지 않는 경우에만 한정될 수밖에 없다. 이들의 경우에는 그럴듯함을 잃고 있지 않기 때문에 자유스러운 詩想을 만들어낼 수가 있는 것이다. 이와 같은 성격이 결여되어 있는 경우는 예를 들면 세익스피어의 국사극은 아마 그의 5대 비극에 이르지 못할 것이다. 그의 국사극이 일부로부터 칭찬받았다고 해서 그 불완전한 형식까지 모방할 필요는 없다. 하르트만도 세익스피어의 사극은 서사시적 체제에서 이탈할 수 없었기 때문에 이것을 모방하는 작가는 산만함과 지리멸렬을 모방하게 되었다고 평가하였던 것이다. 이상이 高山樗牛가 내걸었던 반론의 요지이다.

逍遥는 이 高山樗牛론에 대해서 「사극에 관한 의심을 재차 「太陽」 기자에게 질문한다」(「早稲田文学」 명치30.12)를 쓰게 되고 이것으로 우선 이 논쟁은 마감하였던 것이다.

逍遥는 이러한 것에 세익스피어 사극 중에서 형식상의 결함을 가지고 있다는 것은 처음부터 인식하고 있었다. 단 문제는 미학의 법칙에서 어긋나고 있는 세익스피어 사극이 칭찬받는다고 한다면 그것은 아마 작자가 가진 천재성으로 돌려야 할 것이다. 그렇다고 한다면 형식론에서 작가를 규제하는 것은 왜 필요한가 하는 것이다. 형식상으로는 뛰어난 점이 있는 2류 작가의 작품이 세익스피어 사극보다 뒤떨어진다고 하는 이유는 후자가 형식에 구애받지 않기 때문이라고도 한다. 그렇다고 한다면 보통 사람이 그러한 형식에 구속받게 된다면 더욱더 그 질이 떨어질 것이다. 형식의 구애를 받아 2류 작가의 수준으로 평가받기 보다는 그러한 것에 구애받지 않는 세익스피어보다 떨어지는 수준으로 평가 받는다는 것이 꼭 나쁜 것이라 말 할 수 있느냐. 그는 高山樗牛가 이러한 문제에 대해 끝내 대답하지 않고 있다고 힐문했다.

다음에는 高山樗牛의 설에 의하면 사극이라는 一体는 요컨대 극적 동작의 그럴 듯함을 유지하는 방편이라는 것이다. 즉 史라는 것은 詩想이 형성되고 나서 그 詩想을 체현하기 위해 외부에서 부가하는 것에 지나지 않는다는 것이다. 이러한 것이 과연 진리가 될까. 逍遙가 생각한 곳에서는 史詩에는 세 종류가 있다는 것이다.

제1, 완전히 공상으로 형성 된 곳에다가 과거의 때, 곳, 인명 등을 첨가한 것이다. 즉 예를 들면 그것은 巢林子의 夢幻 사극, 또는 스펜서의 『神女王』과 같은 것, 또는 서정시인의 손에 의해 이루어진 사적 서사시 내지 사극을 말한다.

제2, 野史, 正史의 사실에다가 다소의 윤색을 더한 것이 그대로 극이 되어 버린 것, 또는 속된 말로 소설이라고 부르는 것을 모방한 것, 예를 들면 일본의 活力劇, 또는 『平家物語』와 같은 것을 말한다.

제3, 史를 읽어나가다가 그 속에 나타나는 인물, 사건의, 시인의 상상에 의한 시적인 것에 詩興을 고취하게 된다. 그러한 흥취를 근본으로 하여 案을 만들어내고, 시로서의 適否에 의거하여 재료를 淘汰하고, 또한 자유도운 상상을 더하여 취사선택하여 한편의 시로 만드는 것이다.

이 중에서 제1은 「史의 옷을 입힌 공상」, 제2는 史에 공상을 부가한 것, 제3은 「史로부터 생겨난 공상」이라고 부를 수 있는데 그는 제3을 사극으로서도 역사소설로서도 무엇보다도 정통한 것으로 생각했다. 高山樗牛는 제1을 가지고 정통의 사극으로 보고 있다. 高山樗牛가 말하는 바와 같이 「역사상 명확했던 사실이었기 때문에 그 유래 인연이 소멸되어 버렸던」 사실을 추구하는 것이라 할 수 있는데 그러한 속으로부터 우리들이 상상하는 공상과 어울릴 수 있는 것이 있는지 어떤지를 찾아본 뒤에 저작을 착수한다는 것은 암실에 들어가서 바늘이 떨어진 것을 찾는 것과 다름이 없는 것이 아닌가.

이상이 逍遙論의 골자이다. 여기에 대해서 高山樗牛는 특별히 응대하고 있지 않다. 따라서 사극 논쟁은 우선 이것으로 끝난 형태가 되었지만 여운은 남았다고 할 수 있다. 그러한 것이 高山樗牛의 『역사화의 본령 및 제목』(「太陽」 명치32.10)에 시작되는 역사화 논쟁인 것이다. 이것은 제목으로서는 문예평론의 영역으로부터 일탈하고 있기 때문에 간략하게 그것을 서술하고자 한다.

高山樗牛의 歷史画論은 早稲田대학 문과생의 회합의 자리에서 연설한 것으로 그 중에 그는 사극론에 대해 논급하면서 前說을 되풀이하여 逍遙에게 그 즉답을 요구하였다. 그러한 것을 활자로 만든 것이 이 논이었다. 사극론의 논지를 그대로 옮겨와서 역사화의 본령이라는 것이 역사상의 인물 및 시대를 표현하여 그 진상을 추구하는 것에 있다고 하는 것과, 역사상의 인물 및 시대를 빌려와서 회화 그 자체의 미를 발휘하는 것에 있다고 하는 두 가지 설이 존재한다. 이것은 서로 어울릴 수 없는 두 개의 원리라 할 수 있는데 후자의 쪽이 바르다고 볼 수 있다. 역사는 客이라 할 수 있고 회화는 主라 할 수 있다. 그러니까 人事人心의 활동을 아름답게 표현하는 곳에 역사화의 본령이 있다고 볼 수 있다. 찰나의 국면에 표현 할 그 때는 알맞은 것을 선택해야 할 것이다. 이러한 것이 高山樗牛의 논지였던 것이다.

이것은 국가주의 사조의 隆昌에 부응하여 점점 소재를 역사에서 따오는 화가가 많게 되는데 그러한 속에는 피상적인 武具의 故実에 대해

精写하는 것으로 충분하다고 보거나 또는 正史 혹은 野史의 사건에다가 약간 윤색하는 것에 그치고 있는 작품들이 나타나고 있는 것에 대해 그곳에 자극을 주고 啓発시키려는 요지의 발언이었다. 그러나 그 근저에는 전술한 사극론과도 통하는 견해가 내재되어 있는 것은 지금 언급한 대로이다.

이것보다 綱島梁川은 역사화는 史의 객관미 즉 史 속의 人物이 가지고 있는 이상, 특질, 情操에 동감하고 재현한 것이라고 주장하였다. 따라서 그러한 주장은 高山樗牛와 반대의 의견이었기 때문에 『역사화의 본령에 대한 卑見』(「大帝国」 명치32.11)에서 高山樗牛論에 대해 그러한 입장으로부터 비평하였다. 그런데 逍遥도 綱島梁川과 마찬가지로 「太陽」(명치32.11〜명치32.12)에서 高山樗牛論에 대해 논박했다. 逍遥가 주장하는 것은 綱島梁川과 비슷하다고 할 수 있는데 그것은 역사화에 있어서 역사적 인물, 事蹟은 高山樗牛가 말하는 바와 같이 방편이 아니라 목적이라는 것이다. 말하자면 역사화는 단순한 人事美가 아니라 특유의 사적인 人事美, 史美를 그린 것이어야 한다고 주장하고 있다. 高山樗牛의 설에는 동서고금에 통하는 人事美만을 인정하고 있는데 각 국민, 각 시대, 각 개인에 특별한 것만을 인정하는 것은 아니다. 왜냐하면 특별한 것만 인정한다는 것은 올바르지 않다는 것을 의미하는 것에 있기 때문이다.

高山樗牛는 『재차 역사화의 본령을 논한다』(「太陽」 명치32.12)에서 응대하면서 역사화는 내용면에서 人事美와 구별 없이 역사적으로 특수한 美趣를 느끼는 것은 아니라고 하였다. 逍遥는 이러한 주장에 대하여 『재차 역사화를 논한다』(「太陽」 명치33.2〜3)는 장문을 초안하게 되는데 그곳에서 그는 쟁점이 되는 부분을 반복적으로 高山樗牛에게 질문을 던졌다. 高山樗牛는 또한 여기에 부응하여 『坪内선생에게 던져

세 번 역사화의 본령을 논하는 글』(「太陽」 명치33.4)에서 똑같이 自説을 되풀이하였다. 이렇게 하여 양자의 논의는 시종 평행선을 긋는 채로 끝나고 있다.

이것은 결국 高山樗牛가 자신의 미학 이론을 끝까지 지키는 입장에서, 말하자면 미에 있어서 재료를 경시하는 관점으로부터 그림의 경우도 史実보다는 공상 혹은 자연스러운 예술성을 존중하였다. 이러한 것에 대해서 逍遥는 실작자의 실증적, 경험적인 입장으로부터 역사・전설 등에 의한 작자의 사견을 가지고 함부로 할 수 없는 그 본질에 대해 인정하려는 입장이었다. 이러한 점은 앞의 사극 본질론에 있어서도 양자가 극단적으로 대립하는 부분이다.

이러한 두 개의 원리, 또는 태도는 사극뿐만 아니라 소설을 포함한 광의의 역사문학에 있어서 두 개의 경향으로 함께 인정해줘야 할 것이다. 예를 들면 芥川龍之介의 역사소설은 분명히 어떤 테마를 강하게 표현하는 위에서의 역사로부터 재료를 취하는 것이기 때문에 반드시 옛날의 재현을 목적으로 두고 있지 않다. 이러한 것에 대해서 森鷗外의 역사소설은 사료 그 자체가 가지고 있는 자연성을 중시하고 있는 편인데 조그마한 해석이나 정경만을 의지하여 상상과 주관을 삽입하는 것에 만족한다. 말하자면 芥川는 高山樗牛論을 구체화 한 것이라 할 수 있고 鷗外는 逍遥論에 가깝다고 할 수 있다.

鷗外보다 훨씬 앞서서 逍遥는 鷗外가 주장하고 있는 「역사 그대로와 역사 벗어남」과 비슷한 구상을 가지고 있었다. 무엇보다도 이러한 구상을 문헌에 발표한 것은 『사극 및 사극론의 변천』(「太陽」 대정7)인데 그것은 鷗外에게는 시기적으로 뒤떨어졌다고 볼 수 있지만 이러한 실감이 그의 논지를 지탱해주는 근거가 되고 있다.

명치30년 이후가 되어서 사극에 대한 나의 생각이 조금씩 바뀌기 시작했다. 그것은 史實에 대한 감각이 이 3, 4년 이래 詩材를 추구하기 위해 행했던 史籍 섭렵에 의해 크게 증대해 왔기 때문이었다. 나는 사실상의 과거가—때로는 野乘전설의 형식으로 전해온 것조차도—소작가의 주관이 만들어낸 공상 속의 과거세계보다도 웅대하고 심각하였기 때문에 시적이기도 하고 신비적인 느낌을 받기 시작했다. 여러 종류에서의 주관적인 공상 속의 사극보다는 종이 뒷면에 반사되는 眼光에 의해 읽혀졌던 古記錄이나 고전설이 때에 따라서는 그것이 훨씬 더 좋은 시가 되기도 하고, 철학이 된다는 것을 깨달았다. (『사극 및 사극론의 변천』)

그리고 그는 高山樗牛와의 논쟁을 회상하면서 「쌍방이 함께 대단한 지식의 소유자였기 때문에 사실상 양립할 수 있었던 것이다」고 서술한 위에 또한 그는 루이즈, 케프나의 『사극의 발달』에 대해 부연·보충 설명하고 있었는데 그것은 다소의 비판을 반영한 사극론이었다.

高山樗牛가 생각하고 있던 사극론의 근거는 그 자신도 인용한 바와 같이 「함부르크 극론」 등에 보이고 있는 레싱거의 사극론인데 그것은 아리스토텔레스의 비극론에 영향을 받고 있었다. 레싱거가 아리스토텔레스의 이론을 금과옥조로 삼고 있었던 것은 전술한 대로이지만 石橋忍月도 레싱거를 통하여 그리스의 『시학』을 典範으로 삼았던 것이다.

독일 사극론에는 레싱거 이후 그락베, 헷벨, 울리치 등이 있었는데 예를 들면 울리치의 사극론의 경우는 高山樗牛·逍遙의 논쟁 속에서 보더라도 그의 사극론으로부터 인용한 것이 보인다. 그락베, 헷벨의 사극론에 대해서는 逍遙의 『사극 및 사극론의 변천』에서 그들의 所論을 摘要하고 있다. 예를 들면 그락베의 경우는 역사에 나타나고 있는 세계적 방칙을 중시하여 한 시대의 사건의 총계를 하나의 사적 대세로 보았는데 그 대세는 상반되는 群集운동이 충돌한 결과로 나타난 것이어서 그것을 사극의 통일원리로 보았다. 울리치의 경우는 사실에 입각한 사적 정신을 명료하게 표현하는 것을 사극의 목적으로 하고 있었고, 헷벨의 경우는 역사상에서의 구체적인 사실을 반드시 극시 속에로 받아들여야 할 필요는 없겠지만 역사적 분위기만은 정확하게 비추어 내어야 한다고 역설했다.

같은 역사문학이라 하더라도 극과 소설 사이에는 어느 정도의 간격은 존재하는 것이다. 1971년에 죽은 문학사가인 루카치는 『역사문학론』에서 다음과 같이 그 차이점에 대해 설명하고 있다.

역사소설에는 사회적, 역사적 필연성이 우위를 점한다. 소설은 이러한 필연성을 복잡하게 언급하고 있는데 그 필연성이 많은 우연성을 극복하여 어떻게 그 길을 개척해 가는 가를 보이고 있다. 이것에 대해서 극의 경우는 이러한 필연성이 사회적 갈등이 야기되는 하나의 불가피한 형태로 나타난다. 따라서 역사극에서의 등장인물은 세계사적인 개성을 구비하고 있다고 볼 수 있다. 역으로 소설의 경우는 생활 그 자체가 주인공이 되고 있어서 사회적, 역사적으로 서로 얽혀가는 과정을 중심으로 삼고 있다. 따라서 세계사적 개성이라는 것은 부차적인 존재에 지나지 않는 것이다.

또한 극은 사회적 에너지의 역사적 카테고리에 관해 그리고 있기 때문에 주인공들은 역사적 위기에서의 정점을 보이게 된다. 그러나 소설은 오히려 그와 같은 위기에 앞서서 그것에 계속되는 것을 묘사해낸다. 그것에도 양자사이에는 차이가 뚜렷하다. 헷벨은 역사극에 관하여 「결정적인 역사적 위기를 우리들이 시각적으로 보이도록 그려내지 않는 이상은 장대하고 중요한 생활과정, 한 마디로 말하면 일정한 시대의 분위기를 완벽하게 그려내고 있다고는 말할 수 없는 것이다」고 주장하였다. 그리고 그는 과거에 일어났던 여러 사건에서의 역사적인 특징이 있는 디테일을 극의 영역으로부터 제외시키려고 했다.

루카치는 이러한 헷벨의 의견에 대해 긍정적이었다. 그러나 소설에서의 이와 같은 갈등도 묘사된 세계의 한 부분에 지나지 않는 것이고 일정한 시기에서의 일정한 현실을 시대의 전 색채와 특수한 분위기 속에서 묘사해내는 것이 그 목적이라 할 수 있다. 그 밖의 것은 수단에 불과한 것이다. 소설은 일상생활에서의 극히 쇄말적인 것을 구석구석까지 침투시켜 다양한 디테일이 가지고 있는 복잡한 상호작용 속에서 시대가 내재하고 있는 특징적인 성격을 그려내는 것이다. 극에 있어서 주요한 핵심적 갈등은 일반적인 역사성만을 가지고 풀어내기에는 충분하지 못하다. 소설은 머리끝부터 발톱 끝까지 모두 역사적인 것으로부터 풀어야 한다. 결론적으로 말하면 소설이 극보다 훨씬 역사적이라 볼 수 있다. 묘사된 모든 생활환경에 대한 역사적인 통찰은 극보다 훨씬 충분하고 구체적인 전 디테일의 역사적 재현이라 할 수 있다.

이러한 루카치에 관한 설은 레싱거 이래의 사극론의 연장선상에 있다고 볼 수 있는데 그것은 사극과 역사소설의 대조에 의해 양자 성격의 차이를 분명히 한 주목해야 할 업적인 것이다. 레싱거는 (1) 사적 진실은 사건상, 성격상, 故実上 어느쪽으로부터도 구애를 받지 않는다. (2) 인물의 성격은 전형적인 것은 필요로 하겠지만 반드시 개성적인 것을 필요로 하는 것은 아니다. (3) 인과응보의 이치를 설명하는 것이 主眼이라고 한다. 이러한 응과응보의 이치는 그락베가 말한 세계법칙, 울리치의 사적 정신, 그리고 루카치가 주장한 마르크스주의 이론에 의한 사회적 필연성 등과 같이 이러한 것이 차츰 발전해 간 것이다.

그러나 高山樗牛와 逍遥 사이에서의 원리에 관한 근본적인 차이점은 해소된 것이라고는 말할 수 없다. 루카치의 해석에 의하면 뛰어난 역사작가 월트·스코트는 「자기 자신을 위해 현대의 여러 문제에 대한 해답을 찾아야겠다고 느꼈을 때, 그는 무엇보다도 영국 역사에서 중요하게 자리잡고 있는 예술적 표현의 여러 단계에 있어서 간접적으로 그 해답을 찾아내었다」. 루카치의 이러한 해석의 여하와 관계없이 설령 스코트의 방법이 본격적인 역사소설의 모습이라 할지라도 작가의 문제의식은 역사적 단계에서의 상징이라고도 볼 수 없는 개인에 관한 운명이나 개인적 체험에 집착하는 것이 있을 수 있다. 사극에도 이와 같은 것이 존재하여 당연하게 생각되어 지기도 한다.

다음은 당시 高山樗牛의 種本 중에 레싱거의 『라오콘』이 있었다. 역사화론에도 인용되기도 하지만 특히 『시가의 所縁과 그 대상』 및 『시가와 인체미』는 『라오콘』에 입각하여 비판을 가하고 있는 것이다. 비판을 던졌다고 하는 것은 당시 문예계의 時評에 맞춘 것이라 볼 수 있는데 이것은 발표 직후 상당한 파문을 던졌다.

『라오콘』 16장의 1절을 高山樗牛는 다음과 같이 요약, 인용하고 있다.

예술은 모방에 근거한다. 따라서 모방하는 것에 대한 자료는 각각의 예술에 따라 다를 수 있다. 회화는 공간 속에서 색과 형태로 나누어지게 되고 시가는 시간 속에서 声調에 의해 나누어진다. 공간에 존재하는 물상은 즉 물체가 되는데 따라서 물체의 형태와 색깔은 회화의 본령이 되는 것이다. 시간 속에 계속되는 물상은 즉 동작으로 형성된다. 따라서 동작을 나타낸다는 것은 시가의 특색이 될 수 있다고도 본다. 회화의 성질은 俱存的인 것에 의해 동작의 단일한 契点을 나타내는 것에 지나지 않는다. 그런 까닭으로 이런 속성은 반드시 필연성이 있어야 하는 것이고 또한 그것은 물체의 정경을 나타낼 수 있어야만 하는 것이다. 이러한 것이 있어야만 다음의 법칙이 따라 올 수 있다. 따라서 시가에 있어서 회화적 형용사는 단일해야 하고 물체의 묘사는 억제되어야 한다.

이러한 최후의 일절이 뛰어나다고 피력하면서도 高山樗牛는 두 개의 의문을 던졌다. 하나는 시가의 所縁은 과연 声調인가. 또 하나는 계속되는 물상 즉 동작인가 하는 데 있었다. 동작은 시간적 물상에서의 전

범위를 과연 커버할 수 있는지에 대한 것으로 高山樗牛는 이러한 두 점에 대해 부정하였던 것이다.

제1점에 대해서 高山樗牛는 시가의 자료는 언어 또는 声調가 아니라 관념이라 주장하였다. 즉 감각 이외의 관념을 지적하였다. 그러한 의미에서 색채가 회화의, 음성이 음악의 所縁인 것과 똑같은 의미에서는 언어는 시가의 所縁이 될 수 없는 것이다. 언어는 관념의 기호에 지나지 않는 것이다. 관념이기 때문에 유형 무형의 일체의 万象을 대상으로 할 수가 있었던 것이다. 레싱거가 声調를 이러한 것에 끼워 맞추었던 것은 아리스토텔레스의 언어를 시가의 所縁으로 보았던 잘못을 그대로 답습한 것이라 볼 수 있다.

제2는 그러한 결과로 인해 계속되는 물상 즉 동작만을 시가의 특징으로 규정하는 잘못을 레싱거는 범하게 된다. 관념으로 말하면 감정·사상·의지·물상의 운동·인물의 동작 등을 포함하는 것이다.

이상과 같은 高山樗牛의 비판은 어느 정도는 이해가 되지만 『라오콘』에 관해 정확하게 이해한 것은 아니다. 레싱거가 회화에서 적당한 대상을 형체로 본 것은 동시 병존하는 것을 가리키는 것이고, 시가에서의 행위라는 것은 부분 부분이 상호간에 継起的으로 연속하고 있는 대상을 가리키는 것이기 때문에 감정·사고 그 밖의 관념도 포함되는 것이다. 그렇다면 시가는 주로 「환상을 창조하는 힘에 의한다」(17장)고 말하거나 혹은 호머의 『헤레네』를 인용하여 「시인이여 우리를 위해 미에 의해 일어나는 쾌감·애착·애정·환희를 묘사하라. 그러면 여러분은 미 그 자체를 그리게 될 것이다」(21장)라고 볼 수도 있다. 「미에서의 동적인 부분을 그려야 할 것이다」(21장)고도 서술하고 있다. 高山樗牛가 동작을 번역하는 말 밑에 형체적 일면에 한정시키다 보니까 관념을 포함하지 않는 것으로 규정한 것은 그의 분명한 오해라 할 수 있다.

또한 관념을 가지고 회화·음악에서의 색채·선이나 음과 대응하는 시가문학의 본질적 수단으로 삼는 것은 적당하지 못하다. 관념의 내용에 따라 다르겠지만 미학적으로는 관념은 감각과 대립하는 것이고, 감성에 대하여 직관의 정신적인 측면이라 할 수 있는 의미 즉 지성을 주로 하는 것, 지적 내용을 말한다. 미학상에서의 관념주의는 소재를 중시하여 어떻게 그리는가 보다도 무엇을 나타내는 가에의 문제로 옮겨간다. 이러한 현상계의 관념을 実在界의 시공이나 인과로부터 초절한 차원으로 옮겨질 때 그것은 이념이 될 수 있는데 그러한 의미에서의 이념의 표출을 예술로 볼 때는 그것은 회화에도 음악에도 적용할 수 있는 것이어서 시가문학만이 이념을 대표하는 것이 아니라는 것은 이미 헤겔 미학이 明証하는 바 그대로이다. 그 뿐만 아니라 관념 내지 이념은 문학보다도 다른 예술이 가지고 있는 본질적 요소라는 사고방식도 있다. 쇼펜하우어에 의하면 미 혹은 예술의 가치는 이념의 가치에 의해서 결정이 되는 것이고 표현의 巧拙은 第2義가 된다는 것이다. 단 음악을 제외한 다른 예술은 이념의 模写가 되고 있는데 음악만이 「살려는 의지」의 직접적인 객관화라고 설명하고 있다.

이 설의 当否는 차치하고라도 이러한 의미에서의 이념 내지 관념은 예술의 전 장르에 내재한다고 볼 수 있다. 무엇보다도 高山樗牛와 같이 관념을 시문학의 所縁으로 생각하는 사고방식을 가진 미학자가 없는 것도 아니다. 포루켈트에 의하면 시만이 表象의 예술이어서 시는 다른 예술과 똑같이 감각에 호소하는 일이 있어도 모든 의미를 감각에만 응집시키지 않기 때문에 그러한 것이 발판이 되어 감상자의 마음 속에 전개해가는 상상력이 소위 시의 본체라고 보는 것이다. 高山樗牛의 관념이라는 것은 이러한 것을 가리키는지 모른다. 그러나 이와 같은 설에는 여러 가지 비판도 있을 수 있다. 어떻게 보면 언어문학 특히 산문소설이나 에세이 등은 의미에 입각하여 이해하는 것이 主된 것이라 할 수 있어서 의미가 형성된 것을 상상력에 의해 펼치지 못하는 경우도 많다.

어쨌든 시가문학은 관념보다도 언어를 본질적인 표현수단으로 하여 회화에 있어서 색이나 선과 같이 그러한 것을 사용하여 형상화된 이미지를 산출하는 것이다. 그것은 「인간 삶의 관계에 있어서 관념적 표현」(딜타이 『세계관의 연구』)을 획득한다고 생각하는 편이 바를 것이다.

어쨌든 高山樗牛는 『라오콘』을 근거로 하여 당시 硯友社 계통의 소설에 보이는 「소리가 있는 그림」과 같은 形容 過多·修飾 過度의 외면묘사를 비판한 것이라 볼 수 있는데 그러한 의미를 가진 제언으로서는 정확한 것이다. 그리고 自説을 증명하기 위해 호머, 세익스피어, 괴테, 밀튼, 스콧트, 테니슨, 바이런, 쉘리, 源氏物語, 平家物語, 太平記, 近松, 馬琴 등을 인용하여 그곳에 그가 이해한 『라오콘』의 표준에 맞추어 평가하고 있다. 게다가 그는 현대의 紅葉·柳浪·眉山·鏡花들의 묘사 수법에 대해서는 그들은 자기 예술에 대해서 명백한 주관이 없이 말하자면 예술의 본령에 대해 체득하고 있지 못하다고 비난했다. 무엇보다도 『源氏物語』에는 여성의 용모를 직접적으로 묘사한 부분이 보이지 않는다고 큰소리 쳤기 때문에 後藤宙外가 실례를 들어가면서 그를 비난하기도 했다.

高山樗牛論에 대해서 당연히 많은 비평이 있었다. 예를 들면 밀튼의 『실락원』에서의 아담과 이브의 용모묘사가 너무 치밀하다보니까 그것이 도리어 결점이 되기도 하였다. 그러한 것에 비교하여 보면 近松의 담백한 여성묘사를 칭찬하고 있는데 이 구절에 대해서 正岡子規는 다음과 같이 말하고 있다.

밀튼의 이브에 관한 형용이 잘못돼 있기 때문에 近松의 「三五의 봄의 꽃이 한창, 색깔이 한창, 사랑이 한창」이라는 것이 너무 뛰어나다 보니까 이것보다 조금 못한 것이라 할 수 있는 「四条의 물에 이름을 흘려보내 몸의 뜬구름 같은 것을 앞세워 石懸町의 井筒屋의 꽃, 한창 잘나가는 사랑에서의 절정」과 같은 세련되지 못하는 것을 비유하는 것이다. 우습다. (『문학미술 漫評』, 「ホトトギス」, 명치32.3)

이와 같이 그가 조소한 것이 좋은 한 예라고 할 수 있다. 이러한 것은 高山樗牛가 『라오콘』의 所説을 너무도 획일적으로 이해하다보니까 그것을 성급하게 그리고 경솔하게 실례에 응용하게 되었던 것이다. 그렇다고 말하는 것은 高山樗牛가 레싱거가 설명한 시와 그림에서의 근본적인 기능의 차이에 대해 동서고금의 대시인들은 직관적으로 체득하고 있었겠지만 일본의 현대작가는 회화적 명석함으로 시가소설이 극치냐 아니냐로 판단하고 있다고 지적하였다.

高山樗牛의 이러한 비판 속에서 무엇보다도 자세하게 나타나고 있는 것은 後藤宙外의 『高山林次郎씨에게 질문한다』(「新小説」 명치32.3)라는 것이었다. 이 論은 4절로 나누어져 있다. 그 중에서 (1) 高山樗牛는 문학에 있어서 관념을 중시하고 있었는데 그의 관념 활동에 관한 방칙은 詩美와 非詩美를 나누는 소극적 조건에 지나지 않아서 그 이상의 적극적인 의미를 가지지 못하는가 (2) 관념의 성질은 단순히 시간적인 것뿐인가 하는 두 가지 점을 주요한 논점으로 생각하고 있었다. 게다가 그는 인체미에 관한 묘사의 예를 희곡·浄瑠璃 등의 무대 예술에 취한 것은 불가한데 이러한 경우는 생략되는 것이 당연하다. 「紫式部는 1회만이라도 후세 작자가 취할 수 있도록 이목구비의 미에 대해 서술한 것은 없다」는 단언도 杜撰이라고 하여 「空蝉」「末摘花」 등의 실례를 들어 힐난했다.

高山樗牛는 『難者에게 응답한다』(「太陽」 명치32.3)에서 宙外가 힐난한 두 가지 점에 대해서는 당연하다고 인정하면서도 자신이 말한 대강의 원칙이 「万境을 설명하기에 충분한 것」이라고 가정되어서는 곤란하다. 또한 原氏 50帖 중에서 두, 세 개의 원칙에 반하는 줄거리가 있다고 하였는데 과연 그것이 무엇인가. 문제는 이와 같은 것이 과연 완전한 詩美를 나타낼 수 있는지 없는지에 있다고 답답한 변명을 하고 있는 것이다.

이후 宙外는 5월의 「新小説」에서 이것에 다가가게 되는데 高山樗牛는 여기에 응답하여 (「太陽」 5월), 다소의 부족한 점이 있다 하더라도 오늘날의 사태에 대한 원칙으로서의 자신의 論에 현실성이 있었으면 좋겠다는 의미의 발언을 하게 된다. 그리고 최후에 宙外(「新小説」4권 7호 명치32.6)가 自論을 간단하게 再述하면서 끝나게 된다.

宙外가 레싱거를 제대로 인식하고 좀 더 깊게 그것에 파고들었다면 가능했을 것이지만 이 논쟁에 한해서 논리상에 있어서 많은 허점을 남긴 것으로 끝났다. 그렇다 하더라도 소수의 有識者는 별도로 하더라도 일반 독자 대중 앞에 자신의 잘못을 드러내지 않으려는 저널리스트 高山樗牛의 강심장이 이러한 논쟁을 통하여 잘 드러난 부분이라 할 수 있다. 그러는 한편 이것은 高山樗牛가 「당시 일본에 있어서 거의 유일한 미학자로서 알려져 있고 또한 동경전문학교 문학과 철학관 철학부 및 미술원 등에 미학의 강사로서 일본 미술 사상에 크게 영향을 끼쳤던」(宙外, 『高山林次郎氏에게 질문한다』)학자로서 신중하지 못한 경솔한 行論이라고 말하지 않을 수 없다.

그렇다 하더라도 당시 미학계에는 눈에 띌만한 인재가 없었기 때문에 명치30년 개설된 京都大学에 문과대학이 부과 신설될 때 미학을 담당할 교수로서 高山樗牛 이상의 적임자가 없다고 하는 것으로부터 명치

33년 5월 후보에 내정되었고 6월 13일부로 유럽에 3년간 미학 연구를 위해 유학의 발령이 떨어졌다. 高山樗牛 본인으로서는 대단히 경사스러운 날이었던 것이다. 당시 대학은 동경·경도의 두 개 밖에 없었는데 동경대의 미학 담임자는 5년 선배였던 大塚保治였다. 당시 제국대학 교수는 사회적 지위도 높고 세간의 신용도 대단했다. 화려한 평론가이기는 하였지만 출판사의 한 고용인과는 비교가 되지 못했다. 이렇게 해서 高山樗牛는 서양에 갈 준비 때문에 바빴는데 명치33년 8월 1일호를 최후로 하여 「太陽」평론단으로부터 당연히 은퇴해야 했었고 따라서 「太陽」6권 11호(명치33.9)의 문예계에 고별문을 실을 예정이었다. 하지만 그에게 갑자기 병환이 닥쳐 두 번 다시 집필할 수 없게 되었다. 그는 출발을 한 달 앞두고 즉 갑자기 8월 8일에는 각혈을 하게 되고 병상생활을 하는 몸이 되었던 것이다.

(吉田精一、明治の文芸評論 参照)

7

人生相涉 論争

1) 山路愛山의 공리주의적 문학관

山路愛山과 北村透谷 사이에 교환된 유명한 논쟁은 명치26년 1월 13일 「国民之友」 제178호 부록에 실린 山路愛山의 『賴襄를 논하다』가 계기가 되었다. 정확하게 말하면 冒頭의 불과 数行에 표명된 그의 문학관이 北村透谷를 자극했기 때문이었다. 이 史論에 대해 山路愛山는 다음과 같이 시작하고 있다.

문장 즉 사업이 된다. 문사들이 붓을 사용하는 것은 영웅들이 칼을 휘두르는 것과 같다. 함께 하늘을 치는 것이지만 별 도움은 되지 않지만 그러나 나름대로 이루어지는 것은 있다. 만 개의 탄환, 천 개의 칼, 만일 세상에 이익이 되지 않는 것을 빌었던 꼴밖에 되지 않는다. (중략) 문장은 곧 사업이기 때문에 떠받들 가치가 있다. 우리들이 賴襄를 논하는 것은 즉 사업을 논하는 것을 지칭한다.

여기에 명료한 형태로 보인 山路愛山의 문학관에 대해 엄격하게 반발하면서 자신의 문학관을 첨예하게 대치한 것이 北村透谷이다. 그것이

『인생과 함께 거니는 것은 무슨 까닭이냐』라는 것은 알려진 대로이다.

2) 『인생과 함께 거니는 것은 무슨 까닭이냐』

「문학에 있어서 유치리치論은 오늘날 시작된 것이 아니다. 우리들 선조들의 권선징악설에 있는 것이다. 우리들의 동시대에 평민의 비평가로서의 활용론자를 山路愛山에게 추구하는 까닭이 여기에 있다」라고 주장하는 北村透谷는 愛山을 대표자로 하는 공리주의적 문학관의 본질과 그 역사적인 역할에 대해 나름대로 정당하게 이해하고 있었던 것처럼 보인다.

> 戰士陣에 임해서 적에게 이기고 개선가를 부르며 집에 돌아올 때 친구는 그것을 축복하여 승리라고 말하고 비평가는 비평하여 사업이라고 하는 것이다. 사업은 존중되어야 하고 승리는 승리대로 존중되어야 한다. 그렇지만 위대한 戰士는 이와 같이 승리를 거두고 돌아오는 것이 되어야 한다. 그 일생은 승리를 목적으로 하여 싸우는 것이 아니고 별도로 企図하는 것에 있는 것이다. 빈 공간을 치고 虛를 겨냥하여 공간을 형성하는 사업을 하는 것이고, 전쟁하는 도중에도 뭔가 사라지는 것이 항상 있다는 것이다.

北村透谷에 의하면 위대한 戰士인 문학자의 목표야말로 빈 공간의 공간다운 사업이어야 하고 山陽의 勤王論과 같은 것이어서는 안 되는 「아, 문사여. 무엇이 재촉되어 인생과 함께 거니는 것을 요구하는가」라는 것이다. 北村透谷는 내적 요청으로서 이것을 토로하고 있는 것이어서 빈 공간이 공간다운 사업의 구체적인 내용에 대해서는 어떠한 설명 내지 논쟁을 주려고 하지 않았다. 그러나 자신의 전 존재와 관련되는 문제로서 절박한 생명감을 넣어 제출되고 있는 것이 큰 특색이다.

3) 「国民之友」와 「文学界」

무엇보다도 앞에 인용한 『賴襄를 논하다』의 모두의 몇 행은 분명히 星野天知, 北村透谷, 島崎藤村들의 「文学界」 동인들을 머리에 떠올려 쓰여진 것임에 틀림없다. 北村透谷가 여기에 곧 반박한 것도 자연스러운 것이지만 北村透谷와 같은 나이의 26살로 옛날부터 깊은 친교가 있었던 民友社의 신예 史論家인 愛山이 우정은 우정으로서 별도로 차치하고라도 北村透谷들의 문학적 경향에 뭔가 부족한 것을 차츰 느끼기 시작한 것임에 틀림없다. 그것은 동시에 「国民之友」와 「文学界」의 차이를 말하는 것인지도 모르겠다. 양자는 원래부터 기독교라는 공통의 지반에 선 같은 진영의 동료이었는데 『賴襄를 논하다』에 실린 「国民之友」제 178호 부록에는 北村透谷의 소설 『宿魂鏡』도 동시에 게재되고 있었다. 그러나 사상적으로 공통적인 부분이 있으면서 똑같을 수 없었던 것도 서로 간에 의식하고 있었던 것이다.

4) 女学雑誌社의 実際派와 超絶派

北村透谷의 『인생과 함께 거니는 것은 무슨 까닭이냐』가 발표된 것은 명치26년 2월 28일 「文学界」 제2호였는데 이것에 대해서 愛山은 명치26년 4월 16일과 19일에 걸쳐서 「国民新聞」에 『범신적 유심적 경항에 대해서』라는 문장을 쓰고 있다.

> 女学雜誌社라는 화단에 피는 꽃은 왠지 모르게 범신적, 유심적 경향을 나타내고 있다. 女学雜誌에는 충돌하는 두 개의 분자가 공존하는 것을 본다. 한쪽은 즉 孤女院, 貧民院 등의 의거에 동감을 표하는 쪽이고 또 하나는 즉 禪僧과 같은, 山人과 같은 세상에서 말하는 소위 비뚤어진 사람과 같은 초연히 즐기는 주의적 관념을 말한다. 우리들은 이 두 개의 사람들이 다행히 서로 어울리는 것을 축하한다. 그러나 性惡을 주창하여 책을 불에 넣고 女学子들은 오늘날 각성하지 않으면 천하를 이끌고 淸談風話에 빠진 것은 女学子의 부분적인 책임으로 돌리지 않을 수 없다. 나는 실로 女学子들에게 이러한 경향의 대표자로서 화살을 돌리지 않을 수 없는 것에 대해 슬퍼한다.

女学雜誌社에 존재하고 있는 모순되는 양 분자의 한쪽이 實際派라는 것은 암암리에 女学子 즉 巖本善治를 지칭하는 것이다. 淸談風話의 超然派라는 것은 天知, 透谷들의 「文学界」의 동료들을 지칭하는 것은 말할 나위도 없다. 이것은 「甲의 巻·女学雜誌」의 전신으로서 탄생된 「文学界」 창간호에 「女学雜誌」의 주재자 巖本善治가 『文章道』라는 문장을 쓰고 있다. 그것은 「문사의 생각이 필요」하여 작문의 길은 순연한 도덕이고 「修辞를 하는 사람은 우선 修德을 쌓아야 한다」는 명치 로맨티시즘의 새로운 소리였던 「文学界」의 출발과는 약간 어울리지 않는 문자를 내세우고 있는 것으로부터도 추측할 수 있다. 巖本善治는 명치여학교 창립이래의 교장이었는데 그는 아울러 「女学雜誌」의 주재자이기도 하였다. 명치여학교에 교편을 잡으면서 여학잡지의 기고자이기도 했던 天知, 透谷, 藤村들의 청년문학자의 열정적인 언행에는 반드시 찬성할 수 없는 부분이 있었는데 그들도 또한 巖本善治의 생각이나 행동에 불만을 품기도 하였다. 「文学界」가 제 3호부터 여학잡지라는 문자를 표지서부터 삭제하고 순문학 잡지로 독립한 이유도 여기에 있었다고 봐도 좋다. 愛山의 문장이 직접 透谷 앞으로 향해지지 않고 도리어 그것이 巖本善治에로 향해 졌던 것은 이와 같은 움직임을 알고 이것을 이용한 것이 아닌가 하는 억측도 가능하다. 水野葉舟의 『植村正久 · 内村鑑三 · 巖本善治』 문장에서는 藤村의 『봄』에 巖本善治에 대한 인상이 거의 나타나고 있지 않은 것에 대해 이상하다는 식으로 기록되어 있는 부분이 있다. 명치25년 초 무렵부터 여학잡지의 기고가이기도 하고 또한 계속해서 명치여학교의 교사로서 藤村의 巖本善治와의 관계는 극히 밀접한 데가 있었는데도 불구하고 『봄』 속에 巖本善治의 모델 같은 것은 등장하지 않고 있다. 작자 藤村을 비롯하여 北村透谷, 星野天知, 戸川秋骨, 平田禿木, 馬場孤蝶, 戸川残花, 星野夕影, 大野洒竹, 山路愛山, 上田敏, 樋口一葉 자매 그 밖의 명치여학교 학생 수명이 각각 모델로서 등장하고 있는데 반하여 巖本善治는 끝내 나타나지 않는다. 물론 세상에 막 진출하려고 하는 젊은 동료들의 동정을 오직 순수하게 그리려고 한 작품인 것도 그 이유의 하나가 되겠지만 이들 청년의 군상에 차지하고 있었던 한 사람의 선배의 모습은 끝내 등장하지 않았던 것이다.

「文学界」가 「女学雑誌」로부터 독립한 것과 거의 같은 시기의 4월 15일 발행된 「聖書之友雑誌」 제64호에 발표되었던 透谷의 「오늘날의 기독교 문학」에는 德富蘇峰, 植村謙堂, 内村鑑三, 宮崎湖処子, 山路愛山, 戸川残花, 松村介石 등 기독교 계통의 문사를 예로 들어 이상의 7명을 논하고 있다. 말미에 「기타 巖本善治씨와 같이, 横井時雄씨와 같이, 磯貝雲峰씨와 같이 일일이 소개할 수 없는 것이다」라고 附記하고 있다. 또한 藤村은 예의 漂迫의 여행 시기에 「須磨로부터」라고 제목을 붙인 명치25년 3월 1일 부로 天知 앞의 편지 속에 「당시 학교 쪽은 어떠합니까. 아직 지병은 어떠한지 묻고 싶습니다. 문학계로부터 은혜를 입어 또한 힘을 보태주어서 잘 되고 있습니다. 아무쪼록 우리들이 지향함에 있어서 쓸데없는 것을 추구하지 말고 꽃으로만 달려가지말고 서리가 내린 소나무의 모습이 필요한 때입니다」라고 되어 있다. 島崎藤村 전집의 註에 의하면 「文学界」가 巖本善治라는 인연의 틀로부터 벗어나는 것에 대해서 巖本善治와 天知들 사이에 「지병은 계속되고」라는 식의 마찰이 있었던 것을 보이고 있는 것을 엿볼 수 있다. 게다가 당시 명치여학교에 다니고 있던 相馬黑光의 회상집인 『女学雜誌와 文学界』에 의하면 巖本善治는 나름대로 남성적인 매력을 갖추고 있어서 강의가 끝나고 강당을 떠날 때는 「누구 할 것 없이 감격에 겨워 눈을 빛내고 인생의 기쁨을 깊게 느끼곤 하였다. 어떤 때는 선생의 비범한 才気에 완전히 경복하여 이 학교에 온 것에 대한 행복을 새삼스레 음미하기도 하고 꿈결처럼 다리를 옮긴다」라는 식의 모습이었다고 한다. 그리고 이 巖本善治가 「극단적으로 여성에게 흥미를 가졌던 인물, 아니 여성에게 흥미를 지나치게 보였던 인물이라는 식의 세평에 대해서는 나는 긍정할 수 없습니다」라고도 쓰고 있다. 여기서 水野葉舟에 의하면 「나는 巖本善治씨는 전도계에 있어서 사업가 기질이 다분히 있었던 사람이었다고 판단하고 있다」라고 말하고 다음과 같이 맺고 있다.

> 여기에 생겨난 문학은 사실은 처음부터 巖本善治 정신 속으로부터 나온 것이 아니라 巖本善治씨의 「事業」이 그것을 한 곳에 모아 각자가 가지고 있는 재질을 그곳에서 이루게 만든 것이라고 생각해도 좋을 것 같다. 그렇기 때문에 『봄』에 등장하는 사람들은 巖本善治씨와 그 바깥으로 향해지는 관계는 밀접하였는지는 몰라도 마음 속으로는 소원했는지도 모른다. 藤村씨가 巖本善治씨를 묘사하지 않았던 것은 이러한 이유가 아닌가하고 생각된다.

이와 같이 거슬러 올라가게 되면 愛山이 透谷의 반발에 대해 직접 응대하기 전에 우선 「천하를 이끌고 清談風話에 빠져드는 것」이라 하였다. 「큰 소나무 밑에 그리고 白眼世人을 보는 속 좁은 인물을 양성하는 장본인」으로서 그 책임을 「女学雑誌」의 주재자인 厳本善治에게 따진다는 것은 실제적인 효과를 감안한 작전이 아닌가 하고 생각하지 않을 수 없다. 이것은 역으로 말하면 「아아, 문사여 함께 인생을 거니는 것은 이러한 것에 추구해야 할 것이다」는 透谷의 말은 愛山이나 民友社뿐만 아니라 반쯤은 厳本善治에게 향해있었다고 봐야 할 것이다. 느낌상으로 말하면 가까웠던 厳本善治보다도 오히려 德富蘇峰가 더 친근함을 가지고 있었고 또한 愛山에게 더 한층 진한 우정을 느꼈다고 하는 것은 다시 생각해 볼 여지가 있는 것이다.

5) 島崎藤村의 透谷 이해

『인생과 함께 거니는 것은 무슨 까닭이냐』(『人生に相渉るとは何の謂ぞ』)에 실린 「文学界」제 2호를 藤村은 여행하는 도중에 그것을 손에 넣었다. 滋賀県 蒲生郡 市の辺村로부터 3월 7일 부의 星野天知, 北村透谷, 星野男三郎, 平田禿木 앞의 편지에는 다음과 같은 일절이 보인다.

透谷의 一文에 의해 愛山씨와 저와 함께 감동을 받았던 것을 기억합니다. (중략) 吉野山의 능금은 벌써 기묘하고, 霊剱의 일행 진실로 기쁘고, 芭蕉의 한 구절을 빼고 透谷庵의 풍류를 사랑하는 것도 桃青도 기뻐할 것이라고 생각합니다. 나의 牢獄이라고 하여 또는 心機妙変이라고 하여 또는 富嶽의 詩神이라고 하여 그 사이를 꿰뚫어 貴庵의 풍류가 엿보입니다. 비평 風雅의 두 개를 하나로 묶은 풍정, 古藤庵이 비칠 듯이 보입니다. 한 편의 「文学界」, 명상하면 초암문학이라고 생각됩니다.

愛山에 대한 透谷의 반발에 대해 동료의 한 사람이었던 藤村이 어떻게 받아들였는지를 잘 알 수 있는 대목이다. 賴朝와 西行의 비교라는 것은 말하자면 「가서 賴朝의 묘를 鎌倉山에 가서 보라. 그가 말하려고 한 것은 무엇이냐. 와서 西行의 모습을 山家集 속에 보라. 어느 쪽인가 하면 표현하여 나타낼 수가 없는 것이다」를 지칭한 것이다. 透谷에 의하면 賴朝도 西行도 똑같이 대전사였지만 전자는 직접의 적을 향해서 한정된 전장에 싸운 것에 지나지 않지만 후자는 천지에 한정 없는 미스테리를 지향하면서 빈 공간을 쳐서 별에까지 나아가려고 했던 것이다. 吉野山의 능금이라는 것은 愛山流의 실용론자의 필법으로 치면 吉野山의 벚꽃을 베어내고 능금을 심는 것 밖에 없다고 하는 것과 비슷하다는 透谷의 논법을 말하는 것이고, 靈劒의 일행이라는 것은 「빈 공간인 銃鎗을 맞이하여 싸우기에는 빈 공간인 銃鎗을 가지고 상대하지 않을 수 없다. 이러한 이유 때문에 영혼의 검을 주조하는 것이 필요한 것이다」는 한 구절에 대해서 芭蕉가 모든 것을 잊고 자연 속에 들어가 영원한 이데에 살았던 것을 주창한 것이기 때문이다. 「그는 인간을 벗어나거나 그는 고기를 탈피한 것이다. 사실을 잊고 고기를 탈피하여 인간을 벗어나서 어딘가로 사라진다. 天涯 높이 날아 사라져서 절대적인 사물, 즉 idea에 까지 도달하게 된다」라는 것이 그것이다.

藤村이 透谷의 論의 어디에 감흥을 느꼈는지에 대해서는 이상으로부터 명료하다고 할 수 있다. 그 결론으로서 이 論을 포함하여 透谷의 몇 개의 평론을 관통하고 있는 것을 풍류 즉 「비평 風雅의 두 개를 일체로 한 풍정」으로서 파악했다는 것이 무엇보다도 중요하다. 그러니까 앞에 들었던 「기이한 것을 추구하지 않고, 꽃으로 달려가지 않고, 풍상에 시달린 소나무의 모습을 지향하는」 것이라고 바랬던 「文学界」에 대해 「명상하면 초암문학으로 보인다」라고 말하는 것이 더 한층 중요하다.

즉 藤村은 藤村流로 자신에 가까이 하여 透谷의 이러한 論에 대해 이해한 것이다.

이윽고 透谷의 자살에 접하여 『봄』을 쓸 무렵이 되어서는 藤村의 透谷観도 달라졌다. 어쨌든 당시로서는 동료였던 藤村이 이와 같은 상황이었기 때문에 愛山이나 民友社가「文学界」일파의 문학에 대해 은둔자의 풍류스러운 일과 같이 생각한 것은 자연스러운 것이다. 이것에 대해서 透谷에게도 책임이 있는 것이라 할 수 있는데 그것은 종종 西行이나 芭蕉의 이름을 들어 특히 그 중에서 芭蕉의 名月의 한 구에 대해서 자기도취적으로 해석을 전개하고 있는 것과 관계가 있는 것은 말할 나위가 없다. 愛山이 『범신적 유심적 경향에 대해서』에서「쓸데없이 사업을 천박하게 만들고 이것을 속된 사람들의 사업이라 간주하여 초연하게 사물 바깥에 머물러야 한다는 것에 이르러서는 역시 名教의 가르침을 받은 것이 아니다」라고 힐난하면서 芭蕉 구절의 해석에 언급하여「芭蕉도 透谷씨를 위해서는 절벽 높이 날아서 육안으로는 볼 수 없는 이상향 속에 거처하는 사람이 되어라. 평민 短歌의 작자도 일종의 이상파가 되어 만족하지 못하더라도 사실을 잊어버리고, 육체를 잊어버리고 하늘 높이 날아 사라져라. 매혹되지 않을 수 없는 상대적인 일생을 보내는 것은 그일지라도 눈물을 흘리지 않을 수 없을 것이다」라고 통렬한 야유를 보내는 것도 까닭이 없는 것은 아니었다.

6) 德富蘇峰의「高踏派」비난

4월 23일「国民之友」제 188호에 蘇峰는 『사회에 있어서 사상의 세

조류』가 되는 사설을 내걸고 현시 사상계에 세 파의 조류가 있다고 하였다. 어느 쪽도 다소 불건전한 독설을 내포하고 있어서 생각하기에 따라서는 잘못된 것이 있을 수 있다고 지적하고 있다. 예를 들면 그 하나는 목전의 이해에 따라 타협하는 蛇行派이고, 그 둘은 매번마다 불평불만을 늘어놓는 感慨派이고, 그 세 번째는 高踏派인 것이다. 그는 高踏派에 대해서 다음과 같이 힐난하고 있다.

> 서로 이끌고 밀어주어 고독한 생애를 보내었던 중고시대는 차치하고라도 오늘날에 있어서 생명을 高談스럽고 세례를 받은 禅僧과 같이 사회를 벗어나 자타가 죽림칠현을 배운다는 것은 무엇을 의미하는 것이냐. 우리들은 사실로 猛省을 재촉할 수가 없다는 것이다.

여기에서 말하는 高踏派는 透谷을 대표하는 「文学界」 일파를 지칭하고 있는 것은 분명하다. 蘇峰의 論이라 하기도 하고 또는 愛山의 재반박이라고도 하고 있는데 소위 그들이 透谷의 주장에 대해 탈속한 풍류인들의 놀이로밖에 이해하지 못했던 것을 알 수 있다. 이러한 사실은 전술한 바와 같이 透谷의 説이 시인적 주정적인 표백이다 보니까 이론의 周到함이 결여되어 있는 것에도 기인한다. 그러나 무엇보다도 그것은 문학이라는 것은 반드시 세상에 도움이 되는 사업이어야 한다는 愛山의 성급한 주장에 대치하기 위해서는 공간의 빈 공간인 사업에 대해 강조하지 않으면 안 되는 것으로부터 오고 있는 것이다. 어쨌든 透谷가 주장하는 것은 논적인 愛山이나 蘇峰 등 民友社는 말할 나위도 없이 동료였던 藤村조차 통하지 못했던 것은 전술한 대로이다. 그러니까 이 논쟁은 愛山에게 있어서 아무런 도움을 가져오지 못했다고도 할 수 있는데 그러나 透谷의 문학관은 이러한 것에 의해 그 깊이를 더하였다고 볼 수 있다.

7) 개인적 생명의 존중

『인생과 함께 거니는 것은 무슨 까닭이냐』(『人生に相渉るとは何の謂ぞ』)를 쓴 직후의 집필이었던 『山庵雑記』(「女学雑誌」 제 339호)에 이 논쟁에 대한 반성이 서술되어 있다.

> 사람을 논의하려고 할 때 무엇보다도 자신이 잘못되었다는 것을 깨닫는다. 요즘 마음이 흥분이 되어서 그런지 태어나서 처음으로 마음에도 없는 반박의 문장을 초하는 기회가 있었다. 그것을 다 초하고 나서 조용히 반성하기에 앞서 다른 사람을 힐난하는 붓은 똑같이 내 자신을 힐난하는 것과 같은 것이다. 제발 가볍게 움직여서는 안 된다. 따라서 수련하고 연마하여 멋대로 다른 사람의 잘못을 함부로 측정하지 말아야 하는 것이다.

원래부터 愛山과는 깊이 서로 사귀었던 친구사이라는 것, 蘇峰도 선배로서 시종 존경의 마음을 가지고 있었다는 것 이런 것에 더하여 透谷 자신의 반성적인 성격에 기인하는 것이다. 기독교라는 지반위에 서서 民友社와는 친애감이 서로 통하고 있었다는 것은 이미 서술한 바가 있었지만 蘇峰에 대한 것 역시 결벽한 정열시인에 대한 애정은 시종 변함이 없었던 것 같다. 그러니까 어쩌면 상호간에 부족함을 느끼고 있었던 것은 아니겠는가. 앞에 언급한 『오늘날의 기독교 문학』에서 蘇峰를 논하면서 「그는 스스로가 교회에 적을 두지 않았다고 말하고 있지만 그러나 그의 일대의 포부는 나사렛의 예수가 얻는 것에 비하여 조금도 부족하지 않다」라고 말하고 있는데 그것은 「요즘 말하는 『관찰론』인한 편에, 또는 필요함에 있어서 초하려고 하는데 그 논지가 명석하여 일가의 견식으로서 특필하기에 부족함이 없다」라고 말하고 있다. 또한 「우주는 무한하고 인생은 많은 기대감으로 가득 차 있다는 것에 이르러서는 우리들은 가만히 이러한 것을 蘇峰선생으로부터 얻고 있는데 그것을 기뻐한다」라고 서술하고 있다. 더구나 「그의 所論은 어디까지나 인간 社界를 무겁게 하는 데가 있어서 개인적 생명 같은 것은 가볍게 취급하는 데가 있는 것이다」라고 써서 첨부하고 있었다. 「인간의 社界」 운운하는 것은 현실사회를 그대로 긍정하고 존중하여 이것을 개인의 존엄과의 관계에 있어서 생각하지 않는 것에 대한 불만의 표출로 볼 수 있다. 愛山에 대해서도 거의 똑같은 취지하에서 「着眼이 비범하여 종이 뒷면에 항상 소리가 개재하는 것처럼 느껴진다」라고 말하고 또한 「우리들처럼 오랜 옛날부터 형이상학적으로 생각을 내 멋대로 실제적 도덕을 창도한다는 것은 소위 말하는 時勢보다 크게 필요성을 느낀다는 것을 알고 있다는 의미이다」라고 말하면서 「단지 그에게 아쉬운 점이 있다면 너무나도 매더디스트로 홀러버려 개인적 생명을 너무나 쉽게 경시하는 경향이 있다는 것이다」라고 쓰고 있다.

소위 蘇峰의 관찰론이라는 것은 명치26년 4월 3일 「国民之友」제186호에 所載되어 있는데 아래와 같은 1절에 기록되어 있다.

人性은 천만대를 거쳐서 오늘날에 이르게 된 것도 사실 그것은 이상한 미로와 같은 것이라 할 수 있다. 한 손가락을 문질러도 妙光을 발할 때가 있는데 인정은 불가해한 심연이 되고 납을 던지는 것도 또한 영혼의 빛을 발할 수도 있는 것이다. 그대가 관찰한 新版図도 모두 이 속에 있는 것이다. 이 광대무변한 版図를 버리고 다른 砂丘로 향한 『바벨』탑을 쌓으려고 한다.

人性 · 인정의 관찰이라는 무한대의 과제를 버리고 「다른 砂丘로 향한

바벨탑을 쌓으려고 한다」라는 것은 분명히 透谷을 가리키고 있는 것이어서『관찰론』의 한 문장이 愛山, 透谷의 논쟁이 한창 진행이 될 때에 쓰여진 것으로부터도 알 수 있다. 그리고 透谷의 면모를 잘 나타내고 있는 유명한『내부생명론』은 이것이 계기가 되어 전개되어 졌다는 것은 다음을 보면 알 수 있다.

우리들에게 인정 이외로부터 벗어나서 바벨탑을 쌓으려는 사람이 되거나, 아니면 만일 인간의 근본이라 할 수 있는 생명을 찾아 나서거나 또는 평민의 도덕을 가르치거나 혹은 사회적 개량을 꾀하려는 자라도 바벨탑을 사구에 쌓는 것과 같은 것이다. 우리들도 또한 바벨탑을 쌓으려는 한 사람에 만족해야 할지도 모른다.

이와 같이 말하고 있는 것에 의해서도 명료하지만, 이것은 인간근본의 생명과도 관련되는 문제로서 평민적 도덕과 사회적 개량을 꾀하려고 하는 것이기 때문에 愛山, 蘇峰들이 이해하고 있는 것과 같은 탈속 풍류의 무리 등과는 비슷할 수가 없다고 해도 좋다. 이어서 透谷는 德川 시대에 있어서는 무엇보다도 인간생명에 가까이 한 것은 유교도덕이었던 것은 의심할 나위가 없지만 이것은 어디까지나 실제 도덕이기 때문에 인간생명을 다 가르쳤다고는 말할 수 없다. 따라서 이 시대의 문학은 인간생명의 근본을 우롱하는 것이라 할 수 있는데 그것은 대부분이 「비하한 인정」의 写実에 지나지 않았다. 그들은 육정적 애정 밖에 알지 못했는데 예를 들면 플라톤의 애정도 단테의 애정도 바이런의 애정 같은 것은 상상조차 할 수 없었다. 말하자면 「그들은 충효를 설파하고 있었는데 그러나 그들이 말하고 있는 충효는 충효의 교리가 있는 것뿐이어서 단지 충효가 있는 것에 대해 설명하는 것에 그쳤다. 오늘날의 僻論家들이 敕語를 이용하여 충효를 설파한 것과 그렇게 큰 차이가

없는 것과 같은 것이다. 그들은 인간 근본의 생명으로부터 충효를 설명
하였던 것이다」.

계속해서 다음과 같이 말하고 있다.

독자여 단지 우리들이 눈에 보이는 대상의 사업에 마음을 기울이지 말고 인
간 근본의 생명을 암색하는 것을 중요시 하는 것에 대해 책망하라. 독자여 우
리들 속에 혹은 유심적으로 편향되어 가는 것에 대해 혹은 万有的으로 편향되
어 가는 것에 대해 책망하라. 우리들은 인간 근본의 생명에 무게를 두려는 것
이다. 더구나 우리들이 자신의 不肖를 구애받지 않고 명치문학에 미미한 힘을
보태려고 하는 것은 이런 범위 속에 있는 것을 기억해야 하는 것이다.

8) 두 개의 문학유파에 대한 도전

인간근본의 생명 같은 것이 휴머니티의 자각을 의미하는 것이라는 것
은「종교의 고상한 사명을 띠는 것과 같이, 미술도 또한 고상한 사명을
띠는 것이다. 휴머니티는 그 유일한 목적이 된다」(『만물의 소리와 시
인』, 「평론」제 14호, 명치26.10.7)는 말로부터도 알 수 있듯이 이러한
휴머니티의 입장으로부터 「명치문학에 미력이나마 힘을 보태려고」 한
透谷의 사론은 대략 두 개의 방면으로 나누어 생각해 볼 수 있다.

하나는 「인간생명의 근본을 우롱하는 것」으로서의 德川시대 문학을
공격하는 것에 의해 그것의 부활이라 할 수 있는 硯友社 문학에 대한
도전이었다. 전 생명적인 소산으로서의 낭만적인 연애의 관념은 透谷에
의해 처음으로 확립되었는데 德川시대의 봉건적 문학의 이념을 육정적
애정 및 그것의 비인간적으로 세련된 것으로서의 「粹」라고 생각하여
여기에 연애의 이데를 대치하는 것에 의해 德川시대의 문학을 철저하게

비판한 것이 그의 방법이었다. 그리고 그것이 바로 尾崎紅葉들의 硯友社 문학에 대한 부정이었다고 할 수 있는 것은 『粹를 논하여 伽羅枕에 이른다』(명치25.2)이나 『伽羅枕 및 新葉末集』(「女学雑誌」제 308호 및 309호, 명치25.3.12)에 의해서 나타난 그 대로이다. 명치25년의 그의 일로서는 이러한 硯友社 문학의 비판이 가장 큰 의의를 지니는 것이라고 봐도 좋다. 그와 동시에 『厭世詩歌와 여성』(「女学雑誌」제 303호 및 305호, 명치25.2.6)에 보이고 있는 바와 같이 「想世界」와 「実世界」를 추상적이고 기계적으로 구별하여 「実世界」를 경시하여 살아있는 의미를 「想世界」에 발견해 내고 있는 것도 주지하는 대로이다.

두 번째에는 民友社的 문학관에 대한 비판이다. 이 경우 앞에 언급한 바와 같이 愛山과의 논쟁에 의해서 그 자신의 사상은 심화하여 갔고 현실화했다고 볼 수 있다. 그는 『인생과 함께 거니는 것은 무슨 까닭이냐』(『人生に相渉るとは何の謂ぞ』)에서 愛山을 반박한 이래 왕성한 평론활동을 보이고 있었는데 어떠한 형태이던 이 논쟁으로 연결되어 있다고 봐도 좋다. 적어도 자살 전 해의 명치26년의 1년간을 통하여 蘇峰, 愛山에 대한 대결이 최대의 관심사였다고 해도 좋다. 『厭世詩歌와 여성』에 있어서 「想世界」와 「実世界」의 대립과 같이 단순하게 한 결과, 지금까지의 추상적인 현실인식과 비교해보면 놀랄만한 깊이와 확실함을 보이고 있는 것은 알려진 바 그 대로이다.

9) 透谷의 『명치문학 管見』

특히 그것이 통일적으로 전개된 것이 『명치문학 管見』(「평론」제 1호부터 제 4호까지 연재, 명치26.4.8)일 것이다. 중절되어 있지만 이 한 편에 그의 문학관은 통일적으로 전개되고 있다. 국가조직 그 자체에 입각하여 정치와 윤리의 관계에 있어서 정신적인 자유의 근저로부터 일본 문학사를 비추어 내려고 한 목적과 방법의 근대적인 최초의 시도였을 뿐만 아니라, 현재에 있어서도 이것만큼 통일적으로 확실한 파악을 보이고 있는 것은 좀처럼 드문 일이 아닌가. (1) 쾌락과 실용 (2) 정신의 자유 (3) 변천의 시대 (4) 정치상의 변천이라는 구상에 의해서도 이것은 어느 정도 推察할 수 있다.

(1)에 있어서 쾌락과 실용이라는 것은 미의 결과이기도 하고 허용이기도 하지만 본체가 아닌 것은 분명하다. 우리들이 일본문학사를 연구함에 있어서 제일로 관찰해야 할 것은 어떠한 주의, 어떠한 비평안, 어떠한 이론이 주요한 지위를 차지하고 있는 가에 있다. 우리들은 불행하게도 世益主義, 勸懲主義, 目的主義 등이 언제나 주요한 지위를 차지하고 있었다. 문학이 실용과 오락에 의해 예속당하고 있는 것이다. 일본 문학이 오늘날까지 불쌍한 지위에 있었던 것은 당연하다고 봐도 좋다. 문학이 인생의 비평인 것은 명백하지만 그것 만으로서는 충분하지 않다. 「우리들이 문학을 연구하는 것은 단순히 인생의 비평만을 대상으로 하는 것이 아니고 시의 이치와 시의 미를 연구하는 것이다」라고 말하는 것이다. 오늘날 우리들의 문학비평이 자칫하면 인생론식으로 시종하고 있다는 것은 틀림없는 사실이라고 봐도 좋다. 문학을 공리주의로부터 해방시켜 인생 비평에까지 승화시키려고 한 透谷가 한편으로 문학 고유가 가지고 있는 그 원리를 간과해서는 안 된다는 것을 경고하고 있는 것은 당연한 것이라고는 하나, 당시로서는 전례가 없는 견식이라고 말해야 한다.

(2)에 있어서는 인생 본의라는 것은 「정신의 자유」에 있다는 것을 분

명히 하여 이것과 일본의 정치적 및 종교적 조직과의 관계를 고찰하고 있다. 어쨌든 일본문학과 국체와의 관계에 대해서 더욱 심도 있게 논해야 할 것이지만 지금은 단지 「일본의 정치적 조직은 한 사람의 자유를 허용한다고는 하나 衆人의 자유를 인정하지 않고 있고 더구나 일본의 종교적 조직은 주관적으로 정신의 자유를 허용한다고는 하나 社界와는 관계가 없는 인생에 있어서만이 이러한 자유를 향유하고 있을 뿐으로 공공의 자유라는 것은 이러한 것 위에 성립하는 것이라는 것을 말해 둘 뿐이다」라고 말하고 있다. 정신의 자유를 추구하여 발달해 온 평민적 사상은 끝내는 사상계의 대혁명을 불러일으켰다. 명치혁명은 무사의 劍鎗에 의해서 이루어 진 것처럼 보이지만 그 사실은 사상의 움직임에 의한 것이 적지 않았던 것이다. 명치문학은 이와 같은 대혁명에 동반하여 일어난 것이다. 정신의 자유를 추구하는 것은 人性의 대법칙이라고 할 수 있는 것이어서 최종 목표는 개인의 자유라 할 수 있다. 「일본 인민의 나아가려고 하는 희망, 오늘날에 있어서 구조직의 유물이라 할 수 있는 忠君愛国 등의 기로에 헤매고 있는 학자, 바라 건데 100년 뒤를 생각해 보라」라고 말하고 있는데 그것은 이 항목의 마지막 말이다.

(3)에 있어서는 지금은 변천의 시대이기도 하고 우리들은 서로 적대시하는 2대 조류가 거꾸로 돌아가는 속에 있다는 것을 논하고 있다. 2대 조류라는 것은 무엇인가. 그 하나는 「공공의 자유를 경험과 学理에 의해 확인하고 또한 파악하는 공화사상」인 것이고, 그 두 번째는 「최상층의 개인적 자유만을 허용해 주어 국가 공공의 독립자유를 알지 못하고 경험상으로도 학리상으로도 국가의 중심에 서서 활약해야 할 것을 알고는 있으면서도 각 개인의 자기 자신에게 각자가 자신이 중심인 것을 인식하지 못하고 있는 族長제도적 사상」을 말한다. 한 마디로 말하면 한 쪽은 서양사상이라 할 수 있고 다른 한 쪽은 동양사상이라 할 수

있는데 이 사상적 혼란 속에 국민을 이끌어 가는 것에는 福沢諭吉와 中村敬宇이라는 두 사람이 존재하고 있었다. 그 중에서 中村敬宇는 개혁이라기보다는 적용가라고 할 수 있는데 보수가이자 사상계의 위인이지만 그는 구세계와 신세계와의 기이한 조화를 유지하고 있는 것에 지나지 않았다.

최후에 (4)에 있어서 「민권이라는 이름으로 일어난 개인적 정신」은 구조직을 타파하고 구제도를 격파하지 않으면 만족할 수 없었다. 한편 국민의 자유를 보호해야 할 무기로서 언론집회 출판 등의 세력은 조금씩 증대하고 있었다. 명치정부는 연합체라기보다 단일체로 향하였는데 표면은 견고한 조직처럼 보이지만 그 내실은 극히 불안정한 국체였던 것에 대해 논하고 있다.

『명치문학管見』은 岩波版 透谷 전집에 의한 표제였는데 원래는 『日本文学史骨』이라 불리었고 그것 일부로서의 『명치문학管見』이었던 것처럼 일본문학의 역사적 전개를 고찰한다고 하는 기획이었던 것 같았다. 그러나 명치문학의 序説 정도의 선에서 중절하고 있는데 그것은 명치문학의 작가, 작품에 대한 구체적인 비평에까지는 이르지 못하였다. 그러나 전체적으로는 근대문학의 주체적인 기반과 조건을 명확히 한 점에 있어서 자유와 민권의 입장으로부터 문학과 근대적 윤리와의 결합을 추구하여 문학과 정치와의 내면적 근저적인 관련을 발견하려고 한 점에 있어서 획기적인 평론이라 할 수 있다. 일 년 정도 전에 『厭世詩歌와 여성』에 있어서 「想世界」와 「実世界」를 관념적 추상적으로 구별하고 있던 것과 비교해 보면 놀랄만한 진전이었고 심화라 할 수 있다. 이러한 움직임의 요인이 된 것이 愛山과의 논쟁이었고 民友社에 대한 비판이었다. 그것들을 통하여 民友社 본래의 입장인 자유민권의 이데가 透谷에 있어서 내면화되어 온 과정을 분명히 看取할 수 있다. 그는 16살로 大矢蒼海들과 자유민권운동에 참가하였는데 명치18년 소위 大阪사건에 있어서 수단, 방법을 가리지 않는 그들의 강행에 의문과 반발을 느끼고 정치운동으로부터 벗어났다. 명치20년 8월 21일 갑자기 기독교 신앙세계로 들어간 것이나, 石坂美那子와의 어려운 연애를 통하여 『厭世詩歌와 여성』의 무렵은 정치로부터 이탈의 역작용과 함께 「범신적 유심적」인 경향이 강화된 것이라고 보여진다. 그러나 愛山과의 논쟁을 계기로 民友社와의 대결에 의해 정치와 문학의 문제가 급속히 내면화되고 주체화되기에 이르렀던 것이다.

소위 大逆事件의 전 해 명치42년 11월 『간간히 마음에 떠오르는 느낌과 회상』(『きれぎれ心に浮かんだ感じと回想』) 속에서 다음과 같이 그는 말하고 있다.

자연주의자는 아무런 이상도 해결도 요구하지 않고 있는 그대로 보기 때문에 만일 추호도 국가의 존재와 저촉하지 않는다면 소위 구도덕의 허위에 대해 싸워 온 용감한 싸움도 결국 똑같은 이유로 인해 명분 없는 싸움과 같지 않겠는가. 종래 및 현재의 세계를 관찰함에 있어서 도덕의 성질 및 발달을 국가라는 조직으로부터 분리하여 생각하는 것은 대단히 명백한 오류라 할 수 있다. — 그것은 오히려 일본인에게 가장 어울리는 특유의 비겁함이라 할 수 있다.

이와 같이 石川啄木는 쓰고 있지만 도덕과 국가 조직의 관계에 대해서 문학가로서의 발언은 당시로서도 눈에 띄는 통찰이라 볼 수 있지만 透谷는 이미 16년 전에 이것보다 좀 더 내면화된 형태로 발언하고 있었던 것이다.

『偶思録』(「評論」제 7호, 명치26.7.1)의 「政事와 문학」이라는 항목에 「바라건대 문단에 뜻이 있는 사람으로 하여금 무엇이 왜 오늘날의 문학이 이와 같은 政事와 멀어지게 되었느냐, 그 역사적 경향은 어떻게

되었고 그 특성에 있어서 政事와 함께 협조하지 않은 것은 무엇이었더
냐, 그 밖의 것을 연구하여 서서히 政事와 문학을 서로 접근하게 만드
는 방법을 의논하게 이르렀던 것」이라 하고 있는데 그는 『국민과 사
상』(「評論」제 8호, 명치26.7.15)에서 국민의 일치적 활동을 요망하여
다음과 같이 논하고 있다.

　　국민의 생명을 보증한다는 것은 실로 그 제도에 있어서 능히 국민의 마음을
일치하게 만드는 무대가 존재하는지 아닌지에 달려 있다. 무엇에 의해 국민에
게 심성상의 결합을 느끼게 해주느냐. 또는 어떠한 주의에 의해 이러한 목적에
부합하느냐. 어떠한 신조에 의해 이러한 목적에 부합하도록 하느냐. 우리들은
말보다도 실천을 가지고 무엇보다도 많은 평등을 가르치는 것, 무엇보다도 많
은 최다수의 행복을 꾀할 것, 무엇보다도 많은 휴머니티를 발육할 것, 무엇보다
도 많은 인간의 운명을 보일 것, 즉 이런 목적에 부합되는 것이 많아야 한다.
이와 같이 나는 개인주의의 신자이고 데모크라시의 경애자인 것이다.

10) 인생 相涉의 주장

　　이상 透谷의 문학관을 고찰하여 봤는데 『인생과 함께 거니는 것은
무슨 까닭이냐』(『人生に相涉るとは何の謂ぞ』)에서 그는 愛山流 또는
民友社流의 인생과 함께 걸어가는 방식에 대해 공격한 것이다. 이것은
역으로 말하면 진실로 본질적인 의미에서 인생과 함께 거닐어야 하는
것에 대한 주장일 수밖에 없었던 것을 알 수 있다. 그러하기 때문에
『명치문학 管見』에 있어서 「문학이 인생과 함께 거닐게 된 것은 비록
몇 사람에 불과하다하더라도 이것을 의심해서는 안 된다」라고 명언하여
다음과 같이 계속 말하고 있다.

    문학이 인생과 함께 거닐게 된다는 것은 너무나도 이것을 믿는다는 것을 말한다. 아마 천지간에 문학은 인생과 함께 거닐어야 하는 것이라고 말하는 愚人은 없을 것이다. 내가 힐난하는 것은 (1) 세상에 이익이 되는 것을 목적으로 하고 (2) 영웅의 칼을 휘두르는 것처럼 (3) 빈 공간에 있는 공간을 파고드는 것처럼 하여 어떤 대상을 보고 (4) 華文妙辞를 뿌리치고 인생과 함께 거닐지 않을 수 없다고 논단한 것에 대해 힐난한다.

    그렇기 때문에 『인생의 의의』(「文学界」제 5호, 명치26.5.31)에서는 『인생과 함께 거니는 것은 무슨 까닭이냐』(『人生に相渉るとは何の謂ぞ』) 속에서 사용되고 있는 인생이라는 말은 愛山이 『頼襄論』에서 사용하고 있는 의미 그대로여서 人性이라든가, 인정이라든가, 생명이라든가 영어의 life에 상당하는 본래의 의미를 가지고 사용된 것이 아닌가 라고 말하고 있다. 당시 愛山에게 이 말의 진정한 의미를 물었던 바 愛山은 사실이라는 뜻을 내포한 것이라고 대답했다고 한다. 즉 愛山이 사용하였던 인생이라는 개념은 인간 현존의 모습이라는 의미여서 인성이라든가 생명이라는 의미와는 상관없는 것이라는 것을 알 수 있다는 것이다. 실용 공리적인 의미에서 도움이 되도록 문학이 인생과 함께 거니는 것을 透谷는 거부한 것이었기 때문에 문학이라는 근저적이고 생명적인 의미에서 인생과 함께 거니는 것이 아니면 안 된다는 것이 그의 주장이었다. 인생에 대해서 본질적인 의미에서 함께 거니는 방식이 부족하다는 점에서 그는 紅葉, 露伴에게도 蘇峰, 愛山에게도 巌本善治에게도 불만이었던 것이다.

    透谷의 문학관이 愛山과의 논쟁을 계기로 하였던 民友社와의 대결을 통하여 급속히 심화해갔던 것, 논쟁 이전과 이후에서는 그가 쓴 것이 분명히 잘못되어 있다는 것, 그 이후의 모든 그의 所論을 통하여 이러한 대결의식이 나타나지는 것, 명치26년에 있어서 그의 왕성한 비평활동을 재촉한 것이 이러한 대결의식이었다는 것은 이미 언급한 대로이다.

그러나 愛山에게 있어서는 이러한 논쟁이 조금의 변화도 가지고 오지 못했던 것이다. 蘇峰에 대해서는 더 말할 나위도 없다. 논쟁의 계기가 된 愛山의 『賴襄論』 그 자체에 대해서는 透谷는 한마디도 비평을 더하려고 하지 않았다. 冒頭의 몇 행에 보인 愛山의 문학관이 오직 문제였던 것은 처음에 서술한 대로이다. 이것은 透谷 자신이 그것에 대해 확실히 쓰고 있다.

나는 愛山군의 『賴襄論』에 대해 비평한 것에 두고 있는 것이 아니고 愛山군이 賴襄을 논하는 것에 대해 표준으로 하여 이르게 되는 모든 다른 문사에 대해 논하는 것의 표준으로 하여 그 사업을 취하려는 것에 대해 이상하게 생각할 뿐이다. 나는 이러한 점에 있어서 나의 논지를 분명히 하기 위해 西行도 워즈워드도 芭蕉도 그려내어 증인으로 사용하였다. 蘇峰선생이 『熱海 소식』 속에 賴襄의 비평이 예리하다는 것, 즉 비평주의 활동이 예리하다는 것을 말하는 것을 들었을 때 나도 동감이라고 생각하여 종래보다도 山陽를 무겁게 보게 되었다. 나는 명백히 이렇게 말을 하고 더구나 이렇게 말하는 것에 아무런 거리낌이 없었다. 그러나 내가 前文은 賴襄 자신과는 아무런 관계가 없다는 것에 대해 기억하게 하라. 『賴襄論』 서두 몇 행이 재미없다고 하여 즉 사업을 표준으로 하여 문장을 논하는 것이 아니라고 생각하기 때문에 그와 같이는 논하지 않는 것이다. (『賎事業弁』, 「文学界」제 5호, 명치26.5.31)

이와 같이 透谷가 愛山의 『賴襄論』 그 자체의 비평에까지 접근하지 않았던 것은 愛山을 위해서도 유감이라고 보여지지만 이것은 상호간의 우정의 결과였음에 틀림없다. 「賴襄論의 저자는 내가 경애하는 선배이고 논의는 다르겠지만 나는 과거에 있어서도 오늘날에 있어서도 저자를 경애하는 점에 있어서는 한 점의 차이도 없는 것이다. 단 구두의 싸움이 펜의 싸움이 되었을 뿐이다」라고 『인생의 의의』 속에서 두 사람이 우정에 언급하고 있다. 勝本清一郎에 의하면 愛山도 명치26년 4월 30일 「三籟」제 2호에 수록된 愛山이 松村介石, 戶川殘花들에게 보낸 開書 속에서 「소생은 透谷씨와는 2년여의 교제, 오랫동안 서로 간에 마음 속의 일도 나눌 수 있는 속에서 씨를 경복하는 바가 크다」라고 서술하면서 동시에 또한 「혼자 이상하게 생각하는 부분이 있다. 지금의 기독교 문학계, 인물을 논하면 西行, 文覚, 兼好, 阿仏尼, 利休, 눈물 짓는 사람이든 천지의 사람이든 어쨌든 평민적 도덕에 있어서 모범과는 인연이 먼 사람들만 인용된 것 같다. 이러한 것은 과연 무엇 때문일까」라고 透谷 및 「文学界」 일파가 가지고 있는 한 면의 약점을 찔렀다고 볼 수 있다. 이것에 대해서 透谷는 『賤事業弁』에 계속해서 「愛山군이 三籟에게 주어 암암리에 우리들을 책망하는 서간 속에 우리들이 때때로 西行, 芭蕉의 이름을 인용하는 것에 대해 이상하다고 생각하는 것은 당연하다. 그렇지만 우리들은 참다운 의미에서 일본의 시인으로서는 우선 그들에게 승복하는 사람이다. 우리들은 언제까지나 西行, 芭蕉의 이름을 되풀이 해서는 안 될 것이다. 따라서 문학사상에 있어서 白石, 山陽들의 문학상의 가치에 대해 논하는 마음이 생긴다면 이 일에 대해서 안심하실 것을 바라는 바이다」라고 미리 양해를 구하고 있는 것이다.

따라서 사실 透谷는 이후 두 번 다시 西行, 芭蕉의 이름을 되풀이 하지 않았기도 하고 愛山이 지적한 그들의 로맨티시즘이 내재하고 있던 일면의 약점이 어떤 식으로 극복되었는지에 대해서는 지금까지 고찰하여 온 그 대로이지만 白石, 山陽의 문학적 가치에 대해서는 끝내 논급하는 일이 없었다. 아마 透谷에 대해서 그 우정은 별도로 하더라도 이러한 실제적인 인물에는 관심을 기울이지 않았던 것이다.

11) 愛山의 『英雄論』

愛山에는 『賴襄論』를 비롯하여 萩生徂徠, 新井白石, 源賴朝, 足利尊氏, 德川家康, 西鄕隆盛 등의 다양한 論이 있지만 그가 이들의 영웅 걸사에 대해서 논한 것은 물론 어떤 의도한 바가 있었다. 일찍이 『英雄論』(「女学雑誌」제 247호, 명치24.1)에서 그는 다음과 같이 쓰고 있다.

> 스타인 선생이 감복한 것은 민법이 예를 들면 코드·나폴레옹에게 이기는 것도, 국회가 개설되어서도, 철도는 그물망처럼 걸쳐져 있어도 이것을 이용하는 정치가, 실업가는 여전히 봉건시대의 영주와 같다는 것이다. 고용한 상인이라면 헌법이 왜 필요한가. 철도도 왜 필요한가. (중략) 나는 그런 것을 믿지 않는다. 오늘날에 있어서 우리들의 문명이 유효하고 활기 있게 영속적으로 의미있게 되는 것은 現時와 관련되는 물질적 개화의 建造와 함께 고상한 정신적 개화의 建造에 우리들은 보조를 맞추어야 할 것이다. 게다가 이것을 다른 말로 바꾸면 기계적인 사업으로 이것이 사용되어야 할 인물양성에 향해야 한다는 것이다. 오늘날에 있어서 가장 시급한 임무는 실로 이 한 점에 있다고 할 수 있다.

즉 헌법, 국회, 철도 등은 정비되었다고 할 수 있어도 이것들을 「이용하는 정치가, 실업가」 등 새로운 시대의 지도자가 될 인물을 양성하는 것이 오늘날에 있어서 급선무라고 하는 것이다. 그리고 인물양성에는 법률제도에 의해 인심의 개조를 꾀하든가, 교육에 의한 방책이 생각되어야 하겠지만 이러한 곳에 한 가지의 방법이 있다. 영웅을 이용하여 영웅을 만들어내는 즉 영웅이 가지고 있는 감화력을 이용하는 것이 최상의 방책이라는 것이다. 영웅이라는 것은 누구인가. 그는 이곳에서 갑자기 예수 그리스도를 끄집어내고 있다. 「우리들은 확고한 믿음에 의해 예수 그리스도의 인품은 진실로 세계의 師範으로서 숭앙하기에 부족함이 없다는 것을 감히 말하고자」 한다는 것이다.

그리스도를 이와 같이 끄집어내는 방식은 신앙과는 너무나도 거리가 먼 것이라 할 수 있는데 말하자면 그리스도도 실용화해 보려고 하는 의도이어서 소위 透谷와 같은 자기 내심의 요구와는 근본적으로 다른 것이다. 신시대에 어울리는 지도자의 양성에 관한 주장이라고 할 수 있는 요컨대 経国済民의 방책인 것이다.

명치25, 26년 무렵 築地 三原橋教会에서 행한 것이라고 보여지는 『국가의 기초』라는 제목이 붙은 愛山의 연설 초고는 「매년 天長節에 가장 가까운 일요일에 尊王愛国에 대해 말하는 것은 일본인 기독교도로서 일본인들의 입장에 맞추어야 할 것이다」라는 서문에서 「諸君이 여호와의 백성이라는 것은 諸君들을 위해서 도움이 될 것이다. 실로 이것은 국가의 기초를 단단히 하기 위한 것이다. 우리 황실의 만세를 위해서이다」라고 맺고 있다. 「여호와의 백성」이라는 것은 말하자면 「尊王愛国」을 위한 것이라는 것이다. 愛山에게 있어서 그리스도는 頼襄와 다를 바가 없었다.

12) 민권론자로부터 제국주의자로

『頼襄論』 속에서 愛山은 「時勢와 사정의 두 개라는 것은 항상 그의 입론에 있어서 근거가 되었다」라고 단언하고 있는데 「추측컨데 그는 安政・文久 때에 일어났던 혁명도 결코 순연한 왕정복고론을 주창한 것이 아니었다고 보고 있다. 반드시 島津斉彬씨 일파의 견해와 같이 우선 公武合体論을 형성하여 좋은 시기를 보내기 위한 것에 지나지 않는다」라고 말하고 있다. 이것은 어쩌면 愛山 자신에게 말하는 것이라고 봐도 좋다. 말하자면 그의 입론의 근거는 「時勢와 事情의 두 개」일 수밖에 없었다.

과연 透谷와의 논쟁이 있은 이후 10년이 지난 명치36년에 그는 時勢의 변화에 부응하여 종래의 所說을 일전시킬 수밖에 없는 것을 언명하고 있다.

> 나는 항상 국가의 존재가 오늘날만큼 큰 문제가 되지 않는 옛날에는 선배에 따라 개인의 자유를 위한 논전에 있어서 한 병졸이 되기도 하였다. 지금은 세계의 운명이 급전직하하여 국가의 존재가 옛날보다 훨씬 절박한 문제로 변하였다. 나는 時勢의 변화와 함께 그 論步를 一轉하지 않을 수 없었다. (『내가 소위 제국주의』, 「독립평론」, 명치36.2)

이전에 蘇峰를 모방하여 「개인의 자유를 위한 논전에 있어서 한 병졸」이었다고 자칭하였던 愛山은 스스로 제국주의자라고 칭하면서 러일전쟁을 주창하고 군비의 충실을 기할 것을 주장하기에 이르렀다. 명치30년에는 『일본 역사에 있어서 인권발달의 흔적』을 저술하였는데 「어떠한 시대에도 인권을 짓밟는 정부는 하루도 그 명맥을 유지해야 할 이유를 가질 수 없다」라고 갈파하면서 민권론자로서의 일면을 남겼던 것이다. 그는 천황제하의 제국주의의 적극적인 지지자로 변했던 것이다. 그리고 이러한 곳까지 도달할 수 있었던 조짐이 이미 『賴襄을 논한다』라는 저술의 서두 몇 행이 암시하고 있었던 것이다.

岩野泡鳴은 『人物月旦』이라는 문장 속에서 愛山에 대해서 다음과 같이 말하고 있다.

그는 언제나 시대의 추이와 진보에 뒤떨어져 왔다. 예를 들면 염세시인이었던 北村透谷의 『인생과 함께 거니는 것은 무슨 까닭이냐』(『人生に相渉るとは何の謂ぞ』)에 대한 논박과 같은 문장은 그 당시 유명하였기도 했고 또한 그 예리한 문장 때문에 透谷는 자살하여 죽은 것이라고도 볼 수 있다. 그러나 愛山씨의 対 透谷 낙천주의에 관한 것은 새로운 맛을 느낄 수 없었다. 단지 오래된 옛날 사람들의 의견을 진열할 뿐이어서 일본 사상계에 새로운 싹이 나오려고 하는 것도 짓밟았던 것이었다.

이것은 너무나도 岩野泡鳴다운 말투로 볼 수 있는데 반쯤은 맞고 반쯤은 틀리고 있다. 愛山의 예리한 문장 때문에 透谷가 자살했다고 하는 것은 지나친 의견이라 할 수 있다. 단지 愛山과의 논쟁이 透谷를 透谷답게 한 것은 틀림없는 사실이다. 愛山을 愛山답게 만든 사회 속에서 너무나도 순수하게 살려고 한 로맨티스트들은 자멸할 수밖에 없었는지도 모른다.

이상과 같은 고찰을 다시 한 번 간략하게 정리하면 다음과 같다. 山路愛山이 『頼襄을 논한다』(「国民之友」 명치26.1)에서 「문장 즉 사업이다」라고 서술하고 있다. 이것은 「화려한 말, 美妙한 문장, 몇 백 권을 통해서 천지간에 머물 수 있다는 것도 인생과 함께 거닐어 가지 않으면 그것도 또한 공간 속의 빈 공간일 뿐이다」라고 설명하고 있는 문학효용론에 반발하여 北村透谷가 『인생과 함께 거니는 것은 무슨 까닭이냐』(『人生に相渉るとは何の謂ぞ』)(「文学界」 명치26.2)라는 표제 하에 문학 하율에 대해 개진한 것이다. 말하자면 문장은 곧 사업이기 때문에 인생과 함께 거니지 않으면 빈 공간 속의 공간이라고 愛山이 말하고 있는 인생과 함께 거닌다는 것은 무엇인가를 되묻는 것으로부터 논쟁이 시작이 되었는데 그것을 人生相渉論争이라고 말하게 되었다. 당대의 「緻巧細弱인 문학」을 「화려한 말, 美妙한 문장」이라고 강하게

비판한 곳에 愛山의 모티브가 있었다. 透谷은 이러한 것에 대해 이해를 보내면서도 문학이 인생과 함께 걸어간다는 방식에 대해 문제를 삼았던 것이다. 즉 사업이라고 지칭할 경우 무슨 사업인가 되묻고 싶었던 것이다. 「美妙한 자연」의 세계, 즉 빈 공간, 虛, 想이라고 한 말로 표현되고 있는 문학세계를 透谷는 강하게 주장하였던 것이다. 愛山은 이것에 대해 반론하면서 사업을 「볼만한 事功」, 「세상에 거니다」라는 것은 물질적으로 세상에 거니는 의미로 받아들였던 것에 대한 잘못이라고 지적하고 문학은 어디까지나 정신의 사업이라고 주장하였다. 말하자면 그것은 화려한 문장, 교묘한 말이라는 식의 문학관에 대하여 자신의 문학상을 愛山이 제시했다고 말할 수 있다. 透谷도 또한 역사적인 검토를 통하여 자신의 문학상을 확립하려고 했다. 여기에는 근세문학을 실용과 쾌락의 분열로 파악하여 그것을 근거로 하면서 근대문학의 본질을 탐구하려고 하였다. 透谷는 문예라는 말을 사용하여 그것이 종교나 철학과도 다른 차원에서 생명을 포착하려고 한 것이라고 말하고 있다. 시대를 초월한 문학파악을 보이고 있다. 人生相涉論争은 이러한 과정을 통하여 문학과 현실과의 상관관계에 관한 문제, 사상과 동의어가 될 수 없는 문학만이 가지고 있는 독자성의 인식에까지 도달했다고 볼 수 있다.

愛山은 사업이라는 것은 「정신계의 사업」이라고 반론하면서 「女学雜誌」 일파의 초월성과 유심적 경향에 대해 힐난했다. 透谷도 논쟁에 개입해 온 德富蘇峰의 문학계파에 대해 고답파라고 힐난하면서 반론하였다. 그는 영혼계를 쫓아 「내부생명」에 자신의 문학 입각지에 두고 추구했다. 논쟁은 透谷들의 文学界파, 蘇峰·愛山들의 民友社파 뿐만 아니라 기독교계에도 파급하여 갔는데 그것들의 대부분은 문학계파가 가지고 있는 범신성에 대해 지탄을 가하였다. 이러한 것은 대략 문학과 사업, 문학과 정치, 문학의 자율, 문학과 종교 등 많은 문제를 포함하고 있어서 후대에 많은 영향을 끼쳤다.

北村透谷만큼 자기의 실감을 말하고 시대의 상징이 된 논자는 많지 않을 것이다. 실감을 고집하는 것이라면 正宗白鳥, 広津和郎 등을 상기하여도 좋겠지만 그들에게는 透谷만큼의 사회성은 많지 않았다. 예를 들면 『인생과 함께 거니는 것은 무슨 까닭이냐』(『人生に相涉るとは何の謂ぞ』)라는 것은 透谷의 주체성 확보임과 동시에 명치라는 시대, 혹은 근대일본에 있어서 주체성 추구의 한 표상이 되었던 것이다. 친구 山路愛山이 사업을 말하면서 人生相涉의 문학활동에 대해 거론했을 때 이러한 것은 민권운동 이탈, 内界論, 주체론을 전개하기 시작하고 있던 透谷의 감각에 크게 영향을 끼쳤다. 이것은 정치중심주의자였던 친구 大矢正夫를 잃게 만들었고 무엇보다도 자신의 정체성을 잃게 만들었기 때문이다.

정부의 탄압과 함께 운동이 내포하고 있는 비인간성에 항거한 透谷에 있어서 어떻게 하면 자신의 정체성을 확보할 수 있는가는 자신생애에 있어서 최대의 대사업이었다. 愛山도 透谷도 명치문학사, 사상사를 편술하는 것에 의해 그것의 正否를 물으려고 했다. 그리고 기이하게도 똑같은 지평에서 두 사람 함께 그것을 중절하면서 끝난다. 그 이유는 愛山에게는 훗날의 中野重治들이 말하는 속물로서 간단히 정리할 수 없는 내면이 있었고 透谷에게는 자책이 있었기 때문이었다. 그리고 透谷로 하여금 절망에 빠지게 한 것은 『静思余録』(명치26.5) 등의 저자로서 자신에게 이해를 보였던 德富蘇峰의 배신이었다.

그러나 일반인들의 예상과는 달리 文学界派와 民友社派는 분립하였고 또한 문학계의 고답은 폄하되어 간다. 透谷 및 透谷 시대의 비극의 시작이라 볼 수 있다. 보다 올바른 논의는 蘇峰와 주고받아야 했을지도 모른다. 그러나 이러한 사항을 透谷의 문학을 보다 예리하게 만들었다.

透谷는 내계를 쫓아 정신적인 자유와 자립을 추구하여 인간 근본의 생명을 파악하여 갔다. 透谷에게는 지금도 근대 사실주의 이론의 결여를 한탄하는 생각은 강하게 남아있는 것도 사실이다. 그러나 透谷의 내계는 그러한 것들을 초월하면서 더욱 심화되어갔다.

일본근세문학에 있어서 쾌락의 문학과 실용의 문학의 분열에 대해서 많은 지적이 있지만 그 분열을 극복하는 것으로부터 일본근대문학을 이미지화하려고 하는 탁월한 문학사상을 透谷는 보이고 있었던 것이다. 쾌락과 실용이라는 것은 문학의 양축이라 할 수 있지만 그 본체는 아니라고 주장하고 있다. 그 양축을 형성하는 문학의 본체, 미의 본체를 정신적인 자유에 의해 국민 내부의 생명인 사상으로 그것을 추구하려고 하는 것인데 그것은 쾌락, 실용의 극복을 겨냥한 것이었다. 문학=사업에 관한 문제를 근세문학으로부터 근대문학으로라는 역사적 문맥 속에서 재음미하려고 했다고 봐도 좋다. 이러한 곳에 愛山과 결정적으로 차이가 나는 근대문학상 수립에 관한 방향이 제시되고 있다고 말할 수 있다. 인간의 정신, 평민적 사상을 중심에 두는 것에서 바라볼 때는 愛山과 똑같이 보이기도 하지만 국민 내부의 생명인 사상이라고 말할 수 있는 형이상학적, 생명적인 깊이에 도달하고 있는데 그러한 것은 높은 허상의 존재가 가져온 것이라고 할 수 있다.

이러한 透谷像은 「文学界」 동인들도 인식하지 못했다고 할 수 있는데 愛山도 透谷의 문학상을 이해하였다고는 말할 수 없다. 愛山은 물론이고 당시는 「文学界」파의 하나의 경향으로 받아들였던 것이다. 透谷는 実에 대해서 想을 강조하고 있었는데 愛山이 이루지 못했던 새로운 근대문학상을 透谷가 제시하려고 한 업적에 대해서는 결코 잊어서는 안 된다.

透谷・愛山이 논쟁한 것에 의해 당대의 「緻巧細弱한 문학」을 어떻게 극복하는가 하는 문제가 분명하게 되면서 그것에 의해 거기까지 중절되었던 어쨌든 간에 透谷는 일본근세문학을 극복할 수 있는 근대문학상을 제시하려고 시도하였던 것은 틀림없다.

문학의 자율성에 관한 주장이라고도 말할 수 있겠지만 그것을 자율적 문학관과 공리적 문학관과의 대립이라는 식으로 단순화해 버린다면 문학논쟁이라는 것이 문학사를 다시 탄생시킬 수 있는 본질적인 의미도 소멸되어 버릴 우려가 있다는 것이다. 人生相涉論争은 무엇보다도 새로운 일본근대문학상에로 향하는 하나의 영위로서 받아들여야 할 것이라고 생각되어지고 또한 오늘날도 이러한 과제추구에 관한 자세를 잊어버리지 않는 것이 이 논쟁의 수확을 보다 의미 있게 할 수 있을 것이다.

8 田山花袋의 『蒲団』 논쟁

명치36년 10월의 尾崎紅葉의 죽음을 계기로 하여 硯友社의 문단의 붕괴가 일어났다.

紅葉, 樗牛 내지 乙羽의 죽음이 얼마나 문단의 공기의 疏通을 원활하게 했는지는 아마 당시의 모두가 암암리에 느끼고 있었던 바이기도 했을 것이라고 생각된다. 紅葉의 죽음은 (중략) 당을 만들고 閥을 형성하여 일대 조합의 세력을 만드는 것에는 크게 기여하였다고 본다. 게다가 사제 간의 관계가 견고한 것이라든가 도움을 주면 그 대신에 은혜도 반드시 받아야 된다는 식의 옛날 풍의 관습이라든가 그러한 것으로부터 자유스럽게 해방되는 것에는 크게 기여하였다고 본다. 그의 사후는 비교적 사람의 얼굴을 보고 그 사물에 관해 직접 말하거나, 또한 칭찬하고 싶지 않을 때는 칭찬하지 않아도 그만이었다. 자신이 생각한 것은 마음대로 말해도 아무런 문제가 되지 않는 분위기가 저절로 형성되었다. (田山花袋, 『근대의 소설』)

「島崎군의 『破戒』가 나와서 대단한 갈채를 얻었고 国木田군의 『独歩集』도 겨우 문단으로부터 인정받게 되어 再版 3판이 활황을 이루었다」(『동경의 30년』), 独歩의 「이제 우리들 시대가 온 것 같다」라고 자랑스러운 듯이 말하는 시대가 도래되었다. 花袋도 「개인주의가 깊게 마음 속으로부터 싹 터왔다」, 「우주에 우리들만이 유일한 사람이고, 공동은 타협이라는 마음과 보통의 지혜를 강요하게 만든 결과 모든 것을 사라져버리게 만드는 새로운 사조나 내지는 자연주의적 사조」에 강하게 마음이 이끌려 『노골적인 묘사』(「太陽」 명치37.2)에서 「어떤 일도 감추지 않는 대담한 노골적인 묘사」를 주창하면서 자연주의적 입장을 분명히 하였다. 이어서 그는 러일전쟁 종군 후의 명치39년 3월에는 「文章世界」의 주임이 되었고 이윽고 자연주의 운동의 선두에 서게 되었다. 12월에는 東京市 代々木 산 중턱에 새로운 집을 짓는 등 그 생활은 내외 공히 능동적으로 변하면서 활기를 띠었다. 그러한 태도는 작품에도 반영되어 나타나게 되는데 명치40년 5월의 『少女病』(「太陽」)에는 자신을 모델로 삼아 언제까지나 소녀에 대한 공상적 동경으로부터 벗어나지 못하는 중년문사를 희화화하여 그리고 있다. 이것은 자신의 센티멘탈리즘을 비판하고 있는데 正宗白鳥로부터는 「마음껏 파고들어 쓰고 있다」(「早稲田文学」 명치40.10)라는 평을 듣고 있었는데 그러나 작가로서는 아직 일반에게 알려진 편은 아니었다. 그러한 관계로 친구들로부터 「혼자 남겨진 듯한 기분」, 「반은 실망하고 반은 초조했다」는 관계가 형성되기도 하였다. 이러한 어느 날 花袋가 근무하고 있던 「博文館의 응접실에 YK군이 와서 9월의 「新小説」에 꼭 권두의 소설을 한 편 써달라는 것이었다. 종이 매수로는 120매 내외」(『동경 30년』), 「써보자」라고 결심하고는 그것에 응답한 花袋는 「이번에야말로 전력을 투구해야만」 한다고 생각하여 博文館에 왕복하는 도중에 때마침 내리는 장마 비 때문에 흙투성이가 된 교회 길을 장화 신을 신고 걸으면서 「제작에 관하여 너무나도 심각하게 고민하고 있었던 것이다. 따라서 무엇이라도 좋다. 이것이 아니라도 좋다. 이런 식으로 생각하다가 지우고 또 생각하곤 했다」.

마침 그 무렵 나의 머리에 크게 스쳐갔던 것은 게르하르트·하우프트만의 『Einsame Menschen』이라는 작품이었다. 이 작품의 주인공인 호케라트의 고독은 나의 고독과 같다는 기분이 들었다. 그 중에서 가정의 문제도 사업의 문제도 지금까지와는 다른 뭔가 새로운 길을 개척해야만 했다. 다행히 나는 외국 — 특히 유럽의 신사조를 많은 독서량으로부터 체득해왔다. 가령 톨스토이, 입센, 스트린드베르, 니체 이러한 사람들의 사상에도 세기말의 고난이 가감 없이 나타나고 있는 것을 느꼈다. 나도 괴로운 길을 걸어가야겠다고 생각했다. 세상의 두터운 벽과 투쟁함과 동시에 자기 자신에 대해서도 용감하게 싸우려고 생각했다. 이렇게 해서 숨겨둔 것을 타개해 보려는 것, 또는 그것이 발전하여 자신의 정신도 파괴되어질 것이라고 생각하는 것, 그러한 것을 묘사해 보려고 생각했다.

나는 2, 3년 전 — 러일전쟁이 시작되던 해의 봄부터 괴로움을 안고 있던 안나·마르에 대해 쓰려고 결심했다. (중략) 내가 구상하고 있던 안나·마르는 그 때 고향의 산 속에 체재하고 있었다. 나는 전 해 가을에 여행하는 도중에 그 곳을 방문했다. 나의 마음속에 있는 그녀의 그림자는 점점 커져만 갔다. 쓸까. 만일 쓴다면 그녀에 대한 사랑을 완전히 버릴 것을 각오해야 했다. 쓰지 말까. 그리고 사랑의 시기가 오기를 기다릴까. 오랫동안 이 두 가지의 길에 방황하고 있었는데 「新小説」과의 약속기간과 함께 그리고 무언가 확실한 것을 내놓지 않고서는 안 되겠다는 초조함과 더불어 새로운 기운이 작동이 되면서 나에게 그것을 쓰게 만들도록 하였다. (『동경 30년』)

이러한 심경에 의해 『蒲団』은 쓰여진 것이다. 「그것은 7월 말이었다. (중략) 열흘만에 탈고했다. 무언가 좋은 느낌이 올 것 같은 기분이 들었다」라고 花袋 스스로도 말하고 있지만 이 작품이 일본 자연주의 문학의 흐름을 결정적으로 방향지울 정도의 큰 영향을 문단에 던졌던 것이다.

그 작품이 에포크 메이킹이라든가 자연주의에 관한 주장에서의 피와 살이라고 일컬어지면서 문단에서 주목의 대상이 되었다. 당시 반대 측에 서있던 「明星」에서는 반 조소적 반항적의 합평을 내기도 하였다. 「早稲田文学」의 합평에서는 호평이 좋았다. 吉井勇군이 로마자인가 뭔가로 매도에 가까운 시를 「明星」에 실었던 것도 그 많은 비평 중의 하나의 이색적인 비평이기도 했다. (『동경의 30년』)

「早稲田文学」은 명치41년 2월호의 권두에 새로이 개설된 「推讃之辞」에서 「그 해의 시작되던 곳에 과거 1년의 斯壇에 회고하면서 가장 큰 성취를 이루었다고 인정받는 각 부면의 문예의 문사들에 대해서 심심한 정을 바치고 칭찬의 의미를 보내려고 한다」라는 것을 전제하고 있었는데 그 곳에서 그는 다음과 같이 말하고 있다.

명치40년의 小説壇은 분명히 전 해 島崎藤村씨가 『破戒』 이후의 취향을 이어서 명치소설 발흥 이래 20년 동안의 부흥을 일변시키려는 취미상의 전환기와 같은 것이다. 우리들은 반드시 현재의 소설이 곧바로 금후에 문단을 지배할 것이라고 단정하는 것은 아니다. 지금 신파의 작품은 幾層도 세련되어야 할 것이고, 확충되어야 할 것이고, 통절화 되어야 할 것이고, 심오화 되어가야 할 것이다. 그렇지만 취미의 근본이라는 것은 바뀌지 않는다. (중략) 이 해의 소설 속에 여러 가지 의미가 있었는데 그 중 가장 새로운 풍을 발휘한 사람은 田山花袋씨의 『蒲団』이라 할 수 있다. 우리들은 씨의 작품이 가지고 있는 결점 약점이 한 두곳에 그치지 않는다는 것도 인정한다. 그러나 재작년의 소설단을 통하여 새로운 작풍의 모범을 보이고 있다는 것, 그러한 것이 작품에도 보이는 것이다. 즉 소설에 있어서는 花袋씨의 사업에 顕彰해야 하는 이유 중의 선두에 내세워야 할 것이다.

이와 같이 『蒲団』에 早稲田文学賞이라는 상을 포상하면서 찬사를 보내고 있다. 또한 이것보다 앞의 해 명치40년 10월의 「早稲田文学」
은 다음과 같이 말하고 있다.

　　『蒲団』은 9월의 「新小説」에 게재된 田山花袋씨의 작품으로 단편이라고는
하지만 78페이지나 되는 작품이다. 주인공의 이름은 竹中時雄라고 하는 34, 5
세의 문학자, 단조롭고 무의미한 사회생활, 자식이 셋이나 있는데다가 신혼의
쾌락도 끝나가는 무취미한 가정생활 -- 요컨대 생활의 피로, 권태, 불만에 힘들
어하고 있는 그는 때마침 자신을 사모하여 온 젊은 여제자를 사랑하는, 더구나
태어나서 처음으로 자의식 강하고, 만사에 뭔가에 몰입하지 못하는 그는 한편
으로는 성욕, 한편으로는 德義라는 모순 사이에 서서 더욱 격렬한 번민을 느낀
다. 주저한 끝에 결국 그 젊은 여제자마저 타인에게 빼앗기고 그것에 대해 질
투하고 괴로워하며 운다. -- 이것이 작품의 줄거리이지만 작자는 오히려 그들의
사건 결구에 무게를 두기보다도 주로 그 중년이 느끼는 사랑의 경로에 대해 심
리적으로 그리려고 하고 있다. 근래에 활황을 띠고 있는 자연파의 경향이 어느
정도까지는 나타나고 있다고 볼 수 있다. 이 파의 소설에는 여러 단편이 차지
하고 있는 양에 비하여 양적으로나 내용적으로나 뛰어난 데가 있는 것이다. 이
러한 것이 우리들이 합평을 기획한 까닭이다.

이와 같이 小栗風葉, 正宗白鳥, 德田秋声, 片上天弦, 水野葉舟, 松
原至文, 中村星湖, 相馬御風, 島村抱月들의 「『蒲団』합평」을 게재하
고 있다. 이 합평에서 片上天弦은 다음과 같이 말하고 있다.

　　이 작품에서 芳子와 주인공의 관계가 표면적으로 드러나게 된 것은 당연하
다 하더라도 주인공이 이전에는 분명히 사랑하였다고 볼 수 있는 부인에 대한
불만의 정, 그리고 주인공이 자신의 제자인 芳子에 대한 위험한 감정을 정당화
시키고 있는 부분에 관한 묘사가 거의 누락되어 있는 것이다. 다소의 설명부분
은 있다하더라도 그것은 극히 미약한 것이다. 중년 남성들이 공통적으로 가지
고 있는 불만족의 정이라는 것만 보더라도 주인공의 행동 또는 성격의 배경부
분의 묘사가 세밀하지 못하다는 것을 인정한다 하더라도 부인이 자신의 연인이

라는 식의 묘사부분은 도리어 기이하게 느껴진다. 황량한 생활이라는 작자의 양해가 있었던 것은 확실하지만 그 황량한 생활에 대해 구체적으로 작품상으로 그것을 느끼고 주인공과 함께 동감하기는 무리가 따른다. 따라서 그러한 것에서부터 오는 주인공 감정의 동요나 고민이라는 것이 아무래도 애매모호하고 추상적으로 느껴질 수밖에 없는 것이다.

이와 같이 주인공의 마음이 芳子에게 기울여져가는 필연성이 충분히 묘사되어 있지 못하다고 말하면서 이어서 다음과 같이 계속해간다.

　이 작품에 있어서 작자의 태도, 묘사의 방법에는 유감스러운 곳이 많다. 작자는 작중의 인물을 삼인칭에 의해 그리고 있으면서도 주인공을 표면에 내세워 그 밖의 인물·사건은 거의 주인공 눈에 의해 비치고 있고 주인공의 감정을 비춘 것으로 나타내고 있다. 형태상으로는 객관적 묘사 방식인데 작자의 태도는 주인공의 주관적 설화식이라는 방식에 의해 나타나고 있다. (중략) 이 작품의 톤을 형성하고 있는 주인공과 작자와의 사이에는 거의 거리감이 보이지 않는다. (중략) 작중의 인물 내지 사건에 대한 작자 자신의 실제의 감정, 현실적 흥미가 살아있는 채로 작품에 배어나오고 있다는 느낌이 든다. 그러한 실제의 감정 내지 현실적 흥미를 작자 자신으로부터 벗어나서 묘사하고 있는 것은 아니다. 따라서 객관화가 불충분하다는 것이다.

이와 같이 모든 인물·사건이 주인공의 눈 즉 작자의 주관, 현실적 흥미의 면에서만 그려지고 있는데 각각의 인물이 작자로부터 독립되지 못하고 있다. 그러한 묘사방법에 관한 결점, 창작태도에 관한 결함을 예리하게 지적한 비판 — 中村光夫의『風俗小説論』에 보이는『蒲団』비판의 원형 — 을 포함하고 있는데 특히 小栗風葉는「작자의 심적 이력 또는 정의 생애를 꾸밈없이 장식하지 않고 고백하고 발표한」진솔한 태도에 자신이 작가로서 가장 감명을 받았다고 서술하고 있다. 또한 島村抱月는 다음과 같이 말하고 있다.

이 한 편은 肉의 사람, 적나라한 인간의 대담한 참회록이다. 이 일면에 있어서는 명치에 소설이 존재한 이후 일찍이 二葉亭, 風葉, 藤村 등의 여러 작가에게 그러한 단서를 찾아보려고 하였던 것을 이 작품에 이르러 가장 명백히 또한 의식적으로 드러난 느낌이 든다. 美醜가 드러나지 않는 묘사가 한 발자국 나아가서 오직 추함을 그리는 것에 시종하였던 자연파의 일면은 유감없이 이 한편에 대표되어 진다고 볼 수 있다. 추함이라고 말하는 조항은 인간야성의 소리이기도 하다. 거기에 이성의 반면을 비추어 내어서 자의식적인 현대 성격의 견본을 正視함에 있어서 적나라하게 그것을 公衆에 보였던 것이다. 이것이 이 작품의 생명이기도 하고 또한 가치이기도 하다. (중략) 물론 지금까지 이러한 방면에 능숙하였던 작가가 앞에 들었던 신작가 중에도 이러한 방면에 붓을 들었던 사람이 없었던 것은 아니었다. 그러나 그러한 것은 대부분이 추한 것은 그려내었지만 마음을 그려낸 것은 아니었다. 『蒲団』의 작자는 이러한 작가들과는 달리 추한 마음을 그려내었고 다른 것을 그려내었던 것은 아니었다.

이와 같이 「세간에 대한 싸움임과 동시에 자신에 대한 싸움이라고 생각했다. 이렇게 한 것, 은폐하여 둔 것 이러한 것들을 밝혀내는 것이 자신의 정신마저도 파괴되는 것이 아닌가하고 생각되어지는 것 이러한 모든 것을 파헤쳐서 드러내 보이려고」 한 작자의 용감한 자기자신의 폭로, 소위 피부를 벗겨내는 고통을 감수하는 진지한 성실함을 지칭하는 것이다. 그와 동시에 「참기 어려운 인간의 야성의 소리」 ─「그 위력, 압박을 통절하게 생각해 낸 자연, 즉 물질의 힘, 인간 獸性의 압력」이 자의식적인 성격에 미치는 압박 그 자체를 내부로부터 끄집어 내는 것에 의해 그 제재가 가지고 있는 의미를 올바르게 파악할 수 있다는 것 등 「早稲田文学」에 실려 있는 합평은 비교적 그런대로 공평하게 『蒲団』을 취급하고 있다. 이러한 것은 이 작품의 시대적인 의의를 설명하는 것이다. 또한 抱月의 이 비평은 이윽고 일본자연주의가 자아의 존중, 개인의 해방과 인간본능의 긍정으로 연결되는 고백소설에로 경사해 간

것을 시사한 비평으로서 주목할 만하다.

　이와 같은 「早稲田文学」에 대해서 「明星」은 「未歳 제 10호」(명치 40.10)에 太田正雄, 平出修, 与謝野寛들의 비평을 실었다. 그 중에서 太田正雄는 「藤村의 작품이 취급하고 있는 문제는 그 외의 작자들이 사용하고 있는 자연인생에 대한 습관적이고 상투적인 감상 등이 없어서 깨끗하면서 유쾌했다」라고 말하고 있기도 하고 또한 그는 「주인공인 현대 소설가의 일상생활에 대한 심리가 대단히 교묘하게 나타나 있다」라고 기록하고 있다. 그는 우선 당장은 감동을 받았지만 제재가 가지는 의미나 주인공의 고뇌에는 공감할 수 없었던 것 같았다. 그는 그렇다기보다 오히려 「연애와 육욕이 교차하고 있는 것은 이 소설이 가지는 재미라고 볼 수 있지만 쌍방이 함께 주인공의 전인격을 움직일 만큼의 강하다고는 느껴지지 않았다」라고 말하면서 연애와 육욕을 별도로 취급하여 그러한 인간 성격의 행동에 미치는 영향을 생각하기보다는 작품에 있어서의 기술적인 면에 관한 비평이 주류를 형성하였던 것이다. 그러니까 芳子에 관한 묘사방법만 보더라도 「추상적으로 의상을 입고 나온 것으로 밖에 보이지」 않고 「따라서 그 주인공으로부터 그 정도의 情動을 야기 시킬만한 색채 있는 인간으로 받아들이기는 어려웠다」고 엄격한 비판을 가하고 있다. 따라서 이러한 부분이 花袋에게 「「明星」으로부터는 반 조소적이고 반 반항적인 합평이 실렸다」라고 말하여 지고 있는 까닭인 것이다. 그 밖에 「帝国文学」은 기교를 사용하지 않는 기교는 무난하다고 보여지지만 무이상을 가지고 상상에 의한 새로운 제 2의 자연의 창조라는 것이 이루어질 수 없다보니까 그 자연에 복종하는 방법만을 취했기 때문에 실패했다고 힐난하고 있다. 그러나 이러한 여러 가지의 비난에도 불구하고 花袋의 이러한 창작태도나 방법은 이후의 문학계에 큰 영향을 던졌다.

　문학상의 씨의 혁명태도는 씨 자신의 작품을 근본적으로 다르다는 것까지 도달하지 못했지만 다른 문학자들에게 미친 영향은 심대했다. 花袋流의 자연주의가 유행하여 문단을 떠들썩하게 만들었던 것이다. 찬성자도 반대자도 당시 유행하였던 자기 자신만의 『蒲団』을 그려내어 자신의 연애사태·색욕 번뇌를 감추지 않고 直写한 것이 문학의 본령인 것처럼 생각되고 있었다. (중략) 田山씨가 이러한 창작관이나 문학관을 발표하지 않았다면 자전소설이나 자기 고백소설이 어느 정도로 성행하게 된 명치 말기부터 대정기를 통하여 혹은 오늘날까지도 나타나지 못했을 것이라고 생각하지 않을 수 없다. (『田山花袋論』)

　이와 같이 正宗白鳥는 쓰고 있다. 실제로 어느 만큼의 영향이 있었을까. 가령 生田葵山의 『虚栄』(명치40.11), 『都会』(명치41.2), 小栗風葉의 『사랑 싹틈』(명치41.4), 佐藤紅録의 『復讐』(명치41.4) 등의 통속적인 작품이 차례로 나타나게 된 것은 『蒲団』에 의해 길이 열려진 결과라고 말할 수 있기도 하다. 白鳥의 『문단 50년』에 의하면 『봄』(「朝日新聞」 명치41.4～8)에서 자기 자신을 철저하게 소설 상에 그려내려고 한 島崎藤村, 「자네는 花袋의 감화를 받아 그러한 소설을 쓰게 된 것이다」라고 말하는 白鳥의 질문에 그렇다고 대답한 岩野泡鳴, 「花袋 일류의 작품을 모멸하는 것처럼 붓을 번롱하고 이러한 것이라면 나도 쓸 수 있다는 태도로 그 자신의 성욕사와 같은」『ヰタ・セクスアリス』(「昂」 명치42.7)를 쓰고 만년을 창작도에 정진한 森鷗外, 「범용한 자연주의자」(『유리 속』)라고 花袋를 경멸하면서도 또한 漱石의 실생활이 선명하게 묘사되어 있는」『道草』(「朝日新聞」 대정4.6～9)를 쓴 夏目漱石 등 명치 대정기의 작가 모두가 그에게 감화를 받고 있었던 것이다. 아마 그에게서 감화를 받지 않았던 작가는 泉鏡花 한 사람이라고 까지 불려지고 있었다. 물론 『蒲団』은 많은 비평이 지적하고 있는 대로 숨겨진 자기주장에 관한 의욕의 격렬함이 자기 음미의 태도에 대한 철저

함을 가로막는 결점도 내포하고 있지만 자아경색의 비극과 관련되는 여러 가지 조건은 어느 정도 시사하는 곳이 있었기도 하였다. 그러한 것이 작자의 직접 경험으로부터 취재되고 있기 때문에 진실성이 강하게 느껴지는 것이 이 작품의 후의 문학에의 영향을 이렇게도 크게 만들었던 것이다. 그것은 많은 인간이 자기 자신의 진실을 숨김없이 살아가는 것에 대한 큰 의의를 발견하였다는 증거가 되기도 하고, 그러한 것에 낡은 습관으로부터 해방된 세계에 살아가고 싶다는 사람들의 공통된 모습이 있었던 것이다.

그러나 문단 바깥에 있어서는 이러한 점에 대한 공감이 반드시 함께 했던 것은 아니다. 오히려 『蒲団』을 悖徳文学으로서 비난하는 자가 많았던 것 같다. 예를 들면 内田魯庵은 『文界時言』에서 『蒲団』의 제명의 유래가 된 최후의 이불 냄새를 맡는 조항이야말로 道学先生이 강하게 비난받아야 했던 점이라고 말하고 있기도 하고, 따라서 이러한 비난에 따라 帝国教育会는 「풍기에 관한 건의안」을 의결안을 내기도 하였는데(명치40.10), 특히 그 의결안의 제 9항에서 「신문, 잡지, 소설의 종류는 엄밀한 검열을 거쳐 風教에 해가 있다고 인정되는 것에 대해서는 상당한 제재를 가할 것」을 요구하고 있다. 명치41년 3월의 出歯亀 사건(전화교환국장의 처가 목욕을 하고 돌아가는 도중에 치한에게 습격당하여 살해당했다)을 소설화한 결과로서 「肉派 문예의 出歯亀主義」 등으로 비난받거나 葵山・風葉들의 작품을 비롯하여 鴎外의 『魔睡』『ヰタ・セクスアリス』, 永井荷風의 『歓楽』 등이 발매금지의 처분을 받고 있었다. 이러한 사실은 어느 쪽도 『蒲団』의 반향의 크기에 놀란 사회의 동정이라고 말할 수 있다. 그러나 이러한 움직임은 성을 더러운 것, 즉 그러한 의미에서 悪으로 간주하고 추한 것으로서 숨기려는 도덕관념에 입각한 것이라 할 수 있다. 그러한 구도덕에 감연히 맞서서 인간 본

성에 입각하여 쓸데없는 사회적 체면에 대한 구속을 벗어던지는 것에 의해 신도덕의 기본을 보이려고 한 『蒲団』의 의의는 거의 무시되고 있었다.

그런데 잘 알려진 바와 같이 『蒲団』에는 모델이 존재한다. 여제자 芳子는 영문학자 岡田実麿의 여동생 岡田美知代(岡田実麿의 딸이 樺太 越境 사건의 女優 岡田嘉子이기 때문에 岡田美知代는 岡田嘉子의 고모), 남자는 同志社와 早稲田에 다녔던 永代静雄를 지칭한다. 그는 「新潮」 등에 작품을 발표하고 있었고 美知代도 「文芸倶楽部」「文章世界」「昴」「ホトトギス」에 岡田美知代 또는 永代美知代의 이름으로 여러 편의 작품을 발표하고 있었다. 그러한 작가 지망생인 그들도 『蒲団』의 의미를 충분히는 이해하지 못했던 것 같다. 물론 「花袋의 『蒲団』의 모델을 둘러싼 手簡」(「中央公論」 소화14.6)에서는 花袋의 美知代에 대한 태도는 엄격한 감독자로서의 그것이어서 그녀의 静雄에 대한 연심이 굳은 것을 알았을 때의 모습은 다음과 같은 문장을 통해서 알 수 있다.

> 両人으로 하여금 가야할 방향으로 가게 하는 것이 지당하고 또한 자연스러운 것입니다. 美知代를 하여금 실제로 접촉하거나 생활의 파도를 헤쳐 나오게 하는 것이 도리어 중심의 사상에서 보면 流動하게 하는 것과 같습니다. 지금과 같이 산 속에 공상적이고 불건전한 생활을 보내게 하기 보다는 훨씬 더 나을 거라고 생각합니다. 그렇다면 소생의 결론은 어쨌든 두 사람으로 하여금 동경에 신생활을 시작하게 하는 것이고 가령 어떠한 난관에 부딪치는 일이 있어도 스스로 참다운 생활을 배우도록 해야 하는 것이 좋을 듯 합니다.

이와 같이 『蒲団』 집필 직전에 그녀의 어머니에게 편지를 써서 보내기도 하였고 永代와의 결혼에 반대한 양친이 고향에 데리고 가려고 한

美知代를 명치41년 재차 상경시켜 花袋에게 감독을 의뢰하고 있는 것, 상경 이후의 9월 4일 永代의 곁으로 달려간 美知代는 이윽고 花袋의 양녀로서 그와 결혼하는 것 등을 생각해 볼 때 美知代가 『蒲団』의 내용에 대해 그림 속의 일로 생각하였을 것이라는 것은 추측할 수 있다. 그러나 花袋가 『동경 30년』에서 美知代를 「나의 안나·마르(하우푸트만의 『쓸쓸한 사람들』의 주인공 한네스가 사랑한 여학생이 안나·마르)」라고 부르면서 「만약 쓰게 되면 그 사랑을 완전히 놓쳐버릴 수 있다는 것을 각오하지 않으면 안 된다」라고 쓰고 있는 것, 「은폐하여 둔 것, 그것을 밝혀내면 자신의 정신도 파괴되어 질 수 있다고 생각되는 것, 그러한 것을 끄집어 내어서」 세간과 투쟁할 결심을 하고 있는 것에 대해서는 그다지 생각하지 못했던 것 같다. 그러니까 美知代는 「『蒲団』『緑』 및 나」(「新潮」 대정4.9) ─ 그녀는 이러한 문장에 대해서 자신은 알지 못했다고 말하고 있다. 永代静雄의 손에 의한 것인지는 모르겠지만 「花袋의 『蒲団』과 나」(「婦人朝日」 소화33.7)의 서두는 이것과 비슷하다 ─ 를 쓰고 있는데 그녀는 그 곳에서 사실과 작품의 차이에 대해서 항의하고 있다. 「선생님 『蒲団』의 永代는 어떤 방식이든 불쌍히 여겨 쓰는 방식이군요」 라고도 지적하고 있다. 이러한 사실은 『蒲団』이 작자의 주관적 감개 이외의 객관성을 가지지 못하는 약점으로 지적되고 있다 하더라도 그러나 『蒲団』의 의의에 대해서 생각한 사람이 쓴 것이라고는 말할 수 없는 것이다. 『蒲団』의 모델문제로 인해 세상이 떠들썩해지고 있었는데 「여러 사회상의 박해를 받아 지금까지 이루어낸 성과 내지는 직업이 몇 번이나 붕괴되었는지」 모를 사건의 당사자로서는 이것도 어쩔 수 없는 것이라 할 수 있다. 또한 永代의 친구 中山蘆峰도 「花袋씨의 작품 『蒲団』에 나타난 사실」(「新声」 명치 40.11)에서 사실과 작품의 차이에 대해 항의하고 있다.

이상 봐온 바와 같이 명예를 훼손하는 여러 가지의 비평이 행해졌던 『蒲団』이었다. 이 작품이 문학계에 한 획을 그었던 자연주의의 대표작이라는 것은 틀림없는 사실이지만 그러한 작품이 반자연주의의 本城이었던 後藤宙外가 主宰한 당시의 「新小説」에 발표되었다고 하는 사실은 우연치고는 재미있는 일이었다고 할 수 있다.

이상을 다시 한 번 간략하게 정리하여 보면 다음과 같다. 명치41년 7월 경 田山花袋는 「新小説」 9월 호의 권두소설 120매의 집필 의뢰를 받았다. 独歩나 藤村의 활약을 선망의 눈으로 바라보면서 지내고 있었던 花袋는 「이번에야말로 전력을 투구해야만」 할 것이라고 생각하여 숨겨둔 것, 은폐하여 둔 것을 쓸 결의를 한다(『동경 30년』). 「나의 안나·마르」인 岡田美知代(花袋보다 13살 연하)와의 편지는 6년 전부터 시작되었는데 이윽고 상경한 여제자 美知代를 일시 자신의 집에 寄寓시켰던 것이다. 10일 정도 전에 쓴 美知代와의 경위는 『蒲団』이라고 제목이 붙었고 인기가 폭발적이었다.

「산속의 안나·마르로부터 슬픈 듯한, 울고 싶은 듯한, 화가 난 듯한 편지가 왔다. 나는 무거운 기분이 들어서 사죄를 하는 편지를 썼다」(『동경 30년』). 그 후도 美知代는 花袋의 자세에 항의하는 문서를 썼다.

『蒲団』의 서두에 時雄가 「마음이 움직이는 것만큼 그리운 여자의 냄새를 맡았다」라는 장면이 당시 사람들로부터 주목을 받았던 것은 말할 나위도 없다. 소녀취미 시대가 있었던 花袋의 대담한 고백으로 받아들여졌지만 그것을 조장한 것은 「『蒲団』합평」(「早稲田文学」 명치40. 10)이었던 것은 주목할 만하다.

「早稲田文学」의 합평은 거기까지의 장편 역작만을 대상으로 삼았기 때문에 단편을 취급한 것은 이례적이었다고 볼 수 있다. 그 합평의 서두에 「근래 떠들썩한 자연파의 경향이 어느 정도까지는 나와 있다」라는 평언이 납득이 간다. 특히 합평의 최후에 등장한 島村抱月가 「나는 자연주의에 대해 찬성이다. (중략) 이 한 편은 肉의 사람, 적나라한 인간의 대담한 참회록이다」라고 이제까지 없던 톤으로 기록하고 있는데 그것도 「星月夜」의 펜네임을 사용하였다고 하는 것은 특별히 『蒲団』에 대해서 발언한 것이 어떤 특수한 생각 속에서 이루어진 것을 의미하는 것이다. 합평 그 자체는 진지한 내용을 담은 것이지만 「早稲田文学」의 합평에서 취급되어진 사실은 사건으로서의 성격을 띤다는 것이 느껴진다.

모델인 岡田美知가 당황한 것도 작품의 질, 수준, 작자 花袋의 작품 사로부터 말할 수 있는 모험성, 세평 등 여러 가지가 언밸런스하게 단숨에 나타난 것에 대한 당혹함으로부터 생겨난 것임에 틀림없다. 『동경 30년』의 記述도 이러한 격동에 일어난 『蒲団』 향수의 실상을 자신도 알지 못하는 사이에 머리에 이입된 시점에서 기록하고 있는 것인데 「그것이라고 밝혀서는 자기 정신도 이상하게 될 것이라고 생각되어지는 것」 등의 표현도 이러한 격동기를 헤쳐 나온 후의 입장으로부터의 포즈가 포함되어 있었던 것이다. 美知代의 회상문도 『蒲団』의 문학성에 관해 따지는 것이 아니라 작품의 반향 나름의 시대에 다한 기능에 대한 발언의 영역에서부터 벗어나지 못하는 것이다.

「『蒲団』 허구설이 나오고 있는데 실제상 두 사람 사이에 구체적으로 연애 행위가 있었던 것은 아니었고 어디까지나 花袋의 가슴 속에 내재하였던 짝사랑이라고 불려지는 것이었기 때문에 그 진위를 파악한다는 것은 대단히 곤란」(和田謹吾, 『日本近代文学大系19』해설, 角川書店, 소화47)하다고 하는 것이지만 이러한 의견은 올바르다고 볼 수 있다.

9

森田草平와『煤煙』 논쟁

명치41년 3월 25일「東京朝日新聞」은「자연주의의 고조」라는 서언에서 다음과 같은「신사숙녀의 정사 미수」사건에 대해 보도했다.

本郷区 曙町 13번지 회계검사원 제 4과장인 平塚定二郎씨의 차녀 春子(23세)는 지난 21일 밤 9시경 돌연히 평소 입은 채로 가출하여 행방이 묘연하다고 하여 가족들의 걱정이 이만저만 아니어서 동경시내는 물론이고 鎌倉, 箱根, 銚子 등의 짐작이 가는 사방으로 재빨리 사람을 보내기도 하고 경찰서에 보호원을 내기도 하고 또는 平塚씨 자신은 스스로 静岡지방까지 수색을 나가기도 하였고 백방으로 찾아나섰지만 조그마한 단서도 발견하지 못한 채로 되돌아 왔다.

그런데 다음 22일 저녁 무렵 明子(春子는 잘못)의 친구인 木村政子 앞으로 도착한 엽서에 의하면 宇都宮이나 日光방면으로 향했던 것을 알 수 있었는데 따라서 그 쪽 방면으로 탐색을 계속했던 바「어제 아침이 되어 春子는 塩原의 산 속 깊숙한 尾花 고갯길에서 그녀의 연인인 문학사 森田光松(호 白楊 25세)와 손을 잡고 배회하고 있는 것을 塩原村 순사의 손에 잡혔다는 취지의 통보가 있었기 때문에 우선 塩原로 출발하여 안전하게 두 사람을 인계받아 데리고 돌아왔다」라고 기록 되어 있다.

또한 「결사의 원인」으로는 森田에게는 처자가 있었는데 그는 「우선 처자를 고향으로 돌려보내 세상의 번잡스러운 일을 해결하고」, 그 후 죽을 곳을 찾아서 동경을 나왔지만 끝내 죽을 곳을 찾지 못하고 경관의 손에 의해 잡혔다는 것이다. 「종래부터 정사의 사태가 일어나는 것이 그렇게 진기하다고는 할 수 없으나 본건과 같은 최고등의 교육을 받은 신사숙녀가 愚夫愚婦의 情痴를 모방한다는 것은 실로 미증유의 일에 속한다. 자연주의, 성욕만족주의의 최고조를 대표하는 珍聞이라고 말해야 할 것이다. 더구나 두 사람이 尾花 고갯길의 산 위에서 붙잡으러 온 경관에 대해 우리들의 행동은 사랑의 신성함을 발휘하는 것으로 천지간에 부끄러움이 없다고 말하기에 이르러서는 사태의 해결이 보이지 않았다」라고 맺고 있다.

이상 길게 신문기사를 인용하였는데 이곳에서 새삼스럽게 느낀 것은 이러한 삼면기사가 당시 상식적인 시각으로 시종되고 있다는 점에 있다. 「東京朝日新聞」에서는 다음 날도 계속하여 「연애의 희생, 아아 시대의 청년, 남자도 학자 여자도 학자, 학문의 마지막이 情死」라고 표제를 내걸어 충격적인 서언으로 사건의 내용을 소개하고 있는데 무엇보다도 충격적이라는 점에서는 이 사건을 소설화 한 『煤煙』 그 자체의 내용 쪽이 더 한층 자극적이었다. 夏目漱石도 단행서 『煤煙』 제 1권 (金葉堂, 명치43.2)의 서문에서 「사건이 너무나도 화려하게 전개되고 있었기 때문에 거의 충격적인 소프트하게 읽을 수 있는 소설인 듯한 느낌이 든다」라고 적고 있다.

귀경한 草平는 漱石의 비호하에서 거의 3면 전부에 걸쳐 있는 기사를 「애써 읽어보면 사실 보도 외에는 별로 상처받을 만한 것도 쓰여 있지 않았다」(『続 夏目漱石』). 草平가 사실 보도 외에 라고 말한 것은 「표면적으로 드러난 사실이 엉터리 투성이」(『自叙伝』)라는 것 때문에 그렇게 말한 것으로 보이는데 예를 들면 인용문 속에 나타나는 明子를 春子로 誤記하고 있는 것 등을 지적한 것이다. 자연주의를 성욕만족주의로 이해하고 있는 것 등은 오히려 상식에 속하는 것이기 때문에 이런 단순한 문예상의 한 사조에 지나지 않는 것을 인성론적으로 속물화 하여 유포시켰던 문학자 측에 역으로 그 책임을 떠넘겼던 것이다. 사실 草平·明子의 정사 행은 귀경 후 草平를 따뜻하게 맞이하여 주었던 스승인 漱石도 이해하기 힘든 사건이었다. 그 동안의 경위에 대해서는 『続 夏目漱石』 속의 「『煤煙』 사건 전후」의 章에 상세하게 기록되어 있는데 草平로부터 전후의 사정을 듣게 된 漱石는 결론적으로 다음과 같이 말했다고 한다.

그것이 일종의 유희이든 아니든 간에 결국 그대들이 만일 죽어 돌아왔다면 아무런 문제가 일어나지 않았을 것이다. 사실이 그것을 증명해 주기 때문에

草平는 「인격과 인격의 교류에 의해 영혼과 영혼의 결합을 기대」하였기 때문에 「연애 이상의 것을 추구하고 있었다」라고 설명하고 있지만 세간은 물론이고 최대의 이해자라고 볼 수 있는 漱石조차도 그것을 변명이라고 밖에 생각하지 않았다. 그래서 그는 어쩔 수 없이 마지막 자신을 구출하는 수단으로서 『煤煙』(명치42.1)을 쓰게 된다. 그러나 당시의 『煤煙』 그 자체도 明子와의 기묘한 연애극의 진상에 대해서는 아무런 것도 밝혀주지 못했던 것이다. 도대체 소위 「煤煙」 사건이라는 것은 무엇이냐

앞에 들은 단행서의 「『煤煙』제 1권」에는 漱石의 서언에 이어서 森

鷗外의 독특한 서문이 들어있다. 「煤煙의 서언에 대신하는 대화」라는 부제가 붙은 「『그림자와 형태』1막 2장」에서 등장인물은 「조루지오·아우리스버의 그림자」「히포리트·산초의 그림자」「小島要吉」「真鍋明子」 등이다. 제 1장은 산·이트의 절벽이 무대가 되고 있는데 「죽음의 승리자」인 두 주인공의 그림자가 서로를 회상하면서 말하고 있다. 「나는 다시 한 번 인간으로 환생해 보려고 생각한다」라고 하는 것에서부터 누구와 짝을 이루려고 하는 것으로부터 되고 있는데 다음과 같은 대화가 진행된다.

> 남자: 그러하냐. 벌써 데카당스를 언급한 유럽은 사라졌어요 그렇다고 해서 에스키모가 되어 얼음 속에 숨어버리거나 혹인이 되어 나체로 걸어다니거나 하여 원시인 생활을 하는 것도 이상하다. (조금 생각하고 나서) 음, 좋은 일이다. 일본 처녀로 환생하는 것이 좋을 것 같다.
> 여자: 일본이란 나라는 어떤 나라입니까.
> 남자: 데카당스풍이 다소 불고 있는지도 모르지만 아직 향토의 흙냄새가 나는 곳이 남아있는 곳이다. 가면 그러한 곳을 매입할 것이다.

그렇게 되어 남자도 될 수 있는 대로 청년을 내세우려고 결심한다. 제 2장은 『煤煙』의 14에 나오는 猿楽町의 교회 속에서의 피아노를 둘러싼 要吉과 明子의 별 의미도 없는 회화를 거의 그대로 인용하고 있어서 鷗外의 야유가 잘 드러나고 있는 부분이다. 이러한 서문이 소설 『煤煙』의 훌륭한 비평이 되고 있을 뿐만 아니라 소위 「煤煙」 사건에 관한 성격을 예리하게 비추어내고 있다고 할 수 있다. 이 사건 현장의 증인이라고 할 수 있는 生田長江는 草平를 평하여 「씨는 인생 위에 예술을 모방하고 예술 위에 인생을 개조한다」라고 말하고 있는데 확실히 『煤煙』도 「煤煙」 사건도 유럽 세기말 소설을 관념으로서 이해한 남자의 이야기라고도 말할 수 있다.

鷗外는 『煤煙』의 要吉 · 明子를 「죽음의 승리자」인 조루지오 · 히포리타의 再来라고 하였지만 오히려 이 경우 유럽 세기말 소설에 일반적으로 나타나고 있는 편이 정확하기 때문에 『煤煙』의 결말이 높은 산에 올라가서 넘어졌다고 하는 부분은 입센의 『브란드』의 테마로 나타나고 있는 부분과 너무나도 흡사하여 유명한 것이다.

그 밖의 『煤煙』에는 도스토엡스키의 『죄와 벌』이나 톨스토이의 『안나 · 카레니나』, 주데르만의 『猫橋』 등의 잡다한 모방이 여기저기 보여지고 있는데 그것은 단순히 소설의 기교라든가 방법으로서가 아니라 오히려 소재로서의 실생활에 있어서 작자가 소유한 관념이었다고 알려준다. 우리들은 여기서 생각해내어야 할 것은 근대소설의 전형적 인물인 돈키호테가 騎士道 소설을 관념으로 활용한 것이라 할 수 있는데 작자인 세르반테스는 결코 돈키호테가 될 수 없었던 것이다. 돈키호테에게는 산초반자라는 대립자가 있었지만 『煤煙』의 神戸는 소위 幇間的인 조역에 지나지 않았고 주인공인 要吉가 그와 동일평상에 서 있었다. 이것은 『煤煙』이 일본 사소설의 한 변종으로서의 고백소설에 지나지 않는다는 것을 증명하고 있다고 보는 것은 그것이 후일담으로서 쓰여진 『自叙伝』(명치44.4)에 나타난 사소설적 경사가 현저한 것을 봐도 느낄 수 있는 것이다.

앞의 鷗外의 인용에서 중요한 것은 조루지오와 포리타의 그림자가 데카당스한 유럽이 아니라 아직 고향 흙냄새가 나는 일본 청년과 처녀가 함께 붙어 있었다는 점이다. 가령 청춘남녀라 하더라도 두 사람이 사랑에 빠져서 정사행까지 결심하기까지에는 사적인 나름대로의 이유가 반드시 있었기 때문에 그것이 『煤煙』 입장에서 말하면 漱石도 호평을 하였던 주인공 자신의 어두운 매력이 서술되고 있는 전반부일 것이다.

伊藤整가 『森田草平과 平塚明子』(「群像」 소화38.5)에서 분명히 언급하고 있는 대로 草平森田 来松에는 자신을 둘러싼 출생의 비밀이 있었다. 그의 아버지는 명치14년 3월 19일 岐阜県 稲葉郡 鷺山村의 대지주였던 森田亀松, 특히 그는 장남으로서 태어났지만 자신이 아버지의 친 자식이 아니고 어머니가 저지른 불의의 자식이 아닌가 하는 생각이 뿌리 깊게 그를 따라다녔다고 한다. 아버지인 亀松은 오랫동안 병상생활을 하다가 명치24년 타계하였는데 그는 만일 亀松의 자식이라면 자신도 똑같은 병에 걸릴 것이다. 만일 그렇지 않으면 자신은 어머니의 不義의 자식일 거라고 거의 맹목적으로 그러한 것을 믿고 있었다. 이런 사정에 대해서는 『煤煙』의 전반이나 草平의 필생의 대작인 『輪廻』(대정12)에도 나타나고 있는데 사실 그가 집의 저주에 의한 이러한 속박으로부터 완전히 해방된 것은 이러한 테마를 가지고 그려낸 『輪廻』집필 완성 이후의 일이었다.

鷺山시대의 草平의 연보에서 주목을 끄는 것은 아버지가 죽은 명치24년의 항목과 「처음으로 인생의 달콤함을 알게 되었다」(『自叙小伝』)는 명치32년 항목의 森田 츠네와의 만남을 들 수 있다. 전자의 명치24년에는 濃尾에 대지진이 있었던 해로서 「다행히 집은 무너지지 않았지만 岐阜 시내는 불에 타올랐고 사상자가 다수 나와서 처음으로 이 세상이 보통이 아닌 것을 깨달았다」라고 했다.

한편 森田 츠네는 森田源八의 딸로서 草平에게는 사촌에 해당되는데 『煤煙』의 隅江, 『輪廻』의 小夜子의 모델로서 너무나도 유명하다. 『輪廻』를 읽으면 곧 알 수 있는 부분이지만 森田 츠네와의 연애는 草平에게 있어서 자신에게 따라다녔던 어두움으로부터의 탈출 — 즉 자기 구제의 의미밖에 없었기 때문에 여기에 「煤煙」 사건의 平塚 라이쵸우(明子)와의 연애의 원형을 보는 것도 불가능한 것도 아니다.

　　그러나 사실 草平의 생애를 지배했던 것은 반 성격화되었다고 볼 수 있는 이러한 어두움이 아닌가 하고 생각된다. 草平의 경우 만년에 너무나 바빠서 처음 상경한 이후 攻玉社(해군 예비교)에 입교한 것에 대해서 그는 「대단히 로맨틱한 기분에서 水雷라도 맞아서 물에 빠져 죽어버리는 것이 좋지 않을까」하고 생각이 들었기 때문이라고 쓰고 있다. 그가 一高에 합격하면서 南阿전쟁에 참가하려고 입학 수속을 하기 꺼려한 것도 이러한 어두운 성격에 기인하는 것이기 때문에, 예를 들면 片岡良一가 말하는 것과 같은 「그러한 어두운 분위기에 압살되어 충동적이기 쉽상이었던 청년들의 격렬한 정의관」(『森田草平의 위치와 작풍』)에 외발적인 것에 그 이유를 찾고 있는 것은 자칫하면 그 진상을 잘못 볼 우려가 있다. 「煤煙」 사건의 단초가 되었던 일련의 연애사건도 이러한 허무적이고 퇴폐적인 자포자기라고 불러도 좋을 어두운 성격에 기인하는 것이라고 볼 수 있다.

　　명치36년 동경제국대학 영문과에 입학한 뒤로부터 草平는 本郷 丸山 福山町 4번지의 伊藤 하루라는 댁에 하숙을 하게 되었다. 그곳은 樋口一葉가 『にごりえ』 『たけくらべ』 등을 집필하고 최후에 숨을 거둔 집으로 작가 지망생인 草平는 이곳에 하숙을 정하고 「마치 자신의 장래를 약속받았던」(『続 夏目漱石』)것처럼 감격했다고 한다. 그 후 이 집에서 一葉祭가 열렸고 많은 낭만파 문인과 교류관계를 형성하기도 하였지만 그러나 무엇보다도 생활면에서는 하숙의 여주인인 伊藤 하루의 딸 岩田 사쿠와 교제하는 것에 의해 그는 더욱 자포자기의 상태에 빠져들었던 것이다. 岩田 사쿠는 草平보다 4살 연상으로 당시 친정에 돌아와 있던 여성으로 神田 明神下의 언니 부부집에 살고 있었다. 그녀는 당시 댄스교습 교사를 하고 있었는데 친정으로 출입하는 사이에 草平와 맺어진 것 같다. 그런데 草平에게는 고향의 부모에게 맡겨두고

있었던 처인 츠네와 아들 亮一가 있었는데 츠네는 명치38년 중에 상경한 채로 또 임신하게 되었는데 다음 해 여름 草平가 동경제국대학을 졸업하고 귀성할 무렵 두 번째의 자식을 낳게 되었다. 소설 『煤煙』은 여기서부터 출발하고 있지만 다시 여름을 맞이한 무렵 츠네가 작년에 태어난 여자아이를 데리고 상경하여 丸山 福山町의 집에서 동거를 시작할 무렵은 이미 明子와 草平와의 기묘한 관계는 시작되고 있었던 것이다.

명치40년 6월 九段 中坂下에 있던 유니바사리스트 교회 부속의 成美女学校에서 영어교사를 하고 있던 生田長江를 매개역할을 담당하게 하여 여학생들이 좋아하는 문학강좌(「閨秀文学会」)가 열렸는데 草平도 그 곳에 강사로 초빙되었다. 처음에 3, 40명 정도 있던 회원도 가을 무렵이 되면서 7, 8명 정도로 줄어들게 되고 강사도 馬場孤蝶와 生田長江와 草平라는 단골만 한정되게 되었다.

회원 중에는 특히 눈에 띄었던 것은 岡崎千枝子와 青山(山川)菊枝와 平塚明子였는데 明子와 草平가 접근하게 된 계기가 되었던 것은 회원들의 회람잡지에 실린 明子의 『사랑의 末日』이라는 단편소설이었다.

그 소설은 「자의식이 강한 여자가 무기력한 남자를 버리고 信州로 잠복하였다는 이야기」(『煤煙』)였는데 그 중에서 모티브 부분이 草平에게는 신경이 쓰였다. 또한 明子가 「그런 경험이 없는데도 상상만으로 남자를 사랑하기 보다는 우선 남자를 버리는 것에 초점을 두고 그리는 여자인지도 모른다」라고 생각하였다고 한다.

草平는 『사랑의 末日』에 대해서 장문의 비평을 쓰게 되었는데 그 비평의 말미에 「전설에 의하면 사포는 분위기가 어두운 여자였다」라고 첨가하였다. 물론 이것은 사랑의 고백이기 때문에 상대에게 그런 의미가 통하는지 아닌지를 걱정하였지만 그러나 돌아오는 응답의 마지막 한 구절에 「요즘 말씀은 늦게까지 되풀이 되다보니까 마음이 심란합니다」
라고 草平가 주문하는 대로의 문구가 들어가게 되었다.

　후년 平塚 라이쵸우는 자전 속에서 草平와 처음으로 주고받게 된 편
지에 언급하면서 다음과 같이 쓰고 있다.

　　붓으로 쓴 선생으로부터의 편지는 내가 지금까지 누구에게도 받은 적이 없었
　던 여러 가지 의미에서 특별하였습니다. 내가 지금까지 내 자신에게 향하여 있
　던 모든 호기심을 큰 그물망 속으로 던질 수 있었던 것은 이 편지였습니다. 그
　러한 편지가 나에게 날아 온 것 같은 것이었습니다. (『내가 걸은 길』 소화30.3)

　라이쵸우의 「煤煙」 사건에 관한 회상은 나름대로 정확하다고 볼 수
있는데 예를 들면 「부르면 어디라도 함께 걸어갈 수 있었던」 것도 당
시 유일한 친구였던 木村政子에게 「상대와 함께 거니는 것과는 또 다
른 차원의 흥미와 스릴이 있었기 때문」이라고 말하고 있다. 젊은 날의
라이쵸우를 죽음의 유혹으로 빠져들게 만든 것은 호기심이나 흥미나 스
릴에 지나지 않았는지 어떤지는 현재 생각하기에는 잘 모르겠지만 이러
한 호기심어린 연애극이 결국은 草平 자신만의 짝사랑이라는 식으로
시종했던 것만은 확실하다.

　문제가 된 편지의 왕복이 있었던 것은 명치41년 1월 말이었는데 그
때부터 급속도로 사건은 수습되어 갔다. 처인 츠네와 하숙집 딸인 사쿠
와의 연애에 관해서는 차이가 있었겠지만 草平에게 있어서 平塚明子의
출현은 바로 그러한 연애의 딜레마로부터의 탈출을 암시하는 구세주와
같은 것이었다. 이러한 부분은 『煤煙』의 序詞에 나타나는 「물 속에 빠
질 때의 손짓으로 머릿 속에 떠오르지 않는 우상을 품다」라는 노래가
그러한 것을 단적으로 보이고 있는데 草平 자신의 회상을 들어보자.

나는 괴로웠다. 괴로움은 술로 달래었다. 그러나 나의 궁극적인 희망은 絃歌의 소리를 듣거나 하얀 분가루의 향기를 맡거나 하여 될 수 있는 그러한 성질은 아니었다. 억지로 마시는 술은 단지 괴로울 뿐이다. 나는 喪家의 개처럼 거리에서 거리로 방황하며 걸었다. 그러한 때에 내 앞에 나타난 것이 『煤煙』의 여주인공 真鍋明子였다. (『続 夏目漱石』)

그는 당시 꼼짝달싹할 수 없는 곤경에 빠져 있었기 때문에 明子에 의지하여 구원을 받자. 明子의 손에 매달려 이 곤궁으로부터 탈피하고자 했다.

이상의 인용문을 읽고 곧 알아차릴 수 있는 것은 허무적이고 퇴폐적인 심정에 빠져 들었던 草平에 대해서 明子가 마술사처럼 나타난 것이다. 프롬에 의하면 마술적 도움을 주는 사람의 「본질적인 성질은 어떤 인간을 보호하고, 도움을 주고, 발전시키고, 그와 함께 있고, 그를 고독하지 않게 만드는 것에 있다」(日高六郎 번역)라는 것인데 草平의 경우도 상대방 여성을 마술사처럼 생각하여 그의 전 생활을 의존하려고 한 점에서 전형적인 마조히즘적 표출이 보인다고 볼 수 있다.

단 여기서 주의해야 할 것은 草平가 상대방 여성이 가지고 있는 禅学취미를 인정하지 않고 모든 것을 유럽 세기말 문학의 관념으로 윤색하고 있다는 것이고 더구나 상대방의 정체를 알아내려고 집요하게 추구하고 있다는 점이다. 이러한 부분은 우리들에게 德田秋声와 山田順子와의 문학적 연애를 상기시킨다. 草平는 禅学취미적인 상대방이 「재가 꺽이면서 밑으로 떨어질 때마다 乾坤을 흔드는 듯한 큰 소리를 낸다」는 것은 간질의 발작이 아닌가하고 생각이 되고 또한 무리하게 상대방을 「죽음의 승리」의 여주인공으로 만들려 하고 있다. 그러나 그렇게 생각하는 노력은 그가 추구하고 있는 힘의 發条 되고 있는 것만은 틀림없다. 『自叙伝』을 읽어보면 상대방 여성이 자주 「煤煙」 사건을 소설화한 것에 대해 신경을 쓰고 있는 것을 느낄 수 있다. 草平의 『煤煙』 집필이 화제가 될 무렵 明子의 어머니인 光沢이 漱石를 통하여 그와의 회견을 신청하면서 「될 수 있으면 쓰지 않았으면 좋겠다」라는 의향을 전달하였다. 그러나 「당연한 얘기지만 나로서는 지금 쓰지 않으면 살아갈 방도가 없다. 살아간다는 것은 인간에게 허용된 최후의 권리이다」라는 의미의 漱石가 첨가한 말도 있었지만 草平도 「사실을 왜곡하거나 날조하거나 하지는 않겠다」는 언질만을 어머니인 光沢에게 주었다(『続夏目漱石』).

『自叙伝』에 나타나는 상대방의 편지는 아마도 사실 그대로일 것이겠지만 그 속에는 「당신은 원래부터 창작을 애초부터 생각하였다면」 이라는 주목해야 할 한 구절이 있다. 정사 결행을 할 때 두 사람은 고개길의 정상 가까운 눈 위에서 서로 간에 주고받았던 편지를 불태우면서 「그 때 상대방이 끄집어 내었던 편지다발이 의외로 적었던 것을 보고 라이쿄우의 신경에 뭔가 느낀 바가 있었다」. 「草平가 『煤煙』을 쓸 때 불에 태우지 않았던 나머지 편지를 사용하였다는 것은 라이쿄우가 생각한 그대로였다」(神崎清 『명작과 그 모델』)고 말하고 있다. 그러나 이러한 말투로 계속 가게 되면 라이쿄우도 草平가 만일 漱石의 제자가 아니었다면 과연 접근할 수 있었는지는 의문이다. 현재 草平도 「만일 그녀가 조금이라도 要吉에게 홍미가 있었다고 한다면 그것은 要吉 자신에게라기보다는 要吉가 漱石의 제자였기 때문이라고 하는 것이 맞을 것 같다」(『続 夏目漱石』)라고 확실하게 쓰고 있다. 어쨌든 간에 이 연애극이 후진국의 모방 문화가 낳은 희비극이라는 우리들의 관찰은 변할 리가 없는 것이다.

(大久保典夫, 森田草平と「煤煙」事件 参照)

10

자연주의 논쟁

1) 島村抱月의 제일성

다음은 島村抱月가 자연주의에 대해 호소한 문장이다.

자신은 지금이라도 분명히 상기할 수 있다. 씨가 당시 包懷한 의견은 명백하게 제시해야 했던 『구애받은 문예』라는 제목의 논문을 간행한 것을. 씨는 종래의 문예조류를 분류하고 있는데 정을 중요시하는 것과 智를 존중하는 것의 두 개로 나누고 있다. 또한 일반적으로는 근세의 문예가 智에 편향되었다고 보면서 씨는 이러한 것에 구애받은 문예라고 하면서 분류하였던 것이다. 자신은 종래의 문예를 내 멋대로 정에 기울게 하는 것과 智로 달려가는 것, 두 개로 구별하는 것이 마음에 들지 않았기도 하였지만 무엇보다도 근세문예를 智로 경사하여 보는 것에 대해서는 불만이었다. 어쨌든 씨가 근세문예에 대해 구속받고 있는 문예라고 지칭한 것은 사실이다. 씨가 자신의 논문을 발표하고 나서 2년 반이 지난 이후이다. 씨는 지금 자주 자연주의를 변호하고, 또한 고취시키고 있지만 씨는 자연주의를 구속받고 있는 문예라고 보고 있는 것은 아닌지. 아니면 자유스러운 문예로 보는것인지. 그러한 것을 본인 스스로가 묻지 않으면 안 되는 사항이다.

명치41년 8월 「明星」 하계 부록에 실린 田中喜一의 장대한 논문 『일본에 있어서 자연주의를 논한다』의 결구에서 島村抱月에게 호소한 말이다.

〈구애받은 문예〉라는 말은 해외로부터 막 돌아온 島村抱月가 던진 제일성이었다. 그것은 「早稲田文学」의 복간호 제 1호 (명치39.1)의 권두를 장식하였다. 나폴리의 항구에서 환상 속에 본 단테와의 문답이라는 형식으로 유럽 문예사조의 변천과 귀추에 대해 논한 역작이지만 그 속에서 島村抱月는 다음과 같이 말하고 있다.

　　우리들은 자연주의를 저주하고 떠나보내려는 것이 아니다. 19세기의 큰 문예는 대부분 이 주의로부터 영향을 받아서 생겨났다. 나쁜 점은 단지 극단적인 것이 있다는 것이다. 그렇다면 이 주의가 더욱 그 자연으로 되돌아가 꾸미지 않고 감추지 않는 자연 그대로의 원천을 추구하게 되면 이것도 또한 情海의 여행의 닻을 나란히 하는 동행이 되는 것이다.

이것은 자연주의 주장은커녕 조건이 붙은 그 존재를 인정하려는 것에 불과하다. 게다가 이 한 문장은 다음과 같이 맺고 있다.

　　문예의 배를 지식의 족쇄로부터 풀어서 정취의 바다에 띄워 종교의 기슭에 닿게 하라. 취할 針路는 철리적이고 신비적인 것이 좋다. 標現的이고 또한 자연적인 것이 좋다. 사실적인 것이 좋다. 요컨데 지향하는 곳에 비범한 것, 비범한 사람으로 하여금 가슴 뛰게 만든다. 이런 환상 속의 단테가 説法하는 것이다.
　　우리들이 지향하는 것은 정취적이고 종교적인 것이 좋다. 그렇지만 항상 이 외에도 일본 현대라는 특수한 사정에 부응해야 할 문예관은 되지 못한다는 것이다. 그러한 것은 올바르게 일본적이고 또한 동양적인 문예를 발휘하는 것이 된다. 계절은 마침 나라가 부흥하게 되고 국민적 자각이 생긴다는 가을이다.

문학이 지식으로부터 구애받는 경향을 배척하여 청신한 정감의 流露를 요구하고 「비범한 것, 비범한 사람으로 하여금 가슴 뛰게 만드는 것」이 있다면 어떤 문학이라도 좋다는 식이다. 결론적으로는 일본적 또는 동양적인 문예를 발휘한다는 것은 애매하고 추상적인 요구에 그치고 있다. 「나라가 부흥하고 국민적 자각이 생기는 가을이다」라는 말투도 「王師가 바다를 건너 서쪽에 가서 거국적으로 국가적 정신의 대 운동에 매진할 때 우리들 소설가는 과연 무슨 일을 하였느냐」라고 부르짖었던 高山樗牛를 연상시키는 장면이다. 요컨대 전체로서 일종의 로맨티시즘의 제창이라고 볼 수 있다.

이 島村抱月가 갑자기 문단뿐만 아니라 사회적 태풍과 같은 반항을 불러일으켰던 자연주의의 대표적 이론가가 된 것이다. 田中王堂가 논전에 도전한 무렵에는 그는 『문예상의 자연주의』『자연주의의 가치』『예술과 실생활의 전개에 가로놓여있는 일선』 등의 역사적인 논평을 이미 저술하고 있었고 더구나 그 이론에 이미 질적인 변화마저 나타나기 시작하였던 때였다. 島村抱月의 이론을 전체에 걸쳐서 가장 예리하게 비판한 田中王堂가 그에게 자연주의를 구애받은 문예로 보는지 아니면 해방된 문예로 보는지 하고 격렬하게 논쟁을 걸었던 것에는 아마 島村抱月도 대답이 궁했을 것이다. 왜냐하면 단적으로 말하면 자연주의도 이미 이론적으로는 정점에 도달해 있었고 따라서 島村抱月가 재차 〈구애받은 문예〉의 출발점의 선상으로 되돌아 간 듯한 느낌이 들기 때문이다. 王堂가 말하고 있는 바와 같이 단 2년 반만에 생긴 일이었다.

〈구애받은 문예〉를 논했던 논자가 갑자기 자연주의의 대표적인 이론가가 된 것은 당시 문단의 급격한 추이와 그의 주위에는 보다 젊은 세대 — 片上天弦, 相馬御風, 長谷川天溪들의 동정에 기인했던 것이라고 봐야 할 것이다.

2) 長谷川天溪의 주장

그 중에서도 다음은 차례차례 격렬한 논진을 펼쳐갔던 것이 「太陽」에 의한 長谷川天溪였다. 그는 『환멸시대의 예술』(「太陽」 명치39.10월호), 『논리적 유희를 배척한다』(「太陽」 명치40.10월호), 『현실폭로의 비애』(「太陽」 명치41.1월호) 등을 쓰고 일찍부터 주목을 받고 있었다. 논리는 대단히 조잡하고 근대사상에 대한 교양도 빈약했지만 그러나 순발력 있는 실감 있는 웅변조로 토로하였던 것이 도리어 많은 공감을 얻었던 것 같은 느낌이 든다. 환멸시대라든가, 현실폭로의 비애라든가 어느 쪽도 그가 만든 造語이지만 이러한 새로운 표어가 그 실질적 내용은 차치하고라도 시대감각에 어울린다는 사정이 작용하였던 것이다. 「지금이야말로 일체의 환상은 파괴되어야 한다」라고 하는 서언으로부터 시작되는 『환멸시대의 예술』만 보더라도 「예술은 우선 스스로 환상을 재건하는 일에 착수해야만 한다」라든가, 「이러한 환상을 배제하고 새로운 환상을 일으키는 일이 시급한 일이다. 환상이라는 것은 무엇이냐. 유희적 분자일 수밖에 없다」라든가, 「유희적 분자를 제거하여 진실체를 발휘하는 것, 그러한 것이 바로 장래의 예술일 수밖에 없다」라고 말하고 있는데 이것은 모든 말의 표면적인 것뿐이어서 무엇을 논하고 있는지가 분명하지 않다. 유희적 분자를 제거한다하더라도 결국은 예를 들면 러일전쟁 당시의 신문기사가 삼국지, 太平記 등의 자구를 차용하여 여러 가지를 형용, 비유하고 있는 것과 비교하여 보면 수사법도 알지 못하는 한 병졸의 서한은 「유희적 분자는 없을지 모르겠지만 일독해 보면 누군가는 희생할 수밖에 없는 것이다」라는 정도의 순수함을 지칭하는 것이다.

『논리적 유희를 배척한다』는 것만 보더라도 「소위 자연주의의 입각지를 논한다」라는 부제가 붙어 있음에도 불구하고, 즉 말하자면 그리스 철학, 기독교, 스펜서, 톨스토이, 니체, 메트르링크, 고리키, 햄릿, 파우스트 등에 대해서 소리 높여 논해지고 있음에도 불구하고 결국은 破理顯實이라든가, 무념무상이라든가, 현실직관이라는 두 세 개의 표어가 걸려있는 것에 불과하였다. 그러니까 이 한 문장은 太田正雄의 『태양기자 長谷川天渓씨에게 묻는다』(「明星」 명치40.11월호)라는 도전에 의해 무참하게까지 반박을 받을 수밖에 없었다.

3) 太田正雄의 長谷川天渓 비판

太田正雄에 의하면 長谷川天渓의 논문에서 긍정적으로 주장되고 있는 것은 최후의 2행인 「일체의 이상을 모두 버리고 현실을 직관하여 새로운 의의를 발견해 내는 것, 이것이 즉 우리들의 임무이다」라고 말하고 있는 것에 불과하다는 것이다. 그러면 어떤 방법으로 직관해야 하는가, 새로운 의의라는 것은 무엇인가 하는 것에 대한 아무런 설명이 없다. 핵심적인 부분인 「이상을 깨트리고 현실을 나타내는」 것에 의해 이루어지는 현실은 무엇인가, 이상이라는 것은 무엇인가 하는 모든 것이 명확하지 않기 때문에 이것만으로는 아무런 의미가 없는 자구에 불과하다. 「이상이라는 것은 논리적 유희의 결과일 수밖에 없기 때문에 이 현실세계와 교섭이 없는 것이다」라고 말하는 정도이기 때문에 이상이 무엇을 의미하는지 조차도 명확하지 않다고 봐야 한다. 「이상은 동력이다. 또는 미래에 대해서는 현재 사람들이 준비하는 것이다. 그런 까닭으로 이상은 결코 환멸일 수 없다」라고 말하는 바와 같이, 太田는 우선 용어의 개념부터 규정하여 시작하지 않으면 안 되었던 것이다. 현실적으로 보더라도 天渓의 생각에는 개인과 관련이 없는 영원불변의 객관적 존재를 의미하는 것 같고, 현실을 볼 때는 무념무상의 마음으로 대하면 진리는 얻어질 수 있다는 것이 天渓가 주장하고 있는 핵심인 것 같다. 太田는 무념무상이라는 의미는 소위 상대하는 일이 없는 절대적인 상태를 말하는 것임에도 이러한 것에 의해 相対界를 비판적으로 설명하는 것은 어떠한 의미인지 하고 의문을 던지는 것이다.

이상에서 보더라도 天渓의 所論은 하나하나의 용어의 개념조차 명확하지 않고 논리가 논리화되어서 독립되어 있지 못한 것이다. 이상이라는 것은 무엇인가, 현실이라는 것은 무엇인가. 이상과 현실과의 관계는 무언가, 그것들과 문학의 관계는 어떻게 되면 되는 것인가. 그런 기본적인 것조차 무엇 하나 밝혀지고 있지 않다. 그렇기 때문에 太田로서 논지에 관한 비판이라기보다도 이 논문을 어떻게 해석해야 하는가를 따지는 것은 당연하다고 본다. 王堂가 앞의 논문 속에서 자신이 우선 天渓에게 말하고 싶은 것이 세 개 있다고 하면서 이상과 같은 성질과 이상과 같은 발전과 이상과 같은 현실과의 관계를 들고 있는 것과 같은 의미로부터 나오고 있다고 하는 것은 말할 나위도 없다.

天渓는 『재차 자연주의 입각지에 대해서』(「太陽」 명치40.12월호)에서 이것에 대해 응답하고 있다. 그러나 어떠한 방법으로 현실을 직관해야 하는지 또는 새로운 의의라는 것은 무엇인지 하는 물음에 대해서도 이상의 속박으로부터 탈피하여 있는 그대로의 현실에 접해가는 것이 그 방법이라는 것이다. 이와 같이 하여 우리들이 본 현실을 전개하여 간다 하더라도 결국은 새로운 의의가 무의미하게 되풀이에 되는 것에 불과하다는 것이다. 그러니까 平出修에 의해서 「지리멸렬, 모순당착에 더하여 자연주의의 본체는 불과 肉的 방면의 묘사를 노력하는 것에 있다고 하는 所論」(『소위 자연주의파의 태도』, 「明星」 명치40.11월호) 라는 말로 반격을 당해도 도리가 없는 것이다. 『현실폭로의 비애』(「太陽」 명치41.1월호)에 의하면 「동서고금의 역사는 현실폭로에 대한 비극의 연속」일 뿐이어서 문학사상에 현실폭로의 비극에 대해 추구해간다고 한다면 그것은 햄릿이 좋은 본보기가 된다고 하였다. 『햄릿』은 위대한 이상이 있는 것도 아니고 화려한 교리가 있는 것도 아니지만 단지 현실의 비애에 근거하고 있기 때문에 인류가 존재하는 한 무상의 珍宝이라고 할 수 있는 것을 잃어서는 안 된다는 것이다. 이러한 것에 의해서도 天溪가 자연주의를 문학사조로 역사적으로 이해하고 있는 것은 아닌 것을 알아차릴 수 있다. 종종 모파상을 들고 입센, 하프트만을 언급한다하더라도 유럽의 경우 이미 20년 전에 사라졌던 자연주의가 문학사상에 어떤 역할을 다했던가. 그것을 지금 명치문학에 이식하는 것이 어떤 의미를 가지는지에 대해서 생각하지 않았던 것은 아니었다고 본다. 적어도 명치33년에서 명치35년에 걸쳐 小杉天外나 田山花袋나 永井荷風들이 생각하고 있었던 것에는 명치40년대에 이르러 자연주의 이론가들이 생각하였던 핵심적인 자연주의까지에는 도달하지 못했던 것으로 생각된다.

4) 天外, 荷風의 자연주의 이해

小杉天外는 「예술적인 미의 감각을 가진 사람을 느끼게 만드는 것과 같이 자연현상처럼 나타나는 사람의 관능을 언급하는 것은 같은 것이 되어야 한다. 보편이 되지 않을 수 없다는 것이다. 평등하지 않을 수 없다는 것이다」(『첫모습』 명치33.8)라든가, 「소설 또는 想界의 자연인

선악미추를 집착하는 것에 대해서도 서술해도 좋을 것이고 혹은 서술하지 않더라도 그것에 얽매일 필요는 없다. 단지 독자로 하여금 독자의 관능이 자연계의 현상에 자연스레 감촉하는 것과 같이, 작중 현상을 분명하게 공상할 수만 있다면 그것만으로 만족할 수 있는 것이 아닌가」(『유행가』序, 명치35.1)라고도 말하고 있다. 花袋는 또한 「명치문단도 무언가 지금 당장 육욕적인 색깔을 멀리하고 인성의 비밀일지라도 또는 악마의 속삭임이라도 자유롭게 그려내기 바란다. 그렇게 하다보면 멍하니 앉아 있어도 자연스러운 모습이 명치문학에 나타날 것이다」(『들꽃』序, 명치34.5)라고 쓰고 있다. 이 경우 명치문단으로부터 사라지기를 바라는 육욕적인 색깔이라는 것은 「육욕적인 것을 담은 작품」을 말하는 것이고 「작자의 구체적인 주관을 위해 자연이 그것에 희생하는 것에 동반하는 것」에 대한 경고의 의미를 담고 있다. 荷風는 인간이 가지고 있는 동물성의 한 부분을 언급하면서 「만일 완전하고 이상적인 인생을 조형하려고 한다면 나는 우선 이 어두운 부분에 향해서 특별한 연구를 할 수밖에 없다고 믿을 것이고 그러한 것은 실로 정의의 빛을 얻으려는 마음에서 반드시 범죄의 흔적과 그 전말을 精査할 필요가 있다는 것과 같은 것을 의미한다. 따라서 나는 오직 조상의 유전과 境遇에 동반하는 어두운 부분인 몇 개의 욕정, 완력, 폭행 등의 사실을 거리낌 없이 비추어내려고 한다」(『지옥의 꽃』跋, 명치35.6)라는 성명을 내고 있다. 荷風는 별도로 하더라도 天外이든 花袋이든 이론이라고 할 정도의 것은 되지 못하더라도 적어도 졸라, 모파상, 프로벨을 英訳으로 읽고 유럽 자연주의를 자신만의 감수성을 통하여 우선은 이해하고 있었다고 말할 수 있을 것이다. 荷風가 이것에 대해 쓴 것은 渡美하기 전 해이지만 분명히 졸라의 『실험소설론』을 읽고 이론적으로도 이해하고 있었던 것임에 틀림없다. 졸라가 실험의학의 이론을 그대로 소설이론에 적용하고,

테느가 박물학의 이론을 그대로 문학연구의 이론에 代用했던 것은 지금도 누구라도 알고 있는 것이다. 그러나 이것들은 문학과 자연과학을 혼돈한 것으로부터 온 잘못이었다는 것도 우리들은 알고 있다. 그러나 이 경우 문제는 그와 같이 분명히 잘못을 범할 수밖에 없었던 문학자들이 자연과학에 압도될 수밖에 없었던 실정에 대해 과연 어느 정도까지 이해하고 있었느냐 하는 것이 문제가 된다. 荷風만 보더라도 이러한 점에 대해서는 분명히 의문을 가졌을 것이다. 天外, 花袋는 말할 나위도 없다. 그들은 유럽 자연주의 작가의 작품에 의해서 그 특색과 대략의 유래를 느꼈음에 지나지 않았다. 자연과학이 비록 이식은 가능하더라도 새로 만들어내는 것은 알지 못했던 일본의 문학자 입장에서는 오히려 너무나도 당연하다고 해도 좋다. 天渓의 것은 별도로 하더라도 島村抱月를 비롯하여 片上天弦, 相馬御風 등 자연주의의 대표적 이론가들을 보더라도 그들이 자연주의의 역사적 성격에 대해서 기초적인 지식마저도 없었던 것이 아닌가하고 생각되어지기도 한다. 〈구애받은 문예〉라는 말을 사용한 島村抱月는 결코 자연주의 주장자가 되지 못한다는 것, 오히려 그 반대라는 것에 대해서는 이미 말했다. 이 논문에서 유럽 자연주의 유래에 관하여 막연하게 지식의 진보로밖에 돌리지 않는 것에 의해서도 그 이해의 폭을 알기에는 충분할 것이다.

5) 島村抱月의 자연주의 구성론

島村抱月의 자연주의 이론 중 가장 체계적인 조직을 보이고 있는 것은 『문예상의 자연주의』(「早稲田文学」 명치41.1월호)와 『자연주의의

가치』(「早稲田文学」 명치41.5월호)라는 두 개의 논문을 지칭한다. 전자
에 있어서는 구성론을, 후자에 있어서는 가치론을 전개하고 있다. 전자
에 있어서 그 구성을 논함에 있어서 아래와 같은 도표를 보이고 있다.

구성론 1. 묘사의 방법·태도 1) 순객관적 - 사실적- 본래 자연주의 - 소극적 태도

2) 주관삽입적 - 설명적 - 인상파 자연주의 - 적극적 태도

소극적 태도 + 적극적 태도 = 통일 목적 - 真

1) 사회문제 - 개인해방 - 근본·도덕문제 등

2. 묘사의 목적·제재 - 真 - 2) 과학 - 심리학·생리학·진화론

3) 현실 - 적나라 - 獸性 - 醜
　　　　육감적
　　　　卑近的
　　　　평범적
　　　　자연물적

　이 도표에 의하면 그는 자연주의의 방법론을 묘사상에 한정하고 있
다. 자연주의가 자연과학에 의한 실증적인 인식방법이라는 것을 이해하
지 못하고, 묘사의 수법이라고 생각하고 있다는 것을 알 수 있다. 그
묘사의 방법·태도를 순객관적인 것과 주관삽입적인 것으로 나누고 다
시 거기에다가 전자는 소극적 태도이기 때문에 본래 자연주의라는 것이
고, 후자는 적극적 태도이기 때문에 인상파 자연주의가 된다는 것이다.
여기서 순객관적이라는 말은 종래의 写実的 태도 즉 紅葉로부터 天外
에 이르는 것을 가리키고 있기 때문에 島村抱月의 입장은 인상파 자연
주의와 가까웠던 것 같다.

6) 인상파 자연주의

인상파 자연주의라는 것은 무엇인가. 이것보다 앞서 발표한 『지금의 문단과 신 자연주의』(「早稲田文学」 명치40.6월호)에 있어서 기교주의, 정서주의와 자연주의를 비교하고 있는데 전자가 事象 전후의 기교, 정서를 조준으로 하는데 반하여, 후자는 오직 事象 그 자체를 조정하는 것이기 때문에 그러한 속으로부터는 三段의 개념이 전개된다는 것을 서술하고 있다. 말하자면 제 1단의 개념이라는 것은「事象을 될 수 있는 대로 현실에 입각한 경험에 근접시켜 현실적으로 가능하다는 성질을 강하게 드러낸다. 写実的 자연주의라고 이름을 붙이자」라고 말하고 있는 것을 지칭한다. 이것은 앞의 구성론 입장에서 말하면 본래 자연주의라고 이름을 붙일 수 있는 곳이다. 계속해서 제 1단의 개념은 더욱 심화해가서 제 3단의 개념에 도달하는 것에 대해 논하고 있는데 그것은 다음과 같다.

제 3은 즉 事象에 物我의 합체를 보게 되는 자연은 이 곳에 이르러서 그 全円을 事象 속에 전개하는 것이다. 그 事象은 현실 객관적인 事象에 있는 것이 아니라 영혼의 문, 열림, 생명의 기회, 깨우친 찰나의 事象을 말한다. 움직인 순간에서의 자연이다. 우리들은 우선 이것을 순수한 자연주의라고 부른다.

여기에서 말하고 있는 순수한 자연주의라는 것은 전술한 인상파주의를 말한다. 따라서 島村抱月가 주장하는 인상파 자연주의가 목적으로 하는 것은 「사상에 物我의 합체를 본다」는 것에 있는 것이다. 즉 主客混一의 경지라 볼 수 있다. 소위 제 1단의 개념인 사실적 자연주의를 주관의 삽입에 의해 심화시킨 것을 말한다. 이 경우에 있어서 주관의 삽입이라는 것은 구체적으로는 무엇을 의미하는 것일까.

그러면 작가는 이러한 때에 무엇을 마음의 표적으로서 자신의 태도로 삼아야 하는가. 그 직접적인 해답은 분명하지 않다. 말하자면 無思念이라고도 할 수 있고, 私念을 버리는 것이고, 나의 의지를 버리는 것이고, 우리들의 發動的 태도에 있어서 일체를 억누르고 완전히 자연 속의 물과 같이 되는 것을 연구한다. 禪家들이 추구하는 삼매경은 어떠했는지 모르지만 자연주의의 삼매경은 이 나의 의지, 나의 마음을 버린 약하고 상냥하고 겸손한 느낌 속에 있는 것이 아니겠는가. 이 때 자연의 事象은 처음으로 거울 속의 그림자와 같이 밝게 그 전경을 밝혀내어 우리들과 함께 감응할 수 있는 것이 아니겠는가. 우리들은 이 때 비로소 자연의 진실 앞에 감응의 눈물을 보이는 것이다. 자연에 대해서 아무것도 알지 못하지만 눈물이 자연스레 흐른다는 느낌은 우리들이 마음을 완전히 비우고 난 뒤에 시작되어 출발하는 것이다. (중략) 순 자연적이라 할 수 있는 이 파에서는 우리들은 우선 생명으로 새로운 자연을 만들기 위해 우리 자신을 버리고 이상과 같은 자연 앞에 무조건 항복하는 자연이라는 것 속에 이미 우리들은 보이지 않는 생명이 되고 감정이 되어 합체되어 가는 것이다. 자연이라는 이와 같은 새로운 의의가 있기 때문에 비로소 자연을 절대의 宗師로 우러러보는 이유가 생기는 것이다. 이것은 문예상의 특권이지 자연주의의 본의는 아닌 것이다.

인상파 자연주의에 있어서 주관 삽입적이라는 말은 「우리들의 발동적 태도에 있어서 일체를 억누르고」 자기를 겸허하게 하여 객관적으로 투영시켜 일종의 주객혼용의 경지를 얻으려는 태도를 의미하는 것이다. 자연주의적 인식을 이와 같이 이해하고 있는 그에게 있어서 이미 자연주의와 상징주의의 구별이 불가능하게 된 것은 필연적인 추세라고 봐도 좋다. 그의 『文学概論』(島村抱月全集 제 4권)의 최후의 말은 이러한 흐름을 말하고 있다.

　자연주의 문예도 標象主義의 문예도 그것을 결정하는 것은 사람이지만 또한 그것은 종교의 경지에까지 인도한다. 종교적이라는 곳까지 승화시켜 접속시킬 수 있다. 요컨대 우리들이 생각하는 標象主義는 자연주의의 반동으로서 일어난 것이 아니라 도리어 그 근본에 있어서는 양자가 함께 서로 통하는 것이 있고 또한 함께 절실하게 인심의 요구에 부응하여 일어난 문예라고 생각한다. 금후에 있어서도 자연주의와 標象主義는 서로 방해하지 않고 공동으로 문단에 그 地步를 다져가리라 믿는다.

　이렇게 되어 자연주의는 島村抱月에 의해서 어느 사이엔가 상징주의로 바뀌어 버렸던 것이다.

　生田長江는 자연주의에 긍정적인 태도를 보이고 있는 사람이었다. 자연주의는 현대문명의 근본정신과는 끊을 래야 끊을 수 없는 관계에 있어서 자연주의 주장은 시대정신의 요구일 수밖에 없다는 것을 역설하고 있다. 島村抱月가 주관 객관이라고 하는 인식론에 서서 자연주의를 주장하고 설명하는 것에 대한 잘못을 지적하고 있는 (『자연주의론』, 「趣味」 명치 41.3월호) 것은 정당하다고 봐야 한다.

7) 田中王堂의 島村抱月 비판

　자연주의라고 하면 자연과학의 방법을 문학창작에 적용시킨다는 것이다. 島村抱月는 주관과 객관을 극히 형식적으로 구별하여 쓰고 있었다. 田中王堂가 이러한 점에 대해 언급하면서 객관을 구성하는 장애로서 島村抱月가 배척하였다는 것에 대해 자신은 도리어 참된 객관을 구성하는데 있어서 꼭 필요한 요소라고 본다는 것이다. 왜냐하면 객관은 우리들의 실재의 총합인 까닭으로 각각의 실재는 그의 특성의 발현이라 할 수 있는 일체의 감정, 일체의 사색, 일체의 행위로부터 만들어지기 때문이라는 것이다. 게다가 사학의 연구자이고 철학의 연구자이기도 한 島村抱月가 현실적인 것을 너무도 몰역사적, 몰반성적으로 생각하고 있는 것에 대하여, 현실은 인간의 노력에 의해 관계적으로 또한 경과적으로 건설되는 상태이기 때문에 결코 독자의 資力에 의해서 절대적으로 또한 영구적으로 존속하는 물건이 될 수 없다고 하였다. 王堂에 의하면 가장 심오한 것을 적나라하게 끄집어내는 것이 원래부터 모순되는 일이어서 이러한 것은 물건, 외계, 객관, 현실 혹은 자연이 우리들의 감정이나 사색이나 의지의 소산인 감상이나 인식에서 벗어나 독립적으로 존립하고 고유의 내용을 가지도록 하는 미신으로부터 나오고 있다는 것이다. 모든 물건, 모든 외계, 모든 객관, 모든 현실, 모든 자연은 우리들의 감상과 인식과 노력에 의해서 구성되고 유지되고 개발되는 까닭에는 가장 심오한 것을 끄집어내는 일이 그만큼 우리들의 감상과 인식이 작용해야 한다는 것을 의미한다는 것이다. 무념무상, 일체의 주관을 배척하고, 이상을 배척하고, 기교를 배척하는 것에 의해 허위와 환상에서 벗어난 현실의 심오함에 도달하려는 것이라면 이 정도의 迷妄은 걱정이 필요치 않다는 것이다.

8) 자연주의 이론의 모순

이와 같이 거슬러 올라가다 보면 王堂의 島村抱月에 대한 비판은 자신의 실용주의에 입각하고 있는 것을 알 수 있다. 그런데 그가 실용주의를 가지고 비판을 가한 것이 자연주의의 이론적 모순이 되기도 하고 약점을 지적하는 결과가 될 수 있었다는 것은 무엇을 의미하는 것일까. 그는 島村抱月를 비롯하여 片上天弦, 그리고 相馬御風를 보더라도 거기다가 岩野泡鳴를 보더라도 이들 자연주의의 대표적 이론가들이 주장하는 것은 결코 자연주의라 할 수 없고 낭만주의 내용을 자연주의 수법으로 끌어내려고 하는 기괴한 노력과 모색이었다고 볼 수 있다. 일본 낭만주의가 透谷에서 출발한 채로 사라지게 된 사정을 생각해 본다면 자아의 확립 따위는 꿈에 지나지 않았던 것이고 더구나 자연과학의 강압에 의한 자아의 권위에 대한 부정이라는 문제는 드디어 그들의 관심과 이해를 초월하고 있었던 것이다. 아무리 시간이 흘러가도 낭만주의는 계속되어야만 했던 까닭이었다. 일본의 자연주의 문학자가 작가가 되고, 이론가가 되는 것은 차치하고라도 자연주의를 어디까지나 수법으로밖에 받아들일 수 없었던 근원은 여기에 있었던 것이다. 이러한 수법에 의지하려는 표현 내용이 낭만주의에 근거할 수밖에 없었던 것은 용이하게 알 수가 있다. 자아를 활용하려는 낭만주의 내용과 자아를 부정하려는 자연주의 수법과의 기괴한 결합, 여기에 일본의 자연주의 특색이 있었던 것이다.

현재 片上天弦과 같은 이는 다음과 같은 것도 말하고 있다.

자연주의가 인생의 물질적 방면을 중시하는 것은 당연하겠지만 문예상에서는 더 한층 깊은, 더 한층 절실한 인생의 참맛을 추구하면서 초조·번뇌하는 정신이 때마침 그 방면으로 발로된 것이라는 것은 말할 나위도 없다. 이러한 의미에 있어서 문예상의 자연주의는 어디까지나 로맨티시즘의 큰 조류의 연속이라 할 수 있다. 자연주의 이후 유럽에 발전해 온 신낭만주의는 물론이다. 자연주의 근저에 橫溢하는 이 낭만적인 정신을 閑却해서는 자연주의 문학은 있을 수 없다. (『오늘날의 감상』, 「国民新聞」 명치43.2.6)

　그러나 安倍能成는 곧 天弦에게 의문을 제기했다. 『자연주의에 있어서 낭만적 경향』(「国民新聞」 명치43.2.14~15)이 그것이다.

　　자신이 씨에게 묻고 싶은 것은 과연 자연주의 본령이 과연 물질적 자연적인 방면에 있는지 또는 로맨틱한 방면에 있는지 아니면 만일 로맨틱한 방면을 가지고 자연주의의 본령으로 생각한다면 자연주의는 낭만주의라고 개명하는 편이 좋을 것이다. 그러나 씨는 자연주의가 물질적 방면을 중시하는 것은 당연하다고 말하고 있는 것을 보면, 물질적 방면도 자연주의의 본령인 것 같다. 그렇다면 물질적 방면과 로맨틱한 방면을 함께 겸하는 주의가 자연주의인지. 이렇게 되면 자연주의의 특색·본령이 과연 어디에 있는지 알 수 없게 된다.

　安倍能成의 이와 같은 의문은 「早稲田文学」이 명치42년의 대표작으로서 『歓楽』의 작자 永井荷風에게 칭찬의 말을 보낸 것에 대한 阿部次郎의 『스스로 알지 못하는 자연주의자』(「朝日新聞」 명치43.2.6)에서 밝힌 그의 의견에 의하면 자연주의 입장으로부터 永井荷風를 칭찬한다고 하는 것은 자연주의를 현대주의 또는 넓은 광의의 낭만주의와 동의어라고 하지 않으면 결국 자연주의의 특수한 의미를 퇴색시켜버리는 꼴이 된다는 것을 의미한다는 것이다.

　그러니까 이론으로서 모든 모순과 약점을 포함하고 있는 까닭으로 王堂의 실용주의에 의한 상식론 정도로서도 용이하게 비판이 될 수 있었던 것이다. 그러나 비록 그들이 설명하는 바가 아무리 이론적인 모순과 약점에 가득 차 있다 하더라도 이론적으로 무장되어 있는 실용주의의 상식론으로서는 궁극적으로 비판이 불가능한 시대의 고민을 안고 있는 것에 대해 결코 부정하자는 것은 아니다.

　泡鳴가「우리들은 島村抱月씨에 따라서 자신을 버리고 재차 이것에 도전하려는 상황이 반드시 좋은 방향만은 아니라는 것은 알고 있다. 이런 것이야말로 이론적 유희라 할 수 있다. 신자연주의는 실로 철두철미한 자기 발전의 태도인 것이다. 모든 伝習 사상을 타파하여 大我小我의 유희물이 아닌 자신 그 자체의 찰나에 발휘하는 태도인 것이다. 자신의 생명 이외에 자연의 외연은 없다」(『諸家의 자연주의를 평한다』명치40.10)라고 부르짖었던 것은 자연주의 테두리 속에 갇혀있던 낭만주의를 좀 더 자유스러운 형태로 활용하려는 시도로 볼 수가 있다. 그러한 泡鳴조차도 신자연주의라는 이름을 빌려오고 있었던 것이다. 「일체의 주의, 일체의 事象, 일체의 자연으로부터 초월하여 절대로 자신을 믿으라. 이 초절적 자신으로 하여금 인생에도 사회에도 문예에도 그 최고의 능력을 발전시켜라. 그러면 또한 문예도 최고의 아름다움과 最良의 것을 드러낼 것이다」(『문단의 자연주의를 평하여 초절적 자기발전에 이른다』, 「明星」 명치40.12월호)라고 명료하게 낭만주의를 고창하고 있던 角田浩浩歌客이 泡鳴의 이 말을 인용하면서 「그는 자신의 발전을 자연주의에 附会한 것에 지나지 않았다」라고 단정짓고 있다.

9) 비관적 심경의 강조

주관이 발동하는 것을 억제하여 객관을 투영시키는 것이라고 생각하는 島村抱月의 이론을 더욱 일보 진전시킨 것은 相馬御風의 『문예상 주객 両体의 융합』(「早稲田文学」 명치40.10월호)이다.

냉정한 관찰의 태도를 견지하면서도 교란·피로한 끝에 주객 양체의 見界조차 잃어버린 것이다. 도덕적 판단도 종교적 신앙도 이미 멀리 사라지고 있다는 것은 단지 예리한 관찰의 눈만 존재한다는 것이다. 이렇게 있는 그대로의 자연,

있는 그대로의 인간, 끝내는 있는 그대로의 우리 주객의 見界를 잃어버리고 그것을 단지 비추어 그려내는 것에 이르렀던 것이다. 즉 자연에 대해서는 냉정한 순 객관적 태도를 취하지 않고 또한 단순한 정서의 활동에 두지 말고 우리 속에 존재하는 자연을 보고 그 자연 속에 우리를 맡기기에 이르렀다는 것이다.

주관에 대한 객관의 이러한 압박에 의해 주관이 가지고 있는 냉정함을 기하지 못하고 주객의 한계가 애매모호해 지면서 그것이 혼용하여 거의 해결하기 어렵게 된 것이어서 島村抱月보다도 한 계단 더 주관에 대한 객관의 중압을 논하고 있는 곳은 주목해야 할 점이다. 이미 분명해진 바와 같이 그들에 의해서 설명되고 있는 것은 주관주의이고 또한 주객합일의 정서주의일 수밖에 없다. 자아의 부정과 말살을 전제로 하는 자연과학의 실증적 방법이 초래하는 것과는 비슷할 래야 비슷할 수 없는 일종의 비관적 심경의 강조와 같은 것이라 해도 좋다.

島村抱月들이 객관과 주관을 대립시켜서 객관을 중시하는 것으로부터 객관에 항복하였다는 식의 주객혼일의 경지를 지향하는 곳까지 발전하기에 이르게 된 것은 泡鳴가 최초로부터 이와 같은 이원적인 사고방식을 배척하고 주객일여의 일원적 입장에 의거하고 있었던 것을 의미한다.

더구나 島村抱月들과 같이 객관에 대한 주관의 항복에 의해 그것을 추구하는 것이 아니라 역으로 주관에 의한 객관의 정복이라는 형태로 추구하려고 했다. 그들이 말하는 자연주의의 본령은 자기 전체의 한 찰나에 있어서 자각적 태도라 할 수 있고, 찰나적 자아가 느끼는 사실이라는 것이다. 찰나에 있어서 자기 생명의 연소 이외에 자연의 외연을 인정하지 않는다는 태도이다. 객관적 방관적인 본래 자연주의로부터 주관 삽입적 인상파 자연주의에로 전회한 일본 자연주의 이론은 泡鳴의 소위 상징적 자연주의에 까지 발전했다. 요컨대 그것은 사회로부터 나

자신에의 방향이라 할 수 있는데 이러한 곳에 일본 자연주의의 특질이 분명하게 나타나는 것이다.

여기서 재차 島村抱月의 구성론으로 되돌아 가면 앞의 도식은 자연주의의 제재 내용으로서 사회문제, 과학, 현상 등에 나타난 진실을 그려내야 할 것을 들고 있다. 현실 속의 진실이라는 것은 무엇인가. 도식에 의하면 자연주의의 목적 제재는 사회문제, 과학, 현실에 나타난 참된 면을 보이는 것이고 사회문제로서는 개인해방을 과학으로서, 심리학·생리학·진화론에서 들고 있고 현실이라는 것은 적나라, 육감적, 卑近的, 평범적, 자연물적이라는 것을 규정하고 있다. 또한 사회문제로서 들고 있는 개인해방은 자연과학적 방법에 의한 개인권위의 부정과는 어울릴 수가 없는 것이어서 일본 자연주의의 실체가 낭만주의의 변종에 대한 또 하나의 변종임은 말할 나위도 없다.

10) 安倍能成의 島村抱月 비판

島村抱月들이 이해한 현실의 참됨에 대해 安倍能成의 적절한 비판이 있었다. 그는 자연주의에 대한 관심과 동감과 이해를 보이면서도 비판적이었다. 『자기 문제로서 본 자연주의적 사상』(「ホトトギス」 명치43.1 월호)에서 그는 다음과 같이 말하고 있다. 島村抱月는 『문예상의 자연주의』 속에서 이상, 현실이라는 것은 요컨대 第二義인 것이어서 第一義는 진(참됨)이라고 설명하고 있는데 이것만으로는 第一義의 진과 현실과의 관계가 분명하지 않다. 그들이 말하는 第一義의 진이라는 것은 반드시 자연주의론자들이 주창하는 것만은 아니라고 생각한다. 가령 백

보를 양보하여 자연주의론자들이 주장하는 것이 第一義의 진에 있다 하더라도 그것은 자연주의의 특색을 말하는 이유가 되는 것은 아니다. 자연주의자가 중시하는 것은 어디까지나 현실에 있는 것이다. 더구나 현실이라는 것은 요컨대 우리들에게 있어서 절실한 경험이 되기 위해서는 현실의 진이라는 것이 결코 한 가지 색깔만이 있는 것이 아니라 또한 변하지 않는 것도 아니다. 현실이 구체적인 것인 만큼 다양해야 할 것이다. 우리들은 우리들의 현실을 어떻게 해야만 한다. 이러한 요구를 무시하고 사람이 살아가는 길은 있을 수 없다. 이상이 島村抱月들이 第一義라고 말하는 진에 대한 安倍能成의 비판이다.

安倍의 비판에 의해 분명해진 바와 같이 島村抱月가 第一義라고 말하는 진은 묘사의 목적 제재에 있어서의 진이어서 과학에 대한 진, 현실에 대한 진이라고 하는 바와 같이 삼자를 병렬적으로 생각하고 있는 곳에 安倍의 비판이 향해져 있었던 것이다. 즉 자연주의라는 이상은 경험을 수반한다는 의미에서의 현실의 진이 아니면 안 된다는 것을 설명한 安倍의 비판은 올바르다고 해야 할 것이다.

『자연주의의 가치』(「早稻田文學」 명치41.5월호)에서 島村抱月는 자연주의의 목표인 진을 비추어내는 것에 대한 미학적 가치부여의 문제에 대해 고찰하고 있다.「결국 진은 미를 완성하는 한 재료일 수밖에 없다. 또 가장 미를 의미 있게 만드는 범위에 있어서 진은 문예상으로 그 가치를 지닌다」. 그가 말하려는 것은 이러한 것에 다 있는 것이다. 이와 같이 그는 미리 美라는 추상개념을 설정하고 이것에 향하여 자연주의의 第一義로서의 진을 결부시키려는 것이어서 체계적으로는 우선 어느 정도 형태가 정비되었다고 하는 느낌이다.

그러나 자연주의론자에게 있어서는 체계의 정비 따위는 결국 二義的인 문제였던 것이다.

11) 片上天弦의 『무해결의 문학』

片上天弦이 『무해결의 문학』(「早稲田文学」 명치40.9월호)에서 설명하고 있는 것에 의하면 구문학에서는 작중의 사건 내지 문제가 결말에 이르러서 어떠한 해결을 보게 되고 독자는 그 해결에 의해 만족을 얻어왔다.

그러나 이 경우의 해결은 그 해결의 표준을 일상도덕에 두고 있었기 때문에 인생의 근본인 義로부터 볼 때는 무해결과 같은 것이어서 오히려 습속에 추종하는 것에 지나지 않았다. 자연주의의 중심 생명은 결국 事象 그 자체이기 때문에 이것들의 事象은 습속 도덕으로부터의 비판이라는 것과는 반드시 일치하는 것이 아니고 이와 같은 판단을 가지고서는 해결할 수 없는 인생 근본의 의혹, 공포, 고통 등이 자연의 事象으로서 엄존하고 있으면서 우리들의 생활과 절실한 관련을 맺고 있는 것이 적지 않다.

이 의혹을 의혹으로서 自家의 가슴 속에 숨기고 우선 이러한 의혹을 지닌 채 개개의 事象을 표현하여 멋대로 해결하지 않으려는 것에 사람 혼의 真洞으로부터 미약하게 울려오는 침통한 탄식의 소리를 듣게 된다. (중략) 개개의 事象은 조그마한 의혹의 존재를 인지하여 그러한 의혹을 어떻게 풀어가야 하는지에 대해서는 끝내 말하지 않는다. 말하지 않는 것이 아니고 말할 수 없었던 것이다.

이러한 주장은 『미해결의 인생과 자연주의』(「早稲田文学」 명치41.2월호)에 이르러 다음과 같이 전개되었다.

현재의 철학도 종교도 생의 고통, 비애, 죽음의 절망 공포에 대해 아무런 해결책을 던져 주지 못하였다고 생각할 때 궁극적으로 우리들은 절망하고 미치게 되는 것인지, 아니면 일전하여 그러한 곳으로부터 향상되는 용기를 불러오는 것인지. 아마 이 두 가지 길 외에는 없을 것이다. 아아, 미치는 마음도 슬프겠지만 미쳐지지 않는 마음도 더욱 비참하다. 미치는 것도 미치지 않는 것도 현실 생활의 고민에 몰두하여 어떻게 해서든 이것에서 벗어나려고 하는 마음은 동일하다. 근대문학은 이와 같은 문학이다. 지금 문단의 자연주의도 결국 이와 같은 고민을 통절하게 표백하려고 하는 요구에 근거하고 있다.

여기서는 자연주의의 내용이 생의 고통·비애, 죽음의 절망·고통이라는 특수한 감정에 한정되다 보니까 과학적 실증적인 방법에 의해 파악되어야 할 광범위한 현실상은 그들의 시야로부터 사라지게 된 것을 의미한다. 이와 같은 주관주의에의 접근은 자연주의의 제재 내용으로서 사회문제나 과학이나 현실에 나타난 진실을 주장한 島村抱月조차도 『序에 대신하여 인생관상의 자연주의를 논한다』(「근대문예연구」序, 명치42.6)에서 다음과 같이 주장하기에 이르렀다.

그러면 現下의 나는 일정한 인생관론을 세우는 것이 어렵다. 지금은 오히려 의혹 부정이 나타나는 그대로를 참회하기에 어울린다. (중략) 허위를 떠나 장식을 잊고 통절하게 自家의 현상을 보라. 그것을 보고 이것을 진지하게 고백하라. 이 이상 적당한 제언은 지금의 세상에 없을 것이다. 이러한 의미에서 지금은 참회의 시대이다. (중략) 이와 같이 하여 소위 인생관상의 자연주의도 나에게는 의혹의 일면인 것에 지나지 않는다.

12) 島村抱月의 『회의와 고백』

계속해서 그는 『회의와 고백』(「早稲田文学」 명치42.9월호)에서 「아무리 생각해보아도 오늘날 자신들이 진실로 인간문제를 취급할 수 있는 것에는 회의와 고백 외에는 없다고 생각한다」라고 말하고 「지금의 나에게 있어서 종교라도 철학이라도 살아있는 피가 통하는 것은 그 회의의 방면이라고도 생각한다」라고 서술하고 있다. 이것은 이미 현실의 관조를 넘어서 비판도 아니고 현실에 대한 절망의 표백이라 할 수 있다. 이론이 아니고 노래이다. 그들에게 있어서 현실이라는 것은 고통, 비애, 절망, 회의 등의 주관적 정서일 수밖에 없는 것이다.

이곳에 재차 安倍能成의 비판이 가해진다. 『자연주의에 있어서 주관의 위치』(「ホトトギス」 명치43.5월호)에서 그는 다음과 같이 말하고 있다. 天弦이 아무리 강변하여도 그 所説에는 분명히 자연주의적 인생관만을 가지고는 아무래도 만족할 수 없다는 것을 표명하고 있는 것이다. 자연주의적 인생관에 있어서 주관적 심령 방면의 생활이 무시되고 있는 것을 참을 수 없었기 때문에 이 심령방면으로부터 인생의 새로운 가치를 감득하고 싶다고 바라는 것이 아닌가 하는 것이다.

만일 우리들이 자연주의적인 것에 철저하려면 어디까지나 자연주의적 인생관에 따라서 세계와 인생에 있어서 기계적인 것을 인정하고 무해결적인 것을 인정하고, 의지의 자유를 부정하고, 일체의 가치판단을 철저히 하여 자연력의 跳梁에 일신을 맡기고, 생사의 바다에 몸을 씻어야 한다는 것이 安倍의 논의이다. 그리고 天弦이야말로 자연주의적 사상에 만족하고 있지 않으면서도 자연주의 이름에 집착하고 있다고 단정하고 있는데 이것은 島村抱月 입장에서 보면 御風, 泡鳴도 똑같다는 것이다.

13) 魚住折蘆의 자연주의 긍정

安倍御成나 阿部次郎와 같은 동료에 속하면서 자연주의의 이론적

모순이 있음에도 불구하고 이것을 적극적으로 긍정하려고 한 魚住折蘆
가 있다. 『자연주의는 궁한 것이다』(「東京朝日新聞」 명치43.6.3〜4)에
서 자연주의가 일찍이 궁한 것처럼 보는 견해에 반대하여 「사회에 실력
을 가진 자연주의의 존재 이유」를 인정하지 않을 수 없다고 말하고 있다.

魚住에 의하면 자연주의는 현대의 과학적 유물적 현실적 풍조의 산
물이라는 것은 말할 나위도 없다. 따라서 자연주의 장래의 운명은 이들
현대 사조가 가지고 있는 생명의 길이에 달려 있다. 소위 현대사조는
그 내용이 복잡함에도 불구하고 한 마디로 말하면 객관이 주관을 억압
또는 정복한 사조라 할 수 있다. 현대의 어디에 생생한 주관의 모습이
있느냐. 객관주의는 과학 정신의 소산으로 유물론은 그 비결이다. 자연
주의는 적극적으로 이 객관주의를 받들면서 인간의 동물성 또는 獸力
을 과시함과 동시에 소극적으로 이 동물생활의 쓸쓸함, 기분이 좋지 않
다는 것을 나타내는 것에 의해 그것이 복잡화해지고 있다. 현대는 불쌍
한 세기이다. 정신의 앙양이 허용되지 않고 천재가 출현할 수 없는 시
대이다. 이렇다면 자연주의 배경은 견고하다고 볼 수 있다.

분명히 모순처럼 느껴지는 자연주의와 자기주장과의 관계, 이 기이한
모순적 결합도 魚住는 오히려 적극적으로 긍정하려는 입장에 서있다.
『자기주장에 관한 사상으로서의 자연주의』(「朝日新聞」 명치43.8.22)에
서 모순되는 두 개의 사상의 결합이라는 것은 권위라는 공동의 적에 대
항하기 위한 것이라는 것이다. 그리고 桑木厳翼가 자연주의에 의해 자
기 확충의 정신을 발현시키는 것이라고 보는 것에 찬성하고 있다.

일본의 자연주의가 자기를 확충하는 정신의 하나로 보고, 그런 이유
때문에 비애・절망으로 변질된다는 사정도 있어서 이러한 모순을 알아
차렸던 것은 桑木厳翼에 한정된다. 安倍能成도 그러했고 田中王堂도
그러했다. 그렇지만 그들은 모순을 모순으로 지적하였지만 魚住折蘆는

이 기묘한 모순적 결합에 대해 石川啄木의 말을 빌리면「오늘날에 있어서 우리들 일본 청년의 사색적 생활의 반면」을 명료하게 나타내고 있다고 지적하고 있는 것이다.「음란한 노래나 절망적인 피로를 그린 소설을 탄생시킨 사회는 사회가 아닌 것이다. 그렇지만 이 노래, 이 소설에 의해서 자신이 확충된 결과를 발표하고 혹은 반발적으로 권위와 싸워 도전하고 있는 청년의 혈기는 자신이 크게 의지하는 바이다」라는 암시적인 말로 魚住는 이 한 문장을 맺고 있다.

14) 啄木의 자연주의 비판

魚住가 제시한 의견의 불비함을 지적하고 이 문제를 魚住가 바라는 방향으로 발전시키는 것에 의해 자연주의에 결정적인 비판을 가한 것이 石川啄木의 『시대閉塞의 현상』(명치43.8)이었다.

자연주의는 이미 5년간에 걸쳐서 間斷없는 논쟁을 계속해 왔음에도 불구하고 지금도 역시 일반적인 정의조차 내리지 못하고 있다. 그리고 이러한 혼란 속에서 우리들 마음 속으로 자기 분열의 비극과 맞닥트리고 있다. 자기를 드러내는 경향이 수 년전 우리들이 새로운 사색적 생활을 시작한 당초부터 그것과 모순되는 과학적, 운명론적, 자기 부정적 경향과 관련을 맺고 있었던 것은 사실이다. 그러나 근래 순수 자연주의에 있어서 관조와 실행의 분열에 의해 양자의 간격은 결정적으로 되었다. 이러한 의미에서 魚住의 지적은 時機를 얻은 것이라 볼 수 있지만 그의 논의에는 중대한 잘못이 내포되어 있다. 즉 국가라는 권위에 대항하는 공동의 적을 위해 양자가 기괴한 결합을 하고 있다는 설은 오류라기보다는 허위이다. 왜냐하면 일본 청년은 이전에 강권에 반항한 적이 없었기 때문이다. 이상이 啄木의 魚住說에 대한 비판이었다.

계속해서 啄木는 자연주의가 안고 있는 내부적 모순과 혼란에 대해 논하고 있다. 우리들은 白鳥 대 藤村, 泡鳴 대 島村抱月와 같이 인생에 대한 태도마저 완전히 다른 사실을 어떻게 설명해야 좋을 것인지. 현실 폭로, 무해결, 평면묘사 등의 말에 나타난 과학적, 운명론적, 静止的, 자기부정적인 내용이 그 후 겨우 第一義라든가, 인생비평이라든가, 주관의 권위라든가, 자연주의 속의 낭만분자라는 말에 의해서 표현된 활동적, 자기주장적인 내용으로 변한 것이나, 荷風가 자연주의자에 의해 칭찬을 받은 것이나, 이것들을 어떠한 수속에 의해 승인을 받으면 좋은 것인지. 이와 같이 서로 간에 모순되고 있는 것이 뒤죽박죽인 채로 자연주의라는 하나의 이름하에 결합하고 있다는 것은 魚住의 説과는 반대로 양자가 함께 적을 만들지 않았던(한쪽은 적을 만들어야 하는 것이 아니라 다른 한쪽은 적을 가지고 있지도 않았다) 것에 기인하고 있다. 그러한 곳에 관조와 실행의 문제가 제기되는 것이어서 이러한 결합은 완전히 내부적으로 닫혀 버렸던 것이다.

이상이 啄木에 의해 자연주의에 입각하여 청년의 사색생활에 대해 진행된 내면적 분석이다. 그리고 다음과 같이 계속된다.

> 이와 같이 하여 우리들에게는 자기주장의 강렬한 욕구만이 남아 있을 뿐이다. 자연주의가 발생한 당시와 같이 지금 또한 이상을 잃어버리고, 방향을 잃고, 출구를 잃어버린 상태에서 오랫동안 울적한 그 자신의 에네르기를 혼자서 지니고 있었던 것이다. 이미 단절되고 있는 순수 자연주의와의 결합을 지금 역시 의식하기도 어렵겠거니와 그 밖에 오늘날 우리들 청년이 가지고 있는 자멸적 경향에 대해 그 이상의 상실에 대한 슬픔으로 명료하게 말하고 있다. ─ 그렇게 해서 이것은 실로 「시대閉塞」의 결과라 볼 수 있다.

啄木의 자연주의에 대한 비판은 지금까지 누구도 시도하지 못했던 특색을 보이고 있다. 단순한 찬성론도 아니며 더구나 반대론도 아니다. 형식론적인 모순의 추구 등은 물론 아니다.

자연주의라는 강렬한 혼란된 사조 속에서 괴로워하고 있는 청년의 사색생활에 관해 언급하면서 당시 일본사회 전체 테두리 내에서 그들의 괴로움을 해결하는 방향을 찾아내는 것에 의해 자연주의의 내적 혼란에 관한 분석에 훌륭한 성공을 보이고 있는 것이다. 그것은 결정적, 근저적인 비판이었다.

15) 비판자와 방관자

이상과 같이 보면 자연주의의 이론적 주장자들이 방관자, 반대론자, 동감자이기도 한 학자·평론가들과 비교하여 보면 도리어 자연주의에 대한 지식, 교양이 부족하기도 하고 논리상에도 약점이 많은 것을 느낄 수 있다. 上田敏의 『자연주의』(「新小説」 명치40.1월호) 등은 단문에 지나지 않지만 유럽 자연주의에 대한 투철한 견식에 뒷받침되고 있다. 生田長江의 『자연주의론』(「趣味」 명치41.3월호), 樋口竜峽의 『자연주의론』(「明星」 명치41.4~5월호), 中沢臨川의 『자연주의 汎論』(「早稲田文学」 명치43.9월호) 등 어느 쪽도 장편의 역작으로 유럽 자연주의에 대한 지식이 풍부하고 정확하다고 볼 수 있지만 소개자, 해설자 이상으로 뛰어난 것은 아니다. 모순투성이인 일본 자연주의에 대해서 완전히 방관자로 자처하고 있는 것이다. 이미 멀리 명치22년 1월의 『의학의 説로부터 나온 소설론』이나 명치25년 1월의 『에밀 졸라의 몰이상』

에서 졸라의 실험소설론에 대해 정확하게 비판하고 있던 森鷗外가 겨우 당시 성행하기 시작한 一知半解의 일본 자연주의에 관한 주장 등에 귀를 기울이려고 하지 않았던 것은 당연하였는지 모른다. 夏目漱石도 거의 똑같다고 봐도 좋다.

木下杢太郎, 安倍能成 등은 이미 봐온 바와 같이 교양과 견식을 가지고 일본 자연주의 그 자체에 대해서 각각 다른 각도로부터 비판적인 발언을 하고 있다. 『자연주의 却論』(「帝国文学」 명치43.4월호)에서 일본 자연주의는 일정한 심미적 원칙이나 주의가 아니라 여러 가지 잡다한 사상이나 정서의 혼합에 의해 이루어져 있고, 단지 낡은 것을 배척하여 새로운 것을 추구하는 운동의 총칭에 지나지 않는다고 말하고 있는 片山孤村도 그 한 사람에 들어갈 수 있다.

16) 자연주의의 현실감

이러한 사람들과 비교하면 핵심적인 주장자들은 天渓를 비롯하여 天弦도 御風도 泡鳴도 게다가 島村抱月마저도 유럽 자연주의에 대한 지식이 논리적인 강인함이 부족하였고 논쟁면에서도 패색을 보이고 있었던 것은 이미 봐온 대로이다. 이러한 약점에도 불구하고 그들의 열렬한 주장에는 문단뿐만 아니라 당시 사회도 귀를 기울일 만한 것이 있었다. 논리적으로는 비록 지리멸렬하였던 天渓들의 주장에 대해 많은 사람이 공명이나 동감을 보였던 것이었다. 天渓는 최후에는 『현실주의의 諸相』(「太陽」 명치41.6월호)에서 상징주의와의 결합에 대해 서술하고 있을 정도의 愚劣함을 드러내고 있었다.

　그럼에도 불구하고 예를 들면 正宗白鳥가 『자연주의 盛衰史』 속에서 「長谷川天渓의 자연주의론은 구태를 타파하여 인생에 참 됨을 보려는 열의를 담고 있어서 당시 평론 중에서 이채를 띠었다」라고 말하고 있을 정도였다. 島村抱月도 王堂도 「島村抱月씨는 이 논문을 서술함에 있어서 원래부터 통일성이 결여되어 있어서 모순점이 많고 잡다하다 보니까 번잡한 자연주의의 주장을 전부 망라하여 조화와 통일을 세우려고 하기에는 많은 고심이 필요했을 것이라고 생각한다」라고 말하고 있을 뿐이다. 말하자면 고생하여 나름대로 이론적인 체계를 세웠는데 『序에 대신하여 인생관상의 자연주의를 논한다』나 『회의와 고백』 등에 이르게 되면 직접적인 고백조가 섞여 있어서 그러한 것이 정연한 이론보다도 도리어 독자의 마음을 강하게 호소하는 것이 있었다. 이론이 형성되든 아니든 그러한 고백풍의 호소에 곧 호응하였던 시대적 고뇌가 당시 사람들의 가슴에 쌓여있었기 때문이다. 이론이 지리멸렬하였든 현실 폭로라든가, 환멸이라든가, 事象을 事象으로 보는가 하는 말을 늘어놓는 것만으로 충분했던 것이다. 「요컨대 자연주의의 강점은 그 이론적 근거에 있는 것이 아니다. 논리적 유희 때문에 도리어 배척되고 있을 정도였다. 그 강점은 주로 지금 사람의 현실감에서 찾을 수 있다. 그 가치는 묻지 않고, 그 미추는 논해지지 않고, 그 선악은 분류되지 않고, 어쨌든 이것이 인간 현재의 실상이 아닌가. 또는 현실이 아닌가 하는 것이 자연주의가 내세웠던 규칙이었다. 더구나 이 규칙의 강도가 강했던 것은 인정하지 않을 수 없다」(『자기 문제로서 본 자연주의 사상』)라는 安倍能成의 말은 이러한 소식을 보여주는 것이다.

17) 正宗白鳥의 회상

正宗白鳥의 『자연주의 盛衰史』 속의 다음의 말은 당시의 분위기를 방불케 하는 것이 있다.

『破戒』가 나온 무렵부터 누구라고도 할 것 없이 자연주의의 이름이 문단에 나오기 시작했다. 언제 누가 최초로 발언하였는지 나도 모르지만 이것은 시대의 소리였다. 하늘에 입이 없어서 사람으로 하여금 말하게 했다고 봐도 좋을 것이다. (중략) 이렇게 급속하게 힘차게 문단을 석권해 간 것은 지금까지 예가 없었던 것이다. 만일 藤村이라도 거기에 감화 받았을 것이다. 막연하게 생각하고 있던 문학관에 생기를 불어넣었던 것이다. 예전에 암중모색하고 있던 것을 발견한 것과 같은 것이다. (중략) 그들 자연주의 작가는 고통을 이겨내고 그러한 작품을 제작하고 발표했다. 그것은 일본문학사에도 세계문학사에도 예외가 없는 것이었다. (중략) 가난에 힘들어 함과 동시에 인생에 대해서 지겨워하는 것도 그 사람을 자연주의에 공명하게 만드는 동기가 되었던 것이다.

白鳥가 말하는 이들의 회상을 읽으면 자연주의가 이러해야 했다는 것을 「시대閉塞의 현상」으로 돌렸던 啄木의 비판이 어렴풋이 떠오르는 것이다.

18) 자연주의에 대한 사회적 비난

현실폭로, 구태 타파, 환멸의 비애, 무해결 등을 표어로 내걸어 인생에 있어서 진의 탐구를 위해 모든 것을 용서 없이 파헤치려고 한 자연주의 문학은 종래 도덕관의 입장에 서서 보면 언급해서는 곤란한 것이었던 인간의 추악한 면의 묘사에 중심이 두어지게 되었다. 그 때문에 자연주의는 부도덕함에 대해 인내하지 못한다는 비난이 각 방면으로부터 일제히 집중되기도 했다. 그것이 당시 얼마나 격렬했던가는 자연주의가 변태주의라는 異名으로 일반에 통용된 것을 생각해보면 알 수 있다. 변태주의라는 것은 명치41년 3월 22일 밤 大久保에 있던 나무를 관리하는 직업의 통칭 변태=池田龜太郎라는 변태성의 남자가 목욕을 끝내고 돌아가는 유부녀를 덮쳐서 무기징역에 처해진 강간치사 사건을 말한다. 이 사건이 일어난 명치41년에는 生田葵山의 『都会』, 小栗風葉의 『사랑에 눈뜸』, 佐藤紅緑의 『復讐』, 白柳秀湖의 『鉄火石火』, 草野柴二 번역의 『모리엘 전집』 飯田旗軒 번역·졸라의 『巴里後篇』 등 12편이 발매금지가 되었고, 명치42년에는 宮崎湖処子의 『아내의 자백』, 永井荷風의 『프랑스 이야기』 『歡楽』, 德田秋声의 『媒介者』, 森鷗外의 『魔睡』 『ヰタ·セクスアリス』, 小栗風葉의 『언니와 동생』 등 23편이, 명치43년에는 水野葉舟의 『旅舎』 『오미요』 『음지』, 小内山薫의 『피리』 『휴지』, 木下尚江의 『남편의 자백』 『불기둥』 『거지』 『飢渴』 『영혼이냐 육체냐』등 25편이 각각 발매금지 되었다는 것만을 헤아려보아도 명치41, 42년의 筆禍数는 200건에 이른다고 일컬어지고 있다.

그 전에는 모델 문제가 있었고 지금도 또한 風俗紊乱으로 떠들썩하다보니까 자연주의는 단순히 문학상의 문제에 그칠 수가 없었다.

花袋는 『근대소설』에서 당시를 회상하고 있다.

　　명치40년부터 명치42, 43년에 걸치는 동안에 자연주의 운동이 맹렬했던 것은 지금 새삼스럽게 여기에 되풀이할 것도 없다. 자연주의라는 말은 어디에서도 들을 수 있었다. 이상한 의미로도 사용되어졌다. 아니 그 뿐만 아니었다. 그 예민한 방면은 어디까지나 실행되고 있었기 때문에 — 지금처럼 소설의 운동이 아니라 사회 운동과 관련을 맺은 형태가 역력하였기 때문에 후에는 정부의 주

의를 끌게 되면서 불건전하고 부도덕한 위험한 사상처럼 생각되어졌다. 예의
조그마한 싹에 불과했던 幸德秋水 등의 사회운동으로 계속해 번져나가는 것으
로 인식되었다.

19) 예술과 실행

이와 같은 사회적 반향에 이끌리어 자연주의 이론에서 당연히 문제가
생기게 된 것이 예술과 실행(실생활)과의 관계였다. 이것은 자연주의가
급진 파괴의 시기로부터 반성기에 들어간 것을 의미하는 것이었다.

예술과 실행의 문제에 대해서 자연주의론자의 태도는 대략 두개로 나
누어져 있었다. 예술 즉 실행의 입장으로부터 자연주의는 문학의 주장
임과 동시에 예술상의 주장이어서 양자 사이에는 구별이 있을 수 없다
는 것과 어디까지나 문학상의 주장으로서 문학의 범위 내에 한정시키려
한 것이었다. 전자에는 泡鳴가 있었고 후자에는 島村抱月, 花袋들이
있었다. 특히 泡鳴는 강경론자로서 많은 사람들과의 사이에 논쟁이 교
환되기도 하였다.

島村抱月는 일찍부터 『예술과 실생활의 경계에 가로놓여 있는 일선』
(「早稻田文学」 명치41.9월호)을 쓰고 실행과의 사이에 일선을 긋는 것
에 의해 이러한 비난 공격으로부터 도망가려 했던 갯이라고 봐도 좋다.
꽤 긴 론이기는 하지만 枝葉에 그치는 것이 많았는데 요컨대 예술에
있어서 관조에 관한 중요성의 주장이었다. 근대의 예술은 실감의 예술
이다. 더구나 그것이 우리들의 이해로부터 벗어나 제 3자가 되어 보지
않으면 결코 예술화가 될 수 없는 것이다. 이 제 3자의 경지가 바로 관
조라는 것이다. 관조라는 것은 지적이고 냉정한 기분이다. 실행에 고조

되면 관조의 여유는 없어진다. 실행을 벗어난 곳에 관조의 경지가 있고 예술의 세계가 있다. 예술에 실행을 예상하는 것은 금물이다. 관조의 생활은 즉 방관적 생활이 되어야 하는 것이다.

『실행적 인생과 예술적 인생』(「新潮」 명치42.3월호)에 있어서도 실행하고 있는 사항의 情味 이외에「전 인생, 전 경험, 전 운명이라는 것과 연결된 배경적인 것을 기억에 떠올려 그것을 음미하고 생각나게 하는 기분」, 이「배후에 떠오른 전 인생의 맛」이야말로 우리들이 바라는 예술적 요구인 것이다.

『第一義와 第二義』(「読売新聞」 명치42.6)에서는 예술 즉 실행을 주장하고 있는 泡鳴를 반박한 것이라 볼 수 있지만 최고의 현실은 실행에 있는 것이고 실행은 곧 최고의 예술적 성분을 가지는 것이어야 한다는 것을 인정하면서 또한 다음과 같이 논하고 있다.

사실 실행을 보류하면서 동시에 관조한다는 것은 그 실행을 전력투구할 수록 그것이 곤란하게 된다는 것이다. 인력으로서는 거의 불가능하다는 것이다. 그러니까 관조는 반드시 실행의 단계를 거쳐 갔던 것을 회고하는 순간 이외에는 일어나지 않는다. 이러한 사실을 예술의 객관화라는 것이다.

花袋는 실작자로서 시종 방관적 입장에서 벗어나지 않으려고 했던 작가였다.

생사를 걸고라도 실행해가는 사람은 일종의 캐릭터임에 틀림없다. 그러나 그것은 예술가에게는 먼 일이다. 실행은 그 사람의 예술에 관한 배경을 형성하는 것이다. 그렇기 때문에 나는 그렇게 말하고 싶다. 열렬한 실행가로 하여금 그것에 보이지 않는 인내와 지식을 가진 사람, 정신상의 水火의 싸움을 가만히 지켜보고 있는 사람 그러한 사람이 참된 예술가이다. (『花袋文話』)

특히 泡鳴와는 몇 번인가 논쟁을 교환하였지만 요컨대 그것은 위에서 말한 그대로이고 이것의 되풀이에 지나지 않았다.

20) 島村抱月에 있어서 天渓와 泡鳴의 대립

島村抱月의 『실행적 인생과 예술적 인생』은 泡鳴의 예술적 실행론에 대한 비판이었던 것은 말할 나위도 없다. 泡鳴는 곧 『실행문예와 데카당론』에서 이것에 대해 반박하고 있다. 泡鳴에 의하면 島村抱月가 말하는 인생의 맛은 실행 내부의 문제이기 때문에 결코 실행 바같에서 생각해서는 안 된다는 것이다. 실제 그 맛이 나오든 나오지 않든 실행가와 문예가의 직업상에서 異同高下에 의할 것이 아니라, 양자를 통하여 그 인간의 근본적인 자각이 있는지 없는지를 증명하는 것에 있다는 것이다. 이러한 자각이 없는 태도라면 실행으로 나타나든 문예로서 나타나든 그것은 제 2류 이하의 것이라 할 수 있다. 島村抱月들은 이러한 실행으로부터 벗어난 무기력, 무내용적인 것에 의해 예술이 성립한다고 생각하고 있다. 그런 것으로부터는 통절한 문학이 탄생될 수가 없다. 그러니까 음악이나 회화 등은 우리들이 바라는 실행적인 예술과 똑같은 제 1류의 예술이 될 수가 없다. 실행적 문예라는 것은 島村抱月나 花袋가 생각하는 것과 같은 단순히 묘사상의 자연주의가 아니라 철두철미한 태도상에 있어서의 문제인 것이다. 島村抱月들은 실행함에 있어서 예술은 사라진다고 생각하고 있는 것 같으나 자신이 추구하는 것은 島村抱月가 생각하는 소위 사라지는 것으로부터 시작되는 예술을 지칭하는 것이다. 실행과 예술이라고 지칭하는 바와 같이 별도로 있는 것이 하나가 되는 것이 아니라 원래부터 하나이기 때문에 그 구별은 있을 수 없다. 「작품이 주가 아니라 태도에 의해 말하는 것이기 때문에 그 생활이 곧 그 예술이다」라고 말하는 것이다.

天溪가 『자기분열과 정관』(「太陽」 명치42.2월호)에서 花袋, 泡鳴의 작풍을 비교하여 전자가 자기 정관적이라면 후자는 자기 고백적이라고 말하고 있는 것에 대하여 자신을 非我的으로 정관하는 것과 자신을 파괴 주관적으로 고백하는 것과는 과연 어느 쪽이 강렬한 태도가 될 수 있는가 하고 말하고 있다.

泡鳴의 이런 주장은 자연스러운 흐름이라 볼 수 있는데 이것은 다음과 같은 곳까지 발전한다.

　우리들의 신자연주의는 인생관이고 동시에 또한 예술관이기도 하기 때문에 인생과 예술을 아무런 구별을 두지 않을 정도로 절실해야 할 것이다. 그러나 花袋씨를 비롯해 天溪씨도 島村抱月씨도 단지 구별된 예술 범위 내에서 이것을 생각한 것 같다. 우리들은 만일 이 주의가 보통의 예술과 충돌한다면 그 예술을 버려야 할 뿐만 아니라, 만일 또한 사회나 국가와 충돌한다고 해서 결코 그것을 두려워하지는 않을 것이다. (「文界私議」 명치42.4월호)

게다가 天溪에 대한 응수 속에서 계속해서 말한다.

　내가 실제 문제에 부딪침이 있어서 무해결 태도를 주장한 것은 花袋씨나 島村抱月씨가 생각하고 있는 예술의 범위 내에서만 무해결이라고 하는 뜻은 아니다. 실제문제에 그것이 부딪칠 때라도 해결 없이 자아의 행동─ 즉 盲動이다 ─ 을 해야 할 만큼의 각오가 필요하다는 것이다. 씨 등은 모두 이것이 불가능 하다고 말하고 있다. 그러나 나는 할 수 있다는 것이다. 찰나적 인생관의 극치는 거기에 있다는 것을 잊어서는 안 된다.

여기에 강렬한 자아적 본능적 상징주의자인 泡鳴의 면모를 볼 수가 있다. 주관삽입을 주장하면서도 어디까지나 방관적 태도를 견지하려는 島村抱月 일파와 행동적인 자아주의 — 자아의 연소에 의해 일체의 현실을 보려는 泡鳴가 예술과 실행과의 관계에 있어서 이와 같은 대립을 보인다는 것은 당연한 결과라고 봐야 할 것이다.

21) 花袋의 평면묘사론

島村抱月에 있어서 花袋와 泡鳴의 이와 같은 대립은 결국 관조와 실행의 대립이라고 볼 수가 있다. 이러한 대립은 당연히 묘사론의 대립이 될 수밖에 없다.

花袋는 일찍부터 『노골적인 묘사』(「太陽」 명치37.2월호)를 주창하여 모든 成心과 기교를 배척하고 방관적 태도에 의한 묘사를 주장했다. 그는 『花袋文話』 속에서 다음과 같이 말하고 있다.

> 어쨌든 현상을 현상으로 보는 기분으로부터 새로운 묘사론이 나타난다. 그리고 처음으로 재현이라는 것이 일컬어진다.
> 보통 사람들이 말하는 것을 감히 하지 않는, 기록해야 할 것을 기록하지 않는 비겁한 상태도, 人生 陰忍의 상태도, 잔혹무참한 상태도 또한 이것을 묘사하여 거리낌 없는 마음의 상태에 어떻게 도달하는가를 생각해 볼 것을 여러분들에게 권한다.

더구나 그는 이와 같은 방관적 태도조차 포착해서는 안 된다는 것이다. 「분석을 하여 그 분석에 포착되지 않는 사람이 — 방관적 태도를 견지하여 그 방관적 태도에 포착되지 않는 사람이」 비로소 인생의 진상을 볼 수 있고 또한 그것을 그릴 수 있다는 것이다.

그러면 이러한 방관적 태도, 「현상을 현상으로서 보는」 태도를 花袋는 실제의 묘사상에서 어떻게 실천하려고 했던가. 그것은 일체의 현상을 감각에 느껴지는 대로 충실하게 비추어 내도록 하였다는 것이다. 「눈으로부터 두뇌에 들어가서 생생하게 있는 광경을 그대로 문장 위에 재현시켜 보이려는」 것이었다. 평면묘사의 설이 이러한 것이다. 이것은 島村抱月가 말하는 소위 본래 자연주의의 입장으로부터의 묘사론이라고 봐야 할 것이다. 그것은 「현상을 현상으로 본다」는 것이어서 모든 잡다한 현상을 비판하고, 분석하고, 개괄하여 그 본질적인 것을 발견해 내려는 리얼리즘의 방법을 인식하지 못했던 특질을 여기에서 발견할 수가 있다.

22) 泡鳴의 일원묘사론

실행 즉 예술의 관계를 주장하는 泡鳴가 이와 같은 평면묘사를 긍정할 리가 없었다. 일반적으로 묘사는 관찰과 기록으로 이루어 진 것이고 따라서 묘사는 본질적으로 재현이라 할 수 있다. 그러나 泡鳴는 문학이 재현이라는 것을 인정할 수가 없었다. 「나는 예술이 인생의 묘사가 아니라 실행하는 것이라는 것을 주장하는 바이다」(『霊肉合致＝自我独存』 명치41.5)라고 말하고 있는 것은 당연하다. 그리고 그는 花袋가 인간을 자연물인 것처럼 보는 것은 아직 진지함이 부족하다는 증거라고 주장하고 있다.

예술가가 해야 할 일은 자연을 단지 재현하는 것에 있는 것이 아니다. 자연 그 자체를 자신의 환영에 현실화 하는 것에 있는 것이다. 왜냐하면 자신 이외의 천연은 없어지기 때문이다. 이렇게 되면 실행적 예술이라는 것은 결코 쉬운 것이 될 수 없다. 비통한 인생의 긍정인 것이다. 긴급한 태도상의 문제이다. 만들어진 외형적인 예술과 같은 것은 자신의 분비물인 대변이나 소변에 지나지 않는다. 설령 거기까지 가지 않더라도 비교적 그것에 가까운 것이 되면 일시는 만족할 것이다. 그러나 그런 것조차 지금의 문예계에는 그다지 발견되고 있지 않다는 것이다. 즉 생각이 깊은 인물이 부족하다는 것이다. (『인생긍정과 자연주의 삼파』 명치43.6)

평면묘사의 폐해는 「과거나 미래의 심각한 배경」이 따르지 않는 쇄말적인 일을 너무 자세하게 서술하는 점에 있다고 하는 것이 泡鳴의 생각이었다. 현실이 아무리 평범할지라도 「藤村씨 作物의 모든 것이나 花袋씨 作物의 삼분의 이」가 묘사되고 있는 것과 같은 접착력이 부족하고 또한 심각한 배경을 동반하지 않는다고 해서 반드시 그곳에 심리적 교감이 부족하다는 것을 의미하는 것은 아니다. 그곳에 인생의 특수한 긍정이 동반한다는 것이다. 그리고 이러한 점에서 正宗白鳥가 비교적 주목을 받는 작가라고 말하고 있다.

泡鳴는 기회가 있을 때마다 藤村의 묘사가 내용이 없고 기교적이어서 작자 자신이 직접적으로 작품에 나타나지 않는 것에 대해 비난하고 있다. 가치 있는 작가의 주관에 비치는 객관묘사는 외형상의 기교를 버리고, 직접으로 사상적 현실에 뛰어들어야 한다는 것이다. 이것은 평면묘사는 인생의 一角, 一角을 포착해가면 된다는 의미인 것 같은데 인생의 일각에는 반드시 인생의 전체가 보이는 것이어서 인생을 내부적으로 고찰해가면 언제 어디에서도 전체로서 또는 立方体로서 나타난다는 것이다. 이러한 인생 전체의 마음은 작자 주관의 마음과 함께가 아니면 결코 나타나지 않는다는 것이다. 자신 이외에 인생은 없기 때문이다. 작자의 태도는 「나의 소위 心熱的, 전인격적 실행」이 아니면 진지함은 있을 수 없다는 것이다. 진지한 작가는 자신의 주관을 벗어나서는 진지한 인생묘사도 있을 수 없다는 것이다. 이런 의미에서 그는 藤村을 힐난하고 白鳥를 인정하였던 것이다.

재현으로서의 평면묘사를 부정하고 있는 泡鳴가 주장하는 것은 소위 일원묘사이다. 그의 문학관이 주객혼일, 실행 즉 예술의 일원적 주장이었던 것처럼 그 묘사론도 일원주의의 주장이었던 것이다. 그에 의하면 예를 들면 작자가 그리려는 여러 인물을 방관하는 경우 그것들의 인물과 작자와의 관계는 不卽不離여서 이와 같은 방법으로서는 구체적인 인생은 그릴 수 없다는 것이다. 평면적이고 개념적인 인생 밖에 그릴 수 없다는 것이다. 평면묘사가 이런 것이라고 주장하고 있다. 구체적인 인생을 그리기에는 이것에 반해서 작자가 작중 인물의 입장에 서서 작중의 한 인물의 기분이 되어 그 밖의 인물 나름대로 세계 나름 대로를 그려 내지 않으면 안 된다고 하는 것이다. 작중의 한 인물을 중심으로 한다는 것은 주체적 입장에 선다는 것일 수도 있다. 주관 즉 객관, 실행 즉 예술의 문학관으로부터 당연히 나올 수 있는 묘사론이라고 봐도 좋다.

泡鳴의 이와 같은 일원묘사론은 자연주의가 문단에서 퇴장하고 나서 오히려 이론적인 발전을 보이고 있는데 『현대 장래의 소설적 발상을 일신해야 할 나의 묘사론』(「新潮」 대정7.10월호)에 있어서 그 체계가 이루어졌다. 그러나 이것보다 일찍이 『소설표현의 네 단계』(「文章世界」 명치45.7월호)에서 소설 표현을 알고 나서 설명적 설명, 묘사적 설명, 설명적 묘사, 묘사적 묘사로 나누고 있는데 앞의 두개는 무자각 시대의 묘사라 할 수 있고, 자연주의적 각성이 일어난 뒤의 묘사는 주로 후자의 두 개가 해당된다고 말하고 있다. 泡鳴 자신은 물론 묘사적 묘사로

할 예정이었지만 그 표현하는 방법으로서의 주장은 일원묘사론이었다.
花袋의 평면묘사와 비교해 보면 묘사론으로서는 한 단계 진보된 것이
라고 해도 좋다. 花袋에 있어서의 방관적인 입장을 주체적인 입장으로
転化시키는 것에 의해 재현을 표현에까지 승화시키려는 의도로 받아들
일 수 있다.

23) 諸家의 비평과 泡鳴의 반론

泡鳴의 일원묘사가 구체적으로 어떠한 것인지에 대해서는 諸家의 비
평에 대한 자신들의 변명을 보면 알 수가 있다. 『내외 양면의 誤伝』(대
정3.5)에서 泡鳴는 自作 『독약을 마시는 여자』에 대한 德田秋声와 森
田草平와의 비평을 반박하고 있다. 秋声의 「회한의 고통이 동반하지
않고 있다」라든가, 森田의 「深酷한 윤리적 갈등이 있어야 할 것」이라
는 평에 대하여 만일 회환이라든가 갈등을 도덕상에 두어도 좋았을 시
대는 보들레르를 최후로 하여 사라졌다. 「질질 끌려가는 정도로 인생에
도취하여 삶을 맛본 것 속에는 도덕 이외의 깊은 苦楽도 함께 하였겠」
지만 그러한 것이 이 작품에는 그려져 있다는 것이다. 草平가 쓸데없다
고 무시하였던 여러 조건이 이러한 삶을 음미하는 기분을, 그 장소에
그리고 또한 전체에 걸쳐서 맛보기 위해서 필요했던 것이다. 그리고 동
시에 그것을 그려야 할 것을 생략해버렸다고 그가 지적한 것은 그것을
생략해버린 것만으로도 충분히 그러한 맛을 음미할 수 있기 때문에 그
이상의 細述을 바라는 것은 하나의 호기심을 드러내는 것에 지나지 않
는다고 한다. 게다가 그는 草平의 「표제는 대단히 로맨틱한 것같이 보이

지만 그 사실은 대단히 더러운 작품」이라고 비난을 듣기에 이르러서는 그것은 완전히 지레짐작일 뿐이라고 하였다. 자기입장에서 봐도 漱石, 草平 일파들이 가장 구식이라고 생각되어지는 점은 그들은 마치 실생활에 있어서 예술의 재료가 될 수 있는 것과 될 수 없는 것이 있는 것처럼 미리 결정해 둔다는 것이다. 그는 예술을 실생활로 끌어내려 양자를 기분 또는 태도로 동화해 간다. 시각화라는 것은 그 결과의 일부여서 그 밖에 미각화, 취각화, 청각화, 촉각화 등이 있는데 즉 靈肉合致의 작용을 말하는 것이다. 단순히 시각화만으로 더구나 그것에 醜美를 구별한다는 低徊趣味는 자신에게는 맞지 않는다고 하였다.

게다가 秋声의 「주관 나름의 사상, 가끔은 주관 나름의 사이에 삽입되어 있다」는 비난에 대해서는 그는 만일 자신의 사상이 있다고 한다면 전체에 걸쳐있는 것이고, 더구나 그것은 결코 자신이 작자로서 드러내지는 않는다. 모든 작품에 있어서의 주인공 나름의, 그 사상 나름으로 묘사하고 있다는 것이다.

계속해서 『耽溺』 『発展』 『독약을 마시는 여자』의 세 작품에 언급하여 주인공인 義雄 또는 貞夫는 그 내부생활까지도 전부 드러내고 있는데 다른 여타 인물은 주인공의 감각 또는 생활에 언급된 부분만을 그린다는 것이다. 그것이 오시마 또는 오토리, 寿美子 또는 千代子를 관찰함에 있어서 여러분이 말하는 것과 같이 예민하게 하였다고 한다면 그런 것만큼 주인공이 예민하게 긴장하고 있었던 결과였을 것이다. 그런데 예를 들면 『하녀의 사랑』의 경우는 하녀의 내부생활까지 들어가서 그려져 있다고 볼 수 있는데 그 집의 주인이나 안주인은 주인공인 하녀의 시선에 비치는 범위 안에만 그려져 있는 것이다. 이것을 마치 주인입장에서 관찰하고 있다고 생각하는 花袋는 그 예상이 틀려도 한참 틀린 것이라고 말할 수 있다.

이상에 의해서 일률적인 평면묘사와는 달리, 모든 작품의 주인공 입장으로부터 보는 것에 의해 일원적으로 묘사를 통일하려는 소위 일원묘사가 어떠한 것인가는 분명하다. 이것은 후년의 사소설의 방법과도 통하는 것이다.

24) 泡鳴에 대한 花袋의 응수

이러한 일원묘사의 입장으로부터 그에게는 역으로 花袋의 『한 병졸』을 비판한 것에 『田山씨의 『한 병졸』에 있어서 묘사상의 결점』(대정 6.4)이 있다. 요컨대 그것은 묘사의 중심이 끊임없이 흔들리고 일정하지 않는 것에 대한 비난이다. 要太郎의 마음에 들어갔는가 하고 생각하면 갑자기 거기서 오유키나 그 밖의 인물로 시점이 옮겨지고 있다는 것이다. 또는 숙사의 주인이나 손님으로 바뀌기도 한다. 그러나 그렇게 변해가는 방식도 예를 들면 희곡만큼 허용되는 것도 아니다. 충분히 준비가 되어 있다는 점에서 보면 지장은 없다. 그러나 花袋에게는 그렇게 충분히 준비가 되어 있는 것이 아니라고 본다. 이러한 시각에서 봐서 특히 심한 것은 예를 들면 要太郎가 통나무집 앞을 지나간 뒤에 통나무 집 안의 대화내용을 묘사하는 부분, 또는 그가 숙사에 불을 지를 때 그 곁을 지나가던 열차 창문에서 승객이 그 불난 장면을 바라보면서 교환하는 대화 등은 要太郎의 심사와는 아무런 관계가 없는 것으로 滑稽일 수밖에 없다고 말하고 있다.

泡鳴의 일원묘사 방법을 역으로 평면묘사의 花袋로부터 비평하면 다음과 같이 된다.

재현 -- 완벽하게 묘사하기에는 인생파의 입장에서는 또는 진짜 그 목적으로 나아갈 수 없다고 나는 생각한다. 泡鳴군의 『放浪』을 요즘 읽었는데 그것을 예로 들어 보면 그러한 것이 잘 이해된다. 인생파에 가까운 泡鳴군은 아직 好惡是非라는 것에서 벗어나지도 못한 현상을 그것을 현상으로 본다는 기분에는 도달하고 있지 못하다. 그러한 증거에는 작중 인물에 대하여 작자가 무서운 판단의 도끼를 휘두르고 있다는 것이다. 勇 부부에 대하여, 氷峰에 대하여 작자는 무슨 권리가 있는지 모르지만 마치 그러한 판단을 내려도 좋다고 생각하고 있는 것 같다. 그것은 『放浪』의 주인공과 勇 부부와 氷峰과 모두 다르다는 것은 이론이 없다. 그러나 예술가 입장으로서 특히 재현을 그 작품에 나타나기를 바라는 나의 입장에서는 구별의 차이는 있을 수 있겠지만 그 사이에 가치는 인정하고 싶지 않다. 가치는 독자가 그 묘사 속으로부터 추구해 가는대로 맡겨 두는 것이 좋다. 그리고 나서 또한 『放浪』의 작자는 왜 勇 부부나 氷峰에 향하여 휘둘렀던 판단의 도끼를 주인공 신상에는 왜 휘두르지 않았는지. 이러한 것에 대해 나는 생각해보고 웃음을 지울 수밖에 없었다. 주인공이 주인공을 시인하는 것은 좋지만 작자가 주인공이 한 행위에 대해 그것을 긍정하고 더군다나 거기에 의미를 부여하려고 하는 것은 너무나도 순수하고 또한 滑稽가 아니겠는가. (『묘사론』,「早稲田文学」, 명치44.4월호)

泡鳴의 일원묘사가 이상과 같이 「자기 본위의 白熱的 찰나의 존재」에 입각한 방법이라 할 수 있는 한 작자에 의한 주인공의 是認 긍정이라는 花袋의 지적은 정당한 것이다.

25) 啄木의 비판

자연주의 논쟁에 있어서 예술과 실행의 문제는 이와 같이 하여 드디어 마지막에 이른 것 같다. 이미 봐온 바와 같이 島村抱月나 花袋는 양자 사이에 가로놓여 있는 일선을 지키면서 그들의 자연주의 문학을

관조의 범위에 한정시켰다. 이것은 일면으로 보면 분명히 이 현실적인 과제로부터의 회피이기도 했다. 이와 같은 회피를 과감하게 거부하면서 관조의 한정된 곳을 돌파한 것에 泡鳴의 철저함과 동시에 일탈이 있었다. 泡鳴의 일탈을 넓은 사회적 전망 속에 주체적으로 받아들였던 것이 啄木였다. 그것에 의해 啄木는 관조는커녕 자연주의 그 자체의 한계에 머물 수밖에 없었다. 자연주의에 있어서 관조와 실행의 기묘한 내부적 결합은 이러한 곳으로부터 완전히 붕괴되었다. 『언뜻언뜻 마음에 떠오르는 느낌과 회상』(『きれぎれに心に浮かんだ感じと回想』) 속에서 啄木는 다음과 같이 쓰고 있다.

> 長谷川天溪씨가 이미 그 자연주의 입장으로부터 국가라는 문제를 취급했을 때 --, 일견 제멋대로인 듯한 속임을 구사했다. 이와 같이 자연주의자는 아무런 이상도 해결도 요구하지 않고, 있는 그대로를 있는 그대로 보기 때문에 추호도 국가의 존재와 저촉하지 않는다면 소위 구도덕의 허위에 대하여 싸운 용감한 투쟁도 끝내 똑같은 이상으로부터 보면 허무하게 싸운 결과가 되지 않았는가. 종래 및 현재의 세계를 관찰함에 있어서 도덕의 성질 및 발달을 국가라는 조직으로부터 분리하여 생각한다는 것은 대단히 명백한 오류라 할 수 있다 -- 오히려 일본인만의 특유의 비겁함인 것이다. (중략) 국가! 국가! 국가라는 문제는 지금의 일부의 사람들이 생각하는 것과 같이 그렇게 가벼운 문제일까.

이와 같이 啄木가 쓴 것은 명치42년 11월 소위 大逆事件이 일어나기 6개월 전이었다.

이상과 같은 고찰을 다시 한 번 정리하여 보면 다음과 같다. 자연주의에 대하여 시종 비판 공격을 계속하였던 後藤宙外는 그 반론 속에서 종종 자연주의 진영의 사분오열 상태를 지적하고 비난하고 있다. 「현금 일본의 소위 자연주의 또는 자연파라 칭하는 자는 실제에 있어서는 도저히 함께 할 수 없는 数種 이상의 사상이 잡다하게 같은 명목 하에 포함되어 있는 모습이다. 주의의 이름은 있어도 주의의 내용은 없다고 봐야 한다」(『자연주의 비교론』명치41.4)라고 단정하는 宙外는「그 주의 주장을 기초로 하여 기치를 선명히 하라」라고 공격하고 있다(『진면목이 되어라』 명치41.6). 그는 이러한「무엇이 진짜인지 가짜인지 혼란스러운」상태에서는 이것을 평론하기에도 무익한 귀찮은 것을 참아내어야 하고, 그것은「결코 사상계의 경사도 아니다」라고 지적하고 있다.

이러한 宙外의 발언은 물론 宙外자신이 가지고 있는 이해력의 한계를 생각해야 하겠지만 적어도 자연주의 진영의 한 양태를 전달하고 있는 것은 인정해야 한다. 사실 이 점에 대해서 자연주의의 대표적인 논객으로서 宙外를 공격하는 반대편에 서 있던 長谷川天渓도 인정하고 있는 것으로 그는 이렇게 서술하고 있다.

그런데 자연파 속에서도 그 주장이 반드시 일치하는 것은 아니다. 또한 그 作物에 있어서도 반드시 동일형식을 취하고 있는 것도 아니다. 우리들이 보는 시각에서는 주장 상에 있어서도 혹은 창작 상에 있어서도 천차만별의 모습을 보이고 있는 것은 어쩌면 자연파의 장점일지도 모른다. 만일 이것이 일정한 형식을 띠고 나타난다면 그것은 이미 자연파의 본의에서 벗어나 별도로 붙인 것이라고 봐야 한다. (『近時 소설단의 경향』,「太陽」명치41.2)

天渓는 이러한 실태야말로 바로 자연주의의 참모습이라고 결론을 지우고 있는 것은 당연할 수도 있지만 이러한 사실이 宙外의 견해를 뒷받침하고 있다는 것은 확실하다. 그리고 天渓도 인정하는 천차만별의 모습을 어떻게 총괄지우는 가가 자연주의 문학 연구에 있어서 큰 목표가 되고 있지만 그것은 바꾸어 생각하면 그러한 사실이 자연주의를 둘러싼 논쟁에 대한 초점을 맞추기 어렵다는 것과 그 결과에 대한 평가와 관련되고 있다는 것을 의미하고 있다.

이와 같이 다양한 모습이 존재하기 때문에 그 쟁점을 부각시키기 위해서는 논쟁의 형태가 되고 있는 이전 상태로 되돌아가서 그 동태를 파악할 필요가 있다. 그렇다고 해서 지금 그 하나하나의 줄거리 전체를 거슬러 올라갈 시간적인 여유도 없다. 그러한 기본적인 자세를 확인한 위에 한 두 개의 사실에 대해 언급하는 것으로 그치고자 한다.

복간 제 1호(명치39.1), 제 2호(명치39.2)에서 명치31년 이후의 소설단의 추이를 개괄해 온「早稲田文学」은 사실을 그리는 자연파와 사실에 사상을 위탁시키는 일파가 어떠한 消長을 보이는 지에 대한 것은 미해결된 문제라고 이것을 맺었다. 즉 이 시점에서는 자연파를 아직 적극적으로 평가하지는 않았지만 명치39년 10월의「彙報」에서는 藤村의『破戒』, 漱石의『고양이』『漾虚集』, 独步의『운명』등이 소설단의 새로운 기운을 가져오는 작품으로 취급되었는데 이 작품들을 해설하는 중에 자연파・자연주의에 대한 구체적인 견해를 나타내고 있다. 이 견해를 통하여 주목할 수 있는 것은, 그 제 1은 삼자에 공통적으로 나타나는 신경향으로서 낭만적인 분위기를 인정하고 있다는 점에서 그것을「생활에 대한 욕구와 이 욕구를 억제하려는 여러 장애와 충돌하는 것으로부터 생기는 비통 비애에 대하여 어떤 해결책을 제시하려는 노력」에 있다는 것이다. 그 제 2는 자연을 있는 그대로 비춘다는 자연주의가 지향하는 곳 예를 들면「자칫하면 극히 지식적이고 분석적인 경향을 띠는」것을 비판적으로 바라보고 있다는 점이고, 그 제 3은 漱石를 藤村・独步와 함께 신시대의 작가로 제시하여「침통 幽玄한 취향이 있어서 일종의 신비적 경향을 나타내는」작가라고 서술하고 있다는 점이다. 즉 여기서 자연주의의 장래에 대해서 標象主義에 있다고 인정하는 것인데 그것은 명치40년 3월의「彙報」에서「자연파가 앞으로 나아가야 할 곳임에 틀림없다」라고 말하고 있다는 것이다. 더구나 그 경향이 가지고 있는 근저에 대해서 분명히 「주관적 경향을 띠고 있는」 것을 보고 있다는 점에서 간과할 수 없다.

계속해서 「早稻田文学」은 명치40년 6월 島村抱月가 기교주의와 정서주의의 상관적 관계에 대해 설명하면서 그것은 신자연주의에 이르렀다고 하고 (『지금의 문단과 신자연주의』), 다음 7월 天弦이 『事象 当対의 감미와 俳諧派의 신영역』에서 俳諧派의 기교 본위에 대하여 자연파를 의의 본위의 예술로 규정하면서 양자를 대등하게 취급하여 당대 문예계를 대표하고 있다고 말하고 있다. 같은 7월 御風도 또한 『자연주의론에 연유하여』에서 前号의 島村抱月의 所論을 그 나름대로 해석하고 있는데 자신을 몰입한다는 島村抱月가 지향하였던 것은 「無我에 있지 않고 真我이다. 全我이다」라고 말하여 완전한 자아를 생명으로 삼고 있는 신자연주의를 확립했다. 9월에는 「社論」으로서 天弦의 『무해결의 문학』이 발표되었고 10월에는 같은 회사 동인에 의한 「時言」이 이것을 확인해 주었다. 이러는 사이에 島村抱月가 자신은 자연주의에 대해 찬성한다는 『蒲団』합평에서의 제언이 있었고 (9월), 御風는 『문예상 주객 両体의 융합』을 설명하였다(10월). 이렇게 하여 겨우 「早稻田文学」 진영에 자연주의를 추진하자는 기운이 높아가는 모습이 나타났다. 이것과 병행하여 이러한 경향에 대한 논란이 「帝国文学」, 「ホトトギス」 등의 주위로부터 나오기 시작하였는데 그 중의 하나가 「日々」紙上의 비판에 부응하는 형태로 11월의 「時言」에서는 이것에 강한 논조로 반박하고 있었다.

　　자연주의는 이 세상의 安眠을 깨트리고 백주 하에 이 세상의 비밀을 깨트리기 위해 나온 것이다. 자연주의가 일어난 것을 가지고는 인생 비통에 대한 것을 전부 이해할 수 없다고 생각할 정도로 더욱 더 독배를 마시고 괴로워해야 한다는 것이 자연주의의 주장인 것이다.

이와 같이 비난은 바깥으로만 향해 있었던 것이 아니다. 자연주의가 묘사하고 있는 사실이 獸的이라든가, 암흑적이라는 자파의 소리를 위의 「時言」에서는 한탄할 뿐이라고 서술하고 있다. 그것은 아직도 미분화되었다고 보는 자연주의론에 대한 내실을 뒷받침하는 것이지만 더구나 그러한 상황 속에도 그것은 차츰 주위주장으로서의 자세를 굳혀서 세력을 크게 확장해갔다. 「早稲田文学」의 外郭에 위치하였던 長谷川天渓는 명치30년 9월의 『환멸시대의 예술』 연장선상에 『논리적 유희를 배척한다』(「太陽」 명치40.10)라는 논을 게재하였다. 거기에는 「일체의 이상을 모두 버리고 현실을 직관하여 새로운 의의를 발견해 내는 것」 즉 「破理顕実」의 입장을 입각지에 두고 그것을 임무로 해야 한다는 趣意였다. 때를 같이 하여 이와 같은 입론에 우선 정면으로 반박한 것은 잡지 「明星」에 의한 太田正雄였고, 「大阪毎日新聞」 지상의 角田浩浩였다.

11월의 「明星」에서 太田는 「「太陽」기자 長谷川天渓씨에게 묻는다」라는 한 문장을 발표했다. 말하고자 하는 곳의 현실이라는 것은 무엇을 의미하는가. 「이상은 논리적 유희의 결과일 수밖에 없기 때문에 이 현실 세계와는 거의 관련이 없는 것이다」는 것은 어떠한 의미인가. 추구하고 있는 진리라는 것은 무엇인가 ― 등등의 의문을 던지면서 太田는 문예는 「쾌락을 주는 것」을 목적으로 하는 관점에 비하여 교시를 추구하는 목적을 가진 인생관이나 도덕 때문이라고 생각하는 좁은 공리주의를 위해 예술의 존재를 인정하려는 天渓의 입론의 장에 대해 비판했다. 여기에 대해 天渓는 다음 12월의 「太陽」에서 『재차 자연주의의 입각지에 대해서』라고 서술하고 釈明 반론했다. 목전의 사실 그 자체야말로 현실이고 이 현실의 開陳이 자연주의의 목적이라고 명언하고 있는데 더구나 현실이 케오스 뒤에 존재한다는 것은 도덕적 심미적 가치를 부여하는 것이 아니라 소주관을 배척하고 무해결의 형태로 전개하는 것에 의해 새로운 의의가 생기는 것이라고 대답하고 있다. 그는 角田에 대해서는 그가 가진 이해의 천박함을 지적하면서 자신의 합리화로 이용하고 있다. 그것에 더하여 현실의 開陳에는 원래부터 큰 비애의 덩어리이었다고 서술한 天渓는『환멸시대의 예술』에서부터 계속하여『현실폭로의 비애』(「太陽」명치41.1)에의 도정을 논리적으로 분명히 하고 있지만 그러나 그것에 관한 논의 밀도는 반드시 높은 것은 아니다.

현실의 開陳을 강조하고 있는 天渓의 희망은「진실로 開陳者가 되어야 하는 것」에 있었다(『재차 자연주의의 입각지에 대해서』). 즉 이러한 것에 현실 즉 진실이라는 정식이 성립한다는 것이다. 더구나 그는 자연파는 자기가 경험하고 관찰한 자연을 묘사하는 것이기 때문에 그것이 자연 전체라든가, 궁극의 진상이라든가, 혹은 부동의 실재라고 주장하는 것은 아니라고 단언한다(『近時 소설단의 경향』). 자신이 본 대로의 진실을 비추어 내는 것이 모든 것이 될 수 있다는 주관 존중의 입장은 무해결주의를 포함하여 앞에서 보아 온「早稲田文学」의 주장과 궤를 같이 한다. 명치40년 12월 天弦은「인생관상의 자연주의」를 주장하면서 현실의 고통을 의식하는 것에 자연주의의 원점이 있다고 말하고 있는데 그러한 의식의 근저가「자아라는 존재의 전부가 되고 싶다는 요구」와 연결되는 곳에 자연주의 문예의 위엄이 있기도 하고 즉 그것이 자연주의의 인생관이라고 서술하였다. 이 天弦의 한 문장은 무해결 문학의 주지를 그대로 받아들여 그러한 것이 인생관상의 문제에까지 이르게 된 것이 문장 속에는「구애받고 있는 문예」이래의 표현도 그대로 연결되고 있다. 말하자면 이러한 곳에서 島村抱月·天弦을 중심으로 하는「早稲田文学」의 자연주의론이 거의 정설처럼 굳어져 온 것을 상기하게 만든다. 그리고 문제는 문예상의 한 양식이고 방법이기도 한 자연주의가 세계관·인생관의 문제로서 전개한 점에 있다. 논쟁은 논리화의 미숙함을 드러내고 있으면서도 그러나 그러한 문제를 안고 제 2단계에 들어가는 것이다.

명치41년 1월 「早稲田文学」에서는 자연주의의 특집을 내었다. 그 특집 중에 島村抱月의 『문예상의 자연주의』는 서구의 입장에 서서 논구하고 그것을 정리 집약하여 체계화시킨 것인데 이어서 다음 작인 『자연주의의 가치』(명치41.5)와 함께 일본 자연주의론을 대표하는 총괄로서 평가받았다. 그만큼 새삼스럽게 제시한 문제가 큰 반향을 불러일으켰다. 우선 전자에 있어서 島村抱月는 사실주의는 이상주의에 대응하는 것으로 자연주의는 그 일부에 포함되는 것이라 주장하고 있는데 자연주의의 구성을 방법태도에서부터 순객관적인 것과 주관삽입적인 것 2개로 나누었다. 하나는 외래의 자연을 무념무상의 마음으로 파악하려는 비기교·비주관의 경향을 말하는 것이고, 다른 하나는 마음을 겸허히 하여 거울과 같은 내 마음 속에 事象을 비추어 내어 그것이 비추어진 채로 가만히 숨을 죽이고 그 사상이 전개되기를 기다리는 것을 말한다. 더구나 극치는 양자의 조화에 있다고 하였다. 그런데 후자의 적극적 태도에 의거한 사념의 정지라는 것에는 반드시 목적론이 수반한다. 그리고 사실주의가 현실을 비추어내고 이상주의가 이상을 비추어 내는 목적을 가진 것에 비하여, 자연주의는 진실을 비추어 낸다는 것을 목적으로 한다는 점에서는 앞의 두 개와 근본적인 차이를 가지고 있다는 것이 이 논의 가장 중요한 핵심이었다. 이상이라든가, 현실이라는 것이 개인의 선택기교에 더하여 혐오 경멸의 마음을 생기게 만들기도 하고 또한 외형에 구애받다보니까 심오한 자연의 맛을 알 수 없기 때문에 그것은 第二義的인 것이고, 진이야말로 第一義의 표적이라고 島村抱月는 단정하였다.

그런데 문제는 第一義의 眞이다. 이 문제를 해결해야 할 島村抱月는 이어서 『자연주의의 가치』에 대해서 설명하고 있다. 그는 자신의 所說에 대한 비판을 근거로 하여 당시의 문학적 상황에 비추어서 「自家의 근본관」을 서술한 것인데 자연주의론 중에서도 평가가 높은 논문이라 할 수 있다. 자연파 사람들이 바로 「큰 구름을 우러러 보는 것 같이, 큰 물을 얻은 것 같이 기뻐하여 칭찬의 말을 아끼지 않았던 名文」(後藤宙外 『자연주의의 무특색』, 「新小說」 명치41.5)이라고 불려 질 정도의 가치 있는 精緻한 논고였다. 그것은 외형론·내용론의 양면으로부터 자연주의의 가치를 논하려고 붓을 든 島村抱月는 신 구 양파의 작품을 구체적으로 인용하면서 새로운 경향을 가진 작품과 자연주의의 관련에 대해서 언급하고 있는데 그것으로부터 주관·객관의 문제에 들어가고 있다. 「객관이 우리들 의식에 생겼을 때 여기에 주관의 情意라는 것이 반작용하는 상태」로서 나타나 세 개 내지 네 개의 단이 형성된다고 말하면서 그것을 상세하게 설명한 뒤에 자연의 진을 비추어 내어야 하고 서정적·정서적 주관을 가져야 한다고 했다. 그러면 자연의 진이라는 것은 무엇인가. 내용론 목적론이 여기서부터 시작된다. 사회문제, 과학, 현실을 내용이라고 가정할 때 삼자를 관통하는 것은 도덕적 또는 실제적인 목적이다. 문예의 목적은 美이고 그 성분은 쾌락과 실제적 의의가 있지만 자연주의는 실제적 의의가 眞이라는 이름을 쓰고 있는데 쾌락을 수반하여 美의 요구에 부응하려는 것이다. 「眞은 美를 완성하는 한 재료」인 것이다. 그러나 또한 역으로 眞을 나타내고 싶을 만큼의 미의 문예가 되었다고 이해하고 있는 것이다. 더구나 자연주의는 있는 그대로의 주의, 무해결 무이상주의이다. 따라서 그것은 우리들을 종교의 문에까지 이끈다. 현실을 전개하여 목적에 도달하려는 사상을 문예상에 실행시키려는 것이 자연주의이다.

이러한 島村抱月의 두 논문에 대하여 宙外는 『자연주의의 무특색』(「新小説」 명치41.5)에서 「지엽적인 것이 확대되면서 근간자체가 말라서 죽어가고 있는 것을 잊어버린 느낌이 든다」라고 서술하면서 자전적 작품 등은 주관적이기는 하지만 정당하다고 비주관설에 대해 반론하고 있다. 게다가 내용론에 대해서는 사회문제, 과학, 현실만으로 철학, 종교 및 표면적 세상을 들고 있지 않는 것에 대해서는 의문을 보이고 있고, 외형에 있어서는 객관적 묘사, 내용에 있어서는 무조건이라는 것에 대해서는 종래의 사생문과 별반 다름이 없는 것이 아닌가 하고 비판을 가하고 있다. 島村抱月는 이것에 부응하여 宙外가 주장하고 있는 특색이 없는 것에 특색이 있는 것이라고 인정하면서 그것에 대해 응답하였다(『차가운 자기』「二六新報」 명치41.8.28～29). 宙外에 대해서 川合貞一는 「時事新報」(명치41.5.24)에 『자연주의』를 실었는데 島村抱月의 所論에 감복하면서도 물적 현실만을 가지고는 전 인생을 언급할 수 없다고 하여 자연, 물질, 현실과 문명, 정신, 이상 등의 중간에 위치하는 진실된 인생에의 눈을 요구하고 있다. 樋口竜峽는 이미 『자연주의론』(「明星」 명치41.4～5)이라는 긴 논문을 쓰고 있었는데 7월의 「新小説」에 『자각한 자연주의』를 발표하여 그곳에서 객관화가 불충분하기 때문에 미적이 될 수 없다는 島村抱月의 입론의 장에 대해 의문을 제시하고 있다. 게다가 그는 서정적, 정서적 주관을 배척한 사고방식도 부정했다. 田中王堂도 또한 8월 『일본에 있어서 자연주의를 논한다』(「明星」)를 간행 하였는데 排主観説이나 무이상 무해결주의에 대하여 그는 그것을 반드시 원리로 삼아야 하는 것은 아니라고 서술하고 신이상, 신해결을 추구해야 할 것이라고 주장했다.

島村抱月는 이들의 비판에 대하여 그 때마다 그것에 응답한 것이 있었는데, 예를 들면 9월 『예술과 실생활의 경계에 가로놓여 있는 일선』

(「早稲田文学」)을 발표하여 현실생활과 예술과의 교섭, 인생은 무엇 때문에 예술을 가지려 하는 가에 대해서 논하면서 투철한 인생은 이것을 예술로 보는 것이라고 서술하였다. 실생활은 아무래도 삶의 진정한 맛을 알 수 있기에는 부적합하다. 그것은 관조의 対境으로서 생각하면 어쩌면 조용히 맛볼 수도 있을 것이다. 실생활과 예술의 문제가 이러한 곳에서 나왔다. 논쟁은 제 3단계에 들어간다.

명치41년의 후반이 되면 「早稲田文学」 지상에는 매 호 게재되고 있던 전 달의 평론에 대한 논평이 나타나게 된다. 소설계나 미술계에 대해서 변함없이 계속되어 가던 논평이 평론계에 한해서만 없어졌다. 마치 그러한 사정을 해명하는 것처럼 10월의 彙報欄의 「文学界」가 「자연주의론」을 내걸고 있었는데 그것에 의하면 최근의 언론계에서 자연주의적 언설이 静定의 형태로 변한 것은 결코 자연주의 운동 그 자체가 침체된 것이 아니라 슬슬 결론적인 부분에 들어간 것이라고 하면서 天渓·泡鳴·島村抱月들, 반항 또는 부인하는 입장에 섰던 宙外·喜一들의 동향에 대해 언급하고 있다. 그리고 이러한 것을 확인하는 형태로 명치42년 2월에는 전 해를 회고하는 속의 9월 페이지에 「島村抱月의 『예술과 실생활 사이에 가로놓여 있는 일선』을 「早稲田文学」에 내고 자연주의론을 결론적으로 끌고 가려고 한다」고 끝을 맺고 있다(『文芸教学界資料』).

「우선 낙락을 매듭지은 형태이다」(「彙報」)는 것은 사실이지만 적어도 「早稲田文学」 진영에서는 그것이 하나의 막다른 골목에 봉착하여 새로운 논리화에의 길을 추구하는 과정에서 안으로 침잠하고 있던 시대였다. 이 「彙報」 기사 이후 명치42년 말에 걸쳐서 역시 평론계의 논평이 두 달 정도는 제외하고 게재되지 않았던 사실이 그것을 증명하고 있다. 그리고 그 동안에 고충이 있었다는 것은 우선 島村抱月의 『序에 대신하여 인생관상의 자연주의를 논한다』(「近代文芸之研究」 명치42.6)에 의해 나타나고 있다. 말하자면 「나는 어떻게 하면 좋을지」— 그렇게 島村抱月는 실행생활의 현상에 대해 호소하고 있었다. 불평, 반항, 의혹, 절망 속에서 결국은 체념해 가는 수밖에 없었다. 회색 속의 인생이 인생의 진실일까 하고 의문이 들면서도 한편에서는 어떤 의미에서의 종교 같은 것을 느끼고 있었다. 즉 일정한 인생관론을 내세우기에는 너무 불편하였다. 그러니까 지금은 오히려 의혹 부정이 있는 그대로를 받아들여 참회하는 것이 좋다.

安倍能成가 이러한 島村抱月의 所論에 대해 언급하였다. 저자는 지금 보통이 아닌 상태에 있다. 일보 잘못하면 죽음과 같은 권태와 자조에 빠질 것이다. 나아가서 참회하고 자기 성찰에 들어가기에는 어떤 힘이나 요구가 더해져서 뭔가 개통하는 기분이 생겨야 한다. 저자는 참회하기에 적당하다고 자신을 말하고 있지만 그것은 이상일 뿐이고 현재에서는 있을 수 없다고 말하였다(『近代文芸之研究를 읽다』, 「ホトトギス」 명치42.8). 이 한 문장은 能成에게 있어서 평단에의 출발점이 되었는데 이후 그는 반자연주의 진영의 가장 유력한 논객이 되었다. 島村抱月는 앞의 논문의 趣意가 세간으로부터 오해를 받거나 또한 철저하지 못했다고 하는 식의 우려를 불식한다는 의미에서 이어서 『회의와 고백』(명치42.9)을 간행하였다. 새삼스럽게 아무리 생각해도 오늘날의 자기 자신 등이 진실로 인생문제를 취급할 수 있을 만큼의 회의와 고백 이외에는 아무것도 없다고 강조했다. 그것은 예술과 실생활 사이에 떨어진 島村抱月의 구제받기 힘든 암울함을 전달해 주는 것이다.

그 明識을 가지고 자연주의 진영의 이론적 지주가 되어 온 島村抱月는 원래부터 〈구애받은 문예〉에 이미 보이고 있었던 자기 모순을 해소할 수가 없었다. 『자연주의의 가치』에 나타난 진실과 쾌락 사이에 그는 그 나름의 논리를 세우고 있었지만 그것이 추구하는 진실이 이윽고 쾌락으로 바꾸어 져야 한다는 것을 알았던 그였기에 그것에 관한 논리의 심화는 역으로 아이러니하게도 그를 양자 사이에서 떼어놓는 결과를 만들었던 것이다. 能成의 비판은 이러한 島村抱月의 상처를 그대로 드러나게 만들었고 도려내게 하였던 것이다.

논쟁은 能成의 등장을 계기로 재연하였다. 『자기 문제로서 본 자연주의적 사상』(「ホトトギス」 명치43.1)은 문자 그대로 문제에의 확인이었지만 계속되는 『자연주의에 있어서 낭만적 경향』(「国民新聞」 명치43.2.15)은 天弦의 『오늘날의 감상』(「国民新聞」)에의 반론이라 할 수 있는데 天弦의 낭만적 편향에 대해 지적했다. 天渓는 「早稲田文学」의 4월호에서 자연주의의 주관적 요소를 설명하고 있는데 물질적 인생관의 압박에 대한 주관의 동요 고민을 호소했다. 能成는 또한 『자연주의에 있어서 주관의 위치』(「ホトトギス」 명치43.4)에서 天弦의 자연주의 사상에 대해 만족을 느끼지 못한다고 말하면서 그 이름만 집착하고 있는 사람이라고 비판했다. 天弦의 転進을 能成은 정확하게 파악하고 있었던 것이다. 같은 달 片山孤村는 「帝国文学」에서 「자연주의도 이미 가로막힌 듯이 생각된다」(『자연주의 脱却論』)라고 단정했다. 天渓의 『현실주의의 諸相』(「太陽」 명치41.6)에서 국가주의적인 사고를 둘러싸고 石川啄木의 『언뜻언뜻 마음에 떠오른 느낌과 회상』이나 魚住折蘆의 「자기주장으로서의 자연주의」에서의 비판의 말이 게재되고 있기도 하였지만 그러나 시대는 분명히 변하고 있었다. 이 해의 2월 「早稲田文学」이 荷風의 『歓楽』에 칭찬의 말을 보냈다는 사실은 자연주의의 변질 또는 퇴조로 보는 징표였다고도 할 수 있다.

「요즘의 문예는 물론이고 일반사상계에 있어서도 엄숙한 의미에서 현실생활을 본위로 하는 경향이 현저해진 것은 알고 있는 바이다. 이러한 점으로부터 자연주의가 구체적인 주의보다는 오히려 하나의 경향으로서 이미 문예 내지는 사상계에 위대한 혁명의 열매를 맺게 하였다고 볼 수 있다.」(「早稻田文学」 명치41.10 「彙報」) ― 이 말은 자연주의 논쟁에 대한 내실을 엿보게 하는 것으로서 주목된다. 자연주의론이 일단락을 고한 단계에서 그 주창자였던 「早稻田文学」진영에서는 주창하는 스스로의 내측에 필연적으로 주창할 수 없었던 논리적 차이를 실감하고 있었다. 「구체적인 주의 그 자체보다는」라는 말투에 보이는 깨끗하지 않는 뒷맛이 그것을 전해주고 있는 것이다. 당초부터 다양한 시점에 선 이론을 총괄하는 강력한 논리를 추구하고 있었던 그들은 그 과정에서 드디어 그 내적 모순을 크게 드러내었던 것이다. 객관주의를 주창하고 비 주관을 강조하면서 주정적·주관적인 입론의 장에서 탈피 할 수 없었던 그들이 이윽고 현실폭로의 비애를 안으면서 그곳에 안착하였던 자신을 구제해야만 하는 轉進을 할 수 밖에 없게 되었던 것은 이미 그 출발선에 있어서 예측되었던 바라 할 수 있다. 이윽고 그러한 곳에 가지 않을 수 없었던 스스로를 위의 말은 전해주고 있는 것이다. 그와 동시에 그들이 말하는 바와 같이 이 운동이 구습타파·현실폭로라는 면에서 종래의 문학을 넘어서서 근대에의 가교의 역할을 다한 것도 사실이고, 혹은 그것은 혁명이라는 가치 있는 공적으로서 평가되어야 할 것이라고 말할 수 있다. 논쟁 그 자체는 서로 헐뜯기 식의 싸움은 아니었지만 그러나 그러는 동안에 주관·객관의 문제를 둘러싸고 문예상의 참됨과 미의 관계에 있어서 또는 더 나아가 사실과 허구·예술과 실행의 문제에의 관심을 가지게 되었다고 하는 의미는 당시 화제가 된 모델문제 등과의 관련해서 인정하지 않으면 안 되었다. 무이상·무해결이라는 자세가 끝내는 회의와 고백의 심연에 선 절망적인 자신을 호소하고, 사회와 국가에 대한 의식을 결락시켜 가는 논리구조를 드러낸 결과 石

川啄木의 『시대閉塞의 현상』(명치43.8)으로 대표되는 문제의식을 이끌어 낸 것도 이러한 논쟁의 수확이라고 봐도 좋을 것이다. 사실 즉 진실이라는 소박한 인식이 소위 사소설에의 길로 나아가게 된 것은 부정할 수 없지만 그곳에 보이는 경박한 경험주의에의 반성의 계기를 이 논쟁의 과정으로부터 삼을 수도 있다. 그리고 마침 자연주의의 퇴조기에 나왔던 能成들의 반론이 「白樺」의 이상주의를 유지해 주는 문학기운을 불러일으키는데 유효했던 것도 사실이다. 田山花袋나 岩野泡鳴의 「평면묘사」나 「일원묘사」의 문제도 또한 작품형상에의 중요한 어프로치로서 인정해야만 한다. 더구나 논쟁으로서의 논리전개가 성숙하지 못했음에도 불구하고 그 동안에 촉발되어 나온 뜨거운 분위기를 형성하였던 무형의 것이 시대문학을 움직이는 큰 추진력이 되고 있었던 사실도 간과할 수 없는 일이다.

이상의 고찰을 간략하게 다시 한 번 정리하면 다음과 같다. 자연주의 평론계에 중추적인 지위에 있었던 島村抱月는 명치40년에 자연주의 논쟁을 쓰고 있던 문화생인 片上天弦, 相馬御風들에의해 떠받들어지는 형태로 명치41년 1월 天渓가 『현실 폭로의 비애』(「太陽」)를 쓰고서는 자연주의론에 대한 좌절을 고백한 시점으로부터 냉정한 미학적 조작으로 『문예상의 자연주의』(명치41.1)나 『자연주의의 가치』(명치41.5)를 「早稲田文学」에 쓰기 시작한다. 그는 작가 田山花袋가 주재하던 「文章世界」에 감상문 풍의 자연주의론을 내걸고 있었다. 한편 같은 자연주의 진영에 속하면서도 특이한 주관적인 연소가 심하였던 자연주의자 岩野泡鳴는 이들 자연주의에도 비판을 가하면서 그만의 독자적인 자연주의론을 제기해 갔다. 자연주의 측의 평론상의 대략적인 진영은 이상과 같다.

그것은 말할 나위 없이 주의자에 대해 그것을 동조할 수 없었다는 것, 또는 이견을 가지고 있는 것이 비판을 받고 그것을 또 반론하고, 또 그러한 것에 대해 또 다시 비판당하고 반론당하는 측이 재차 응수하는 그러한 곳으로부터 참다운 논쟁이 성립하는 것이다. 그러나 비판이나 반론이 나와도 그것이 논쟁으로 연결되지 못했던 것도 자연주의 평론에서는 꽤 많았다. 양자의 논쟁이 몇 번이나 서로 응수하고 주고받고 하는, 그러한 것으로부터 다시 문제를 끄집어 내어 해명해 가는 식의 논쟁은 이 자연주의론의 경우에는 많지 않았던 것 같다. 그것은 문제가 너무 복잡하고 광범위하게 걸친 탓도 있었을 것이다.

자연주의 평론가의 진영에 싸움을 도전한 논자에는 후에 자연주의 반대의 문예혁신회(명치42.3 결성)를 결성한 後藤宙外나 樋口竜峡가 있었고 또한 미국의 실용주의를 가지고 자신의 사상적 입장으로부터 특히 抱月의 논을 비판하였던 田中王堂가 있었다. 또한 漱石의 문학계열에서는 安倍能成가 있었고 특히 抱月나 片上天弦의 논에 대하여 비판을 가하였다. 또한 阿部次郎가 특히 相馬御風의 문예관에 대하여 논진을 펼쳤다. 이상은 다소라도 논쟁의 형태를 띤 평론을 쓴 비판자 측의 평론가라 볼 수 있다. 만일 자연주의론이라는 것을 확대하여 「예술과 실행」론이나 묘사론에까지 이르렀다면 자연주의 논쟁은 실로 복잡다단한 것이 되었을 것이다.

長谷川天渓는 열정적, 제기자적인 자연주의론을 쓰고 있었는데 사고는 미성숙하였고, 논리도 조잡하고, 모순되면서도 애매한 것이 눈에 띄어서 반론자들의 좋은 비판대상이 되었다. 그의 『자연주의』(명치41.7)에 수록된 논의 하나인 『자연주의에 대한 오해』(명치41.4)를 읽으면 그 무렵까지 자연주의에 가해진 비판이 어느 정도였는가를 또는 그것들에 대하여 長谷川天渓가 어떻게 대답하려고 했던가를 알 수 있다. 그러나 또한 경색된 일념으로 자연주의를 공격해 온 後藤宙外의 논도 대부분이 조잡하여 자연주의에 대한 이해도 옅고 하여 발전적인 논쟁을 일으키지는 못했다. 中島德蔵는 윤리학자답게 『자연주의의 이론적 근거』(명치41.4) 속에서 島村抱月의 『문예상의 자연주의』가 육감의 경지 즉 獸性, 추함을 가장 真으로 생각하고 있는 것에 대해 강력하게 반대의 뜻을 나타내고 있는 것은 편협함도 도사리고 있었다고 볼 수 있다. 그 중에서 田中王堂의 논은 힘있게 쓴 논이고, 樋口竜峽나 安倍能成의 논도 진지한 편이다. 島村抱月의 자연주의론의 특색은 그가 가지고 있는 풍부한 미학적 지식을 원용한 것에 있는 것인데 예를 들면 『자연주의 가치』 속의 「객관이 우리들의 의식 내에 生起했을 때 여기에 주관의 情意가 반응작용을 드러내는 상태로서 이것은 대략 삼 단계 또는 네 단계의 경지가 있을 수 있다」고 논술한 것에 대하여 田中王堂는 이와 같은 인식의 작용과 情意의 작용을 분리해서는 인식에 대한 것도 情意에 대한 것도 그 진상은 충분히 이해할 수 없다고 말하고 있다. 島村抱月의 독무대라고 생각되어 지는 심리적 미학에 의한 분석에도 자세한 반론을 보이고 있다. 島村抱月가 그 자연주의론에서 무엇보다도 고심한 것은 문학의 목적은 미이지만 자연주의의 목적은 真이라고 하여 그 미와 진의 합치를 미학적으로 설명하는 것이었다. 많은 비판이 여기에 집중되었는데 島村抱月가 고심한 이러한 조작에 대해서도 田中王堂는 島村抱月가 미를 정의하여 실제적 의의와 쾌락이 결합한 것처럼 설명하는 것으로는 미의 정의가 대단히 빈약하다고 지적하고 있다. 미와 진의 일치를 설명함에 있어서 설득력의 부족을 힐난하고 있는 것이다. 川合貞一는 島村抱月가 인생에 대해서 자연, 물질, 현실 대 문명정신, 이상이라는 양극만을 보고 그 교섭을 보고 있지 않다고 주장하면서 진실된 인생은 양극에 존재하는 것이 아니라, 그 중간에 있는 것이라고 반론하고

자연주의의 무조건주의, 있는 그대로 주의, 또는 무해결주의, 무이상주
의를 주장했다.

　이와 같이 자연주의를 둘러싼 논쟁은 여러 가지가 있지만 크게 나누
어 보면 다음과 같이 분류할 수 있다. 1) 명치40.10〜12, 長谷川天渓
와 太田正雄의「현실」의 정의를 둘러싼 논쟁, 2) 명치40.12〜명치41.1,
夏目漱石와 長谷川天渓의 여유, 비여유를 둘러싼 논쟁, 3) 명치41.2〜
4, 岩野泡鳴와 中島徳蔵의 자연주의에 있어서 성욕을 둘러싼 논쟁, 4)
명치41.1〜9, 島村抱月와 後藤宙外・樋口竜峡 또는 島村抱月와 田
中王堂・川合貞一의 자연주의의 이론적 체계를 둘러싼 논쟁, 5) 명치
42.5, 島村抱月와 徳田秋江의「예술과 실행」논쟁, 6) 명치42.6〜9,
島村抱月와 安倍能成의『近代文芸之研究』를 둘러싼 논쟁, 7) 명치
42.9〜명치43.8, 片上天弦과 安倍能成・魚住折蘆의 주관을 둘러싼 논
쟁, 8) 명치43.2〜10, 相馬御風와 阿部次郎・片山孤村의「推讃之辞」
논쟁, 9) 명치43.2〜8, 相馬御風와 夏目漱石의 묘사 논쟁, 10) 명치
44.2〜10, 岩野泡鳴와 前田晃 또는 田山花袋와 徳田秋声・徳田秋
江・岩野泡鳴의 묘사 논쟁을 말한다.

　상호 간의 서로 함께 연합하여 전초전이 벌어지거나 간단히 하나의
커플이 되는 것은 아니지만 우선 이상을 자연주의 논쟁의 큰 테두리로
보아도 무방할 것이다.

　이 시기 당대 제 1의 평론가였던 長谷川天渓에 대신하여 島村抱月
의 활약기가 찾아오게 되지만 당시 높게 평가 받고 있던『자연주의 가
치』등의 평론도 자연주의의 필연성에 대해 자세하게 정리한 학설적 내
용이 되지 못하고 동시대의 작가 작품을 비교하면서 서로 언급한 것은
적었다. 後藤宙外, 田中王堂들의 비판 또한 이루어 졌다. 島村抱月가
자신에게 맞춘 형태로 쓴 것이『近代文芸之研究』서문부터인데 여기

에서 安倍能成를 비롯하여 魚住折蘆, 石川啄木에 이르는 정신적인 릴레이가 행해졌다.

그들에게 공통적으로 보이는 것은 자연주의를 문학상의 한 유파로 보지 않고 문학에서 인생까지를 관통하는 전인적 사상으로서 포착하는 것에 있었다. 따라서 자연주의를 자신의 문제로서 삼으면서도 구가치의 우상파괴를 거친 이후의 새로운 가치론적 요구에 부응할 수 없었던 불만에 대해 비판했던 것이다. 공허감이 그들의 동시대적 기분이었고 그러는 의미에서는 그들이 網島梁川을 의식한 것에도 보이는 바와 같이 島村抱月와 거의 같은 연대의 西田幾多郞가 『善의 연구』(명치44)를 정리해 가는 기운과 관계가 있는 것이다. 그러나 자신으로부터 출발하여 자산에게 끝나고 있고 인격적 관련에 너무 힘을 쏟다 보니까 교양주의에로 빠지는 그들 속에서 石川啄木만이 상대방의 모습을 명확히 그려내는 것에 의해서 관념론에서 벗어났다고 말할 수 있다.

문학론으로서 흥미 깊은 것은 묘사를 둘러싼 논쟁이라 할 수 있다. 평면묘사론이 작중인물을 객관시하면서도 동일한 기분이나 정서에 의해 획일화 되고 있어서 일원묘사론 쪽이 훨씬 해석의 테두리를 넘어선 타자를 암시한다는 역설이 이러한 곳에 엿볼 수 있는 것이다.

가치적 평가를 하지 않는 자연주의 리얼리즘은 이러한 곳으로부터 발상된 것이지만 漱石, 草平를 예외로 친다 하더라도 비판자들의 표현도 소설을 지향하지 않고 지적 장식만이 행해지고 있는 것에 대한 흔들림 없는 자기주체성 속에서 나타나게 하고 있는 것에 대해서는 잊어서는 안 된다. 동시에 각 신문의 문예란, 잡지의 時評이 많이 개설된 시기이기도 해서 문예비평 그 자체의 내적 외적인 성립을 말해 주는 논쟁이기도 했다.

11 赤木桁平의 「遊蕩文学」의 撲滅 논쟁

近松秋江는 『헤어진 처에게 보내는 편지』 등에서 행방을 감춘 내연의 처 大貫 마스에 대한 미련이나 집착, 원한을 면면히 서술한 情痴소설을 쓰고 있었다. 近松秋江는 본명을 德田浩司라고 부르고 있었고 필명은 德田秋江라고 부르고 있었다. 그 중에서 하나는 일본 자연주의의 대가인 德田秋声와 분별하기 어렵다는 것이고 또 하나는 元禄시대의 近松門左衛門에게 사숙하면서 조용히 「명치의 近松」를 자임하고 있었기 때문에 명치 말년 무렵부터 德田秋江에 맞추는 형태로 近松秋江의 필명을 사용하게 되었다.

거기서 그는 元禄시대의 近松門左衛門을 모방하여 이전에 『舞鶴 정사와 鷗外씨의 정사』(명치44.9)에 취급하였던 舞鶴 정사에 관한 실화를 제재로 새로운 情痴소설의 분야를 개척하려고 『舞鶴心中』(대정4.1)를 발표했다. 田村俊子가 『1월의 창작단』(대정4.2)에서 이 작품을 칭찬하였는데 近松秋江에게는 왠지 모르게 또 하나의 정사물을 쓰기 바란다고 기대감을 보이자 그는 『舞鶴心中物語』(대정4.3)를 써서 사건의 진상에 대해 설명하고 자신의 의도를 분명히 하였다. 그것과 동시에 田村

俊子의 요망에 부응하여 또 하나의 정사물인 『住吉心中』(대정3.4)를 써보였다.

『舞鶴心中』의 줄거리를 간단히 소개하면 교토의 麩屋町에 楓家여관이 있는데 그 여관의 젊은 주인이 도쿄의 사립대학의 理財科를 졸업하고 돌아왔다. 欽之助는 많은 하녀 중에서 안방 쪽에서 심부름을 하고 있던 오쿄와 친해졌다. 欽之助에게는 남동생과 여동생이 있었는데 세 형제의 어머니는 4년 전에 돌아가고 없다. 그의 아버지는 하녀에게 손을 대기도 하고, 게다가 두 사람의 첩이 있어서 그 첩들로 하여금 본관과 별장의 取締를 분담하게 하였고 또한 이복형제가 4명 씩이나 있었다. 오쿄는 젊은 주인의 처가 될 수가 없었고 이윽고 쫓겨나게 되면서 젊은 주인에게는 혼담이 오고 가고 있었다. 그러나 오쿄와 欽之助의 사이는 좀처럼 단절되지 않고 있었는데 그러는 동안에 오쿄는 임신이 되었다. 欽之助의 부친은 오쿄의 임신이 다른 남자일 것이라고 생떼를 쓰면서 두 사람 사이를 강제로 떼어 놓으려고 했다. 오쿄는 欽之助에게 자신의 주장을 얘기하게 되고 欽之助는 이러한 오쿄를 동정하게 되면서 楓家여관의 별장이 있었던 舞鶴에로 도망을 치게 되고 그러나 이윽고 日本海에 입수 정사하게 된다.

『舞鶴心中物語』에 의하면 이 사건에는 좀더 심각한 이야기가 일설로서 전해지고 있었다. 즉 楓家여관의 주인은 호색가로 오는 하녀마다 차례로 손을 대어 두 사람의 하녀를 첩으로 삼고 있었다. 심부름꾼의 하녀인 오쿄도 또한 그 한 사람이었다. 자식이 관계하고 나서는 부자간에 한 여자를 두고 다투게 되었다. 게다가 죽은 본처 대신에 집의 取締를 하고 있던 첩이 부친에게 질투하여 부친은 또한 자식에게 질투하고 두 사람의 질투로부터 오쿄는 하녀직을 그만두게 되었다. 게다가 자식의 죽음은 젊은 숙녀를 부친과 다툰다는 괴로운 죄악감을 동기로 하고 있는 등 여러 가지 소문이 돌고 있었다.

近松秋江는 교토에 놀러가게 되어서 이와 같은 이야기를 듣고 좋은 소재라고 생각하였다. 그러나 近松秋江가 바라보는 시점이나 情調体는 썩 좋은 것이 아니었고 그렇다고 하여 남녀관계를 스트린드베르와 같이 그렇게 집요하게 다루는 것도 아니었다. 그러나 그는 좀 더 그 맛을 엷게 만들어 써야 겠다고 생각하였지만 그것은 어중간한 상태로 되어 버렸다. 예를 들면 부자 간의 싸움이나 두 사람의 질투는 단순한 소문으로 그치고 있고 그 죽음의 외적 동기도 거의 없는 것처럼 되어 버렸다.

남녀가 열애의 감정을 담은 포옹하는 순간에는 완전히 그러한 채로 죽어도 좋다고 생각하는 찰나가 있다고 나는 생각한다. 그 연애 삼매경의 경지 중에서도 만일 정사의 경우가 되면 상당한 생각이 필요하게 된다고 생각된다. 육체가 사라진다 하더라도 생전에 그가 상상하였던 서로 사랑할 수 있는 곳에 살아가고 싶다고 말하는 그러한 곳에 대한 생각이 떠오르지 않는 것도 아니다. 나는 즉 이러한 마음을 담아 『舞鶴心中』를 써야 겠다고 생각했다.

近松秋江는 그 作因을 분명히 하고 있는데 자신에게는 필력이 부족하기 때문에 충분히 그 의도를 다 나타내지 못했다고 하였다. 그러나 당시의 비평은 대체적으로 호평이었는데 情話의 걸작이라는 것이었다.

『舞鶴心中』를 실었던 「中央公論」 대정4년 1월호는 7편의 소설 중에 1편이었던 谷崎潤一郎의 『오엥을 죽인다』를 게재하고 있었다. 『오엥을 죽인다』는 것을 「오츠야고로시」로 발음이 가능하여 부친으로부터 「에도 사람은 코로시라고 말하는 것이야」라고 불리어졌던 삽화가 달린 情話였다. 情話는 情話이긴 해도 장사치인 오엥이 점원의 우두머리와 깊은 관계가 되면서 돈을 훔쳐 그 점원의 우두머리를 유혹하여 深川에 있는 배안의 숙소가 마련된 곳으로 도망을 쳐서 자신들 두 사람 관계를 양친에게 인정받으려고 하였던 것이 발단이 되고 있다. 소위 악당의 奸策이 행해지고 있는 草双紙풍의 에도물이라 할 수 있다. 더구나 여 주인공 오엥은 橘町의 숙녀라고 불려질 정도로 요염한 미인이었는데 이야기 줄거리 전개에 따라 그녀 자신의 내부에 있던 요부성을 자각해 간다는 일종의 독부물이기도 했다.

이와 같이 하여 명치 말년부터의 퇴폐사조는 이러한 情話物을 파생시키고 있었다. 당시 문단의 주류에 대해서 알아보기 위해서 「중앙공론」을 참고하여 보면 『舞鶴心中』 『오엥을 죽인다』 외에 上司小劍의 『오미츠 壯吉』(대정4.4), 近松秋江의 『住吉心中』(대정4.4), 谷崎潤一郎의 『오사이와 巳之介』(대정4.9), 小山内薫의 『江島生島』(대정5.1), 田村俊子의 『오마츠 彦三』(대정5.4), 近松秋江의 『葛城太夫』(대정4.5) 등 情話에 뛰어난 작품이 실리고 있는 것을 알 수 있다.

이 무렵 이것과는 별도로 中村星湖가 『문제문예의 제기』(대정4.1)를 게재하였다. 잡지 「中央公論」은 臨時 增刊 「大正 新機運号」(대정4.7. 15)를 내고 있었지만 특히 「문제소설과 문제극」을 특집으로 내고 있었다. 田山花袋, 田村俊子, 中村星湖, 上司小劍, 森鷗外가 문제소설을, 松居松葉, 岩野泡鳴, 中村吉蔵, 池田大伍, 秋田雨雀가 문제극을 낸다는 식으로 되고 있었다. 게다가 잡지 「新潮」는 이러한 상황에 영향을 받아서 「문제문예론」이라는 특집을 내고 있었는데 生田長江, 小川未明, 近松秋江, 相馬御風들이 집필하고 있었다.

中村星湖가 설명하는 바에 따르면 문제문예는 독자들이 뭐라 하던 생활 그 자체에 대해서 새로운 의문을 불러일으키는 문예를 가리킨다고 하였다. 그러니까 그 후에 青頭巾이 『情話의 유행』(대정5.6)에서 말하고 있는 「사회적 흥미」를 주제로 한 문학이라 할 수 있는데 문학의 의의에 관한 관점으로부터 벗어나서 「情話도 또한 이러한 경향 속의 한

파」라고 간주되는 풍조를 불러일으키기도 했다. 실제로 青頭巾이 말하고 있는 바와 같이 통속소설의 수요에 의해 이러한 의미를 가지고 있는 대 사회의 홍미에다가 복잡한 현대 생활미를 담고 있는 情話 쪽으로 달려가게 되었는데 이것은 새로운 為永春水의 탄생을 보게 되는 것도 가능할 것이다.

『舞鶴心中』는 「中央公論」 게재의 다음 달인 대정4년 2월 27일 대정시대의 감상적인 풍속화가 였던 竹久夢二의 요염한 装幀에 의해 만들어진 60페이지의 소책자였는데 정가 35전으로 출판되었다. 이어서 長田幹彦가 출판하지 않고 있던 원고였던 『장마찻집』, 그 외에 소위 미인과 美酒의 예술 관계, 유혹과 환락에 대한 예술을 실어서 『舞妓姿』라고 제목을 붙여 출판할 당시에 그 곳에 『情話新集』이라는 이름 하에 제2편으로 삼았다. 이렇게 하여 『情話新集』은 竹久夢二의 装画에 의한 대표적인 情話문학의 시리즈물로 그 뒤에 차례차례로 12권이 간행되었다.

똑같은 竹久夢二의 装画에 의한 것으로 長田幹彦에게는 『鴨川情話』(대정4.10)가 있는데 특히 長田幹彦의 것으로서 『祇園夜話』(대정4.4)는 그의 생애에 있어서 최대의 베스트셀러가 되면서 120만부를 넘어섰다. 또한 이것과 취향을 같이 하는 吉井勇의 『祇園歌集』(대정4.11)이나 『東京紅灯集』(대정5.5)이 新潮社로부터 나왔다. 이러한 성황에 맞추어 출판 저널리즘에 추종하는 것들이 나왔다. 情話문학의 유행은 멋대로 독자의 기분을 맞추어 가는 새로운 통속소설의 양상을 띠게 만들었다.

赤木桁平는 원래 近松秋江의 작풍을 시원치 않다고 하여 이것을 싫어한다고 하였다. 크지 않은 신체에 남한테 지기 싫어하는 성격을 대표하는 남자의 표본이었기 때문에 近松秋江가 면면히 서술하고 있는 미련, 질투, 집념 등은 여자에 대한 남자의 치정 정도로 생각하고 있었다.

물론 그 예술적 가치만이 아니라 그 인격도 생활도 남자에 두고 있지 않는 것에 대해 저열한 인간이라고 생각하고 있었다. 이러한 형태를 띄고 있었기 때문에 처음부터 본질적으로 서로 맞지 않는 곳이 있어서 이전부터 한번 기회가 된다면 탄핵을 하려고 생각하고 있었던 것이다.

『헤어진 처에게 보내는 편지』나 『舞鶴心中』 등의 여러 편이 나오자 세간에서는 가작이다, 걸작이다 등의 칭찬의 말을 보내었지만 역으로 그런 만큼 일고의 가치도 없는 작품이라는 신념을 깊게 만들었고 그로 하여금 더욱더 혐오의 정을 더하게 만들었던 것이다. 그런데 近松秋江가 森鷗外의 동생인 篤次郎의 미망인의 생활을 제재로 하여 『재혼』(대정4.8)을 집필하였는데 그것은 교토 방랑에 제재를 가지고 와서 『교토에』(대정4.8)를 작품화 한 것을 읽고 이것을 기회로 평소의 울적함을 털어버리는 계기로 삼았다. 赤木桁平는 『近松秋江씨의 태도를 논한다』(대정8.25~28)에서 이러한 것에 대하여 일거에 써 내려갔다.

赤木桁平는 이 近松秋江論에서 폭론에 가까운 혹평을 가하게 된다.

나는 이전부터 사람 다리 밑을 소재로 한 소설을 돌아보지 않는다. 그리고 일본문단으로부터 사람 다리 밑을 소재로 한 소설가를 배척하는 것은 단순히 예술 그 자체의 청정과 존엄을 유지하는 까닭이 될 뿐만 아니라 게다가 다른 우수한 예술가의 건전한 발달과 생장을 企図하는 위에 있어서도 반드시 필요한 것이라고 생각하고 있다.

이와 같이 이런 전투적인 상태에서 작품론에 들어가고 있었다.

사정없이 비평하자 사람 다리 밑을 소재로 한 소설은 생명에 대한 아무런 근본적인 반성도 고민도 없이 인간의 저열한 본능생활과 이 본능생활과 관련되는 안이한 감상과 오뇌를 중심으로 하여 이것을 감싸기에 급급한 진부한 속악한 기교와 粉飾에 의한 것만이다. 어느 방면에서 보아도 가치도 없고 의의도 없는 게다가 유해한 것들이다.

이것은 완전히 문학을 이해하지 못하는 폭론에 가까운 것을 털어낸 것이라 할 수 있다. 近松秋江의 작품에는 유녀의 가련함, 遊冶郎의 번뇌 같은 것이 있어서 예술적 효과를 드러내는 감상과 오뇌를 가져온 것임에는 틀림없다. 그러나 단순히 구시대를 지배하였던 痴와 愚에 관한 빈약한 모습을 그리는 것에 그치고 있는데 그것은 복잡한 현대인의 心意 생활과는 교섭이 없는 것이라고 단언할 수 있는 사항과는 다른 것이었다. 그래도 赤木桁平가 「元禄의 近松秋江」에게 「작자자신의 인격과 생활을 승화시켜 그곳에 위대한 예술적 표현을 얻으려고 하였다」는 痴와 愚에 대해 「명치의 近松秋江」는 자신 나름으로 자기의 인간과 생활 속으로 파고들어 진실과 이상을 투입시키면 독특한 가치를 발휘해 낼 것임에 틀림없었다. 赤木桁平가 일고의 가치조차 없다고 말한 작품 중에서 『舞鶴心中』는, 또한 『헤어진 처에게 보내는 편지』 등은 일종의 명작으로서 중요시 되어야 할 곳이 있었다. 赤木桁平가 이 문장에서 직접 비평의 대상으로 삼았던 『재혼』 『교토에』에는 단순히 자신의 혐오감을 실어서 비평적 言辞로 내세워 비난의 대상으로 한 느낌이 있었다. 거기에는 赤木桁平의 태도와 인격 속에 발견되는 그러한 무언가가 있었다.

赤木桁平는 명치24년 2월 9일 岡山県 阿哲郡 万歳村 矢戸에 광산 기수였던 赤木辰三郎의 장남으로서 태어났다. 忠孝라고 명명되었다. 본가는 川上郡 坂本村이였는데 그의 조상은 옛날로 거슬러 올라가면 備中 穴田의 성주였다고 전해지고 있다. 아버지는 사업에 손을 내었지만 곧 실패하게 되었고 伊予松山으로 이주하였다. 高梁중학에서 제6고 등학교에 입학하였고 문예부와 변론부에 적을 두었다. 22살 때 그의 보호자가 자살하였기 때문에 오사카의 메리야스 업자로 자산가였던 池崎

小三郎 가문에 양자로 들어가게 되었다. 그러나 그는 장남이었기 때문에 양자결연은 복잡한 수속을 거쳐 겨우 양자로 들어가게 되었고 이름은 池崎忠孝로 바뀌었다.

池崎忠孝는 고교 2년생 때 『鈴木三重吉論』을 쓰고 이것을 「校友会잡지」에 발표했다. 이것이 인연이 되어 鈴木三重吉에게 알려지게 되었고 그는 鈴木三重吉와 서신을 교환하는 동안에 특히 서간문에 뛰어나다고 인정을 받았다. 그는 鈴木三重吉의 권유로 『신시대의 서간문』을 저술하게 되었는데 그곳에 서문을 첨부하여 동경 弘学館으로부터 출판했다. 22세 때의 처녀 출판이었다. 게다가 그 작품은 『鈴木三重吉論』이 따라붙는 것처럼 「新潮」 대정원년 8월호에 転載되었다. 대표적인 유미파 작가의 한 사람인 鈴木三重吉가 소개한 형태를 취하여 당시 무명의 학생이었던 池崎忠孝의 이름으로 게재되었다.

赤木桁平는 문단의 처녀 평론을 함에 있어서 현실파 작가들은 신도회파의 작가와는 달리 혼자 쓸쓸히 예술의 길을 묵묵히 가는 꽃이 가지고 있는 쓸쓸함에 대해 찬양한 예술가다운 예술가로서 鈴木三重吉에게 찬사를 보냈다고 평했다. 그는 새로운 로맨티스트로서의 그 특색을 들어 어린 날의 한 없는 추억에 사는 사람으로서 『돌아오지 않는 날』이나 『작은 새의 둥지』를 추억문학의 일품이라고 칭찬하였다. 지난 날의 추억은 앞으로 돌아올 날의 동경이라고 하면서 『붉은 새』 『民子』 『黒血』 등을 동경의 산물이라고 하였다. 혼신의 힘을 다하는 동경 사람들은 공상력이 풍부한 사람들이라고 하여 『千鳥』 『山彦』 등을 자유스러운 공상의 산물로 계산하였는데 그들을 영구히 동심의 세계에 살아가는 사람이라고 평가했다. 게다가 그는 또한 환상의 여자들이 동경하는 鈴木三重吉의 여성묘사에 대해 樋口一葉, 水野葉舟, 泉鏡花들과 비교하여 일본의 평범한 가정에 자란 젊은 여자들의 어둡고 쓸쓸한 운명과 그 여자들이 소지하고 있는 밝고 생동감에 대해 그리고 있다고 했다. 혹은 그는 또한 北方 낭만파로도 지칭되고 있던 小川未明에 대칭하는 인물로 南方 낭만파로 불러야 할 鈴木三重吉를 들면서 그들의 특질을 비교해 보였다. 가령 그것이 조잡한 부분이 있다 하더라도 21살 청년평론가의 작가론이라는 입장에서 보면 너무나도 뛰어난 것이었다.

대정2년 여름 赤木桁平는 상경하자 동경제국대학 법과대학 독법과에 입학했다. 문예평론가로서의 일보를 내딛었음에도 불구하고 그가 문학을 전공하지 않았던 이유는 만년 생부의 불행을 되돌아보면서 법률공부를 생각했기 때문이다. 게다가 그는 상경하여 青山 南町에 鈴木三重吉를 방문하였고 10월에는 夏目漱石를 소개 받아 漱石山房에 출입하면서 漱石의 인물에 깊게 경도했다. 또한 10월부터 高浜虚子의「호도도기스」라는 잡지 속의『평론의 평론』란을 담당하였는데「駒込로부터」또는「赤坂로부터」라는 제목으로 여러 잡지의 평론을 비평하기도 하여 그의 평론가로서의 지위를 굳혀나갔다. 그때「赤木忠孝」라는 이름은 흥취가 깨어진다고 생각하여 鈴木三重吉로부터 衣桁의 桁에서「桁平」라고 이름을 붙였고 그는 그것이 좋은 이름이라고 작명가들로부터 들었다고 자랑스러운 듯이 떠들고 다녔다. 桁平는 漱石를 알고 나서 漱石편이 되자 진지하게 그의 작품을 읽고 있었다. 기성문단에서는 漱石를 묵살에 가까운 취급을 하고 있는 것에 대하여 화가 나서『夏目漱石論』이라는 평론을 60여 매를 쓰게 되었는데 그 평론을 鈴木三重吉로부터 읽어 받아 그의 지시에 따랐다. 이렇게 해서 개고한『夏目漱石論』이 대정3년 1월의「호도도기스」에게 게재되었다. 漱石의 위대한 예술이 그의 인격에 근거하고 있다고 역설하였는데 인격 주장에 의해 만들어진 예술과 소위 비인정의 예술의 두 방면으로부터 고찰되기도 하고 논해지기도 하였다.

『夏目漱石論』은『鈴木三重吉論』의 경우와 똑같이 漱石에 대한 칭찬으로 가득 차 있는데 그것은 또한 漱石에 대한 철두철미한 감격의 산물이기도 하였다. 그 속에는 한 자 한 구라도 쓸데없는 말은 있을 수 없다고 일컬어 질 정도로 자신의 모든 혼을 기울여 글을 써 내려갔다. 夏目漱石는『행인』을 다 쓰자 津田青楓로부터 수채화를 배우면서 赤木桁平의 漱石論을 읽었다. 그는 대정3년 1월 5일 大阪市 東區 農人橋 二丁目의 養家에 돌아가 있던 池崎忠孝 앞으로 장문의 편지를 썼다.

요즘 아세니티암에게 내 자신에 대해 쓴 적이 있습니다. 나는 자신과 같은 미천한 존재를 일부러 영국에 소개해 준 브라이안이라는 사람의 호의에 대하여 감사하지 않으면 안 된다고 생각하고 있습니다. 그러나 그가 말하는 것은 너무나도 공허합니다. 한권도 내 책을 직접 읽지 않고 자기 멋대로 평가하는 사람이기 때문에, 그리고 또 자기 멋대로 어떤 일을 듣고 그것을 영문으로 작성한 것이기 때문에 나는 별로 고맙다고 생각하지 않습니다. 그러나 당신은 나의 책을 실제로 읽고 있었습니다. 그렇게 하여 그것을 당신 머리로 정리하고 있기 때문에 그러한 점에서 나는 감사의 말을 보내지 않으면 안 됩니다.(중략) 당신은 나를 대단히 칭찬해 주었습니다. 당신은 아부할 예정은 아니었겠지요. 당신 눈에 내가 그렇게 비쳤다면 나는 훌륭한 사람인지 모릅니다. 그러나 당신의 정리 방법에는 아직 부족합니다. 쓰는 방법에 대해 그것을 비율적으로 환산해보면 중간층이 좀 엷다고 생각이 듭니다. 그리고 쓰는 방법에 있어서도 크게 보면 확실하지 않는 부분이 있습니다. 당신의 정리방법이나 당신의 쓰는 방법에 대해서는 아직도 부족한 부분이 있다고 생각합니다. 그러나 당신은 너무나도 성실하게 쓰고 있기 때문에 내가 지금 말해서는 아마 통하지 않을지도 모릅니다. 나는 내가 말하는 것이 당신에게 언젠가는 통할 시기가 올 것을 희망하고 또한 그것을 믿고 있습니다. 문학에 관한 전문적인 대가들의 논문을 보아도 바깥은 그렇게 훌륭하게 보이지 않을지 모르지만 그러나 사실 훌륭하지 않는 것들도 많이 있습니다. 당신은 이 방면에 대해 전문가가 아니기 때문에 그만둘지도 모른다고 생각합니다만 그러나 만일 길게 문단과 관계하려고 생각한다면 내가 말하는 것을 참고해 주시기 바랍니다.

漱石는 赤木桁平의 칭찬의 말을 감사하다고 생각하면서 그 본질을
꿰뚫고 있었다. 정리 방법이나 쓰는 방법이 대단한 것으로 그는 보고
있지만 그 근거가 빈약하고, 내용이 공허하고, 실감이 나지 않고 쓸데없
이 미문조로 혹은 壯士調로 나타내고 있는 혈기왕성한 청년들이 가지
고 있는 결함으로부터는 벗어날 수 없다고 생각하였다. 赤木桁平는 漱
石의 교훈을 가슴에 깊게 새기면서 漱石門의 신진평론가로서『평론의
평론』에 小宮豊隆나 安倍能成들과 똑같은 세례를 받으면서『모방문명
의 脫却』(대정3.1),『阿部次郎씨의 사상과 태도』(대정3.10),『키에르케
콜과 그 개인주의』(대정4.12) 등을 발표하고 문단적 지위를 확립해갔다.
그리고『신진작가론』(대정5.2),『白樺派의 경향, 특질, 사명』(대정5.10)
등을 발표하고 生田長江와는 반대로, 널리 예술상의 이상주의를 내 검
과 동시에 情話를 중심으로 하는 頹唐派의 「遊蕩문학」에 대해 격렬한
공격을 가했다.
　赤木桁平는『近松秋江씨의 태도를 논한다』에서 秋江의 작품을 비
평한 후『신진작가론』(대정5.1)에서는 相馬泰三, 谷崎精二, 細田民樹,
豊島与志雄, 江口渙, 藤森成吉, 素木시즈들을 자세하게 논하고 있었
다. 그리고 後藤末雄에 이르러서는 그를 유미주의 내지 향락주의로 보
면서 그것이 가지고 있는 경박 부박의 경향이 나타나기 쉬운 것이라 하
였고 또한 그는 秋江, 幹彦들의 後塵을 받드는 것을 힐난했다. 後藤末
雄는 이제까지 현란한 색채와 퇴폐스러운 기운과 방자한 정서를 종횡
무진 펼친 세계로부터 彫琢의 지엽에 머물면서 예술의 본질을 망각해
왔는데 그것은 최근에 화려한 문자의 유희로부터 점차 경박한 정서의
탐닉에로 옮겨 간 것 같다고 보았기 때문이었다. 거기서 한 걸음 더 나
아가서 近松秋江, 長田幹彦, 後藤末雄, 久保田万太郎, 吉井勇들의 작
가군 즉『情話신집』에 이름을 내걸고 있던 작가군을 일괄하여 「遊蕩

문학」의 무리라고 이름을 붙였던 『「遊蕩문학」의 撲滅』을 「読売新聞」
(8월 6, 8일) 지상에 그것을 게재했다. 이것을 계기로 하여 논쟁이 일어
나게 되었는데 그것은 평론사상 향락주의에 일침을 가할 정도의 큰 족
적을 남겼다.

赤木桁平는 「주로 유곽에서의 Saufen und Huren을 중심으로 한 인
간생활 ― 말을 바꾸어 말하면 인간의 遊蕩생활과 관련되는 사실과 감
정에 무게를 두고 인생의 본능적 방면에 있어서의 방탕 음탕한 암흑면
을 주제로 하여 색을 탐하고 술을 탐하는 경계를 그리려는 것」을 「遊
蕩문학」이라고 칭했다. 따라서 「유탕문학의 무리」는 「똑같이 인간생활
에 있어서 Saufen und Huren의 한 면만에 흥미를 느끼는 것이어서 그
것은 대체적으로 이러한 생활을 긍정하려는 의사를 암시하는 곳에」 근
본적 특색이 있다고 하였다. 그것만이 아니라 「Saufen und Huren의 생
활에 종속하는 모든 생활정조에 도취하여 어디까지나 인간의 이지 또는
의사에 따라서 정리되어 지는 생활을 멸시하려는 곳에」특색을 두었다.
이러한 의미에 있어서 그 「인생관적 경향은 현세적이고 주정적이고 향
락적이고 퇴폐적이다」. 따라서 「그들의 문학은 대략 경박의 색을 띠게
되는데 그것은 예술의 본질을 망각하여 항상 조탁하는 끝에 지엽만을
생각하는 경향을 가지는」 결과를 초래하기도 하였다.

물론 소위 「유탕문학」과 똑같이 유탕생활을 긍정적으로 그려낸다 하
더라도 오스카・와일드 일류의 향락주의 문학은 「인생에 대한 진정한
회의와 고민의 세례에 의해 보여진 최후의 성실한 신앙을 고백하는 것」
이라고 하였고, 기・더・모파상류의 자연주의 문학은 「인간생활의 진
실한 한 면을 주장하기 위해 自家의 편집된 주관을 섞지 않고 어디까
지나 순수 객관의 입장에 시종하여 인간생활의 암흑면을 자세하게 발견
하려는 것」이라 하였다. 또한 아나톨・슈니츠렐풍의 빈 문학은 「인생의

표리와 관련되는 생활정조를 그리는」 것일지라도 「그 생활정조에 일종의 철학을 발견해 내고 그 철학에 의해 모든 인생현상을 해석하려는 것」이라고 보았기 때문에 문학자의 태도와 주관에 따라서 그 선택을 달리하고 있었다. 요컨대 일본의 「유탕문학」에 관한 본질은 작자의 태도나 주관에 따라서 앞의 삼자가 가지고 있는 결점이나 폐해 위에 그 제재가 「거의 대부분이 遊冶郎와 창부 사이에 있어서 Saufen und Huren를 중심으로 한 생활이기 때문에 그것들의 작품에 예술적 가치가 현저하게 떨어지는 것」은 이미 분명하다고 논하였다.

赤木桁平는 幹彦, 勇, 万太郎, 末雄, 秋江들의 작품에 대해 구체적으로 논하고 있는데 소위 「유탕문학」이 예술적으로 가치가 없고 어이가 없다는 것을 분명히 한 위에 직접 간접으로 미치는 악 영향에 대해 「스스로 선예술을 망치고 악예술을 조장할 수 있는 문단적 경향」이 조성되는 것에 대해 걱정했다. 또한 다른 면에 있어서는 「일반 세상의 인심에 있어서 퇴폐와 난숙미를 조장하여 인간의 성실한 정신생활에 대해 모독하고, 건전한 윤리적 의식을 희박하게 만드는 위험이 적지 않다고 하였다. 이러한 공리적 견해는 나는 내가 약속하는 예술상의 이상으로부터 생각하여 절대와 관련되는 문학적 경향의 존재에 대하여 용인할 수 없다. 왜냐하면 나는 자신을 보다 좋게 하고, 보다 완벽하게 하려는 노력만으로 참다운 의미의 예술이 생겨난다고 믿고 있다」. 그리고 이러한 종류의 노력은 「인생에 대한 진지한 고찰과 성실한 태도와 소박한 감격에 의해서만이 생기는 것이고, 불편부당 하지 않는 윤리적 의식에 의해서만이 그것이 키워진다」라고 믿고 있었다.

赤木桁平의 이상주의에는 소위 「유탕문학」자가 가지고 있는 문학과는 양립하기 어려운 도학자류의 도의관, 예술관이 존재하고 있는데 예술적 태도나 표현법만이 아니라 제재·내용에 있어서도 허용하기 어려운 것이 있었다. 그러하기 때문에 당시 유행을 달리고 있던 「유탕문학」에 대하여 맹수의 도살을 생각하게 하는 비인간적, 비문학적인 撲滅이라는 격렬한 언어를 덮어씌워 일대 충격을 불러일으켰다. 더구나 세상의 많은 사람들이 그 논지가 조잡하다고 하여 비난을 퍼붓는 赤木桁平의 논문에 대해 찬동을 나타내는 경향을 보인 것은 「문단의 정화적 경향의 발호」(芥川龍之介)만이 아니라 무엇보다도 광의의 「매화 홍엽의 작가」(芥川龍之介)에 대해 혐오하는 것이 있었는데 이것을 대담하게 赤木桁平가 지적한 것이었다. 赤木桁平는 대중의 好尚을 받아들여 시대의 양식에 대해 큰소리로 외치는 꼴이 되었다. 물론 赤木桁平는 일면에 있어서 芥川龍之介가 지적하는 바와 같이 화류작가 永井荷風나 小山内薫를 간과하고 있었고, 다른 면에 있어서 결과적으로는 권선징악주의의 검찰관으로서 세속과 영합하는 역할을 충실히 연출하게 되었다.

이와 같이 유탕문학 박멸에 대한 방향은 컸고 贊否의 논도 활발하게 행해졌다. 赤木桁平에게 찬의를 표한 것은 대부분이 사상가였다. 예를 들면 石丸梅外의 『유탕문학과 오사카』(「読売新聞」, 대정5.8.14～15)가 있다. 이 논문에서는 赤木桁平의 논문에 동감을 표명하고 있는데 그것은 유탕문학이 京阪지방과 인연이 많은 것에서부터 그러한 사실을 말하는 것이고 또한 자신의 예술적 양심에 관한 일단을 분명히 하였다. 오사카는 상업 도시로서 물질중심의 생활에 의해 바쁘고 사색의 생활이 결여되어 있던 곳이었다. 오사카는 술과 여자라는 향락을 즐기기에는 편리하였고 저급한 오락으로 달려가기 쉬운 곳이었다. 따라서 유탕문학은 즉 京阪지방의 소산이라고까지 극언하기도 했다.

土田否村의 『소위「유탕문학」의 가치』(第三帝国, 대정5.8.15)라는 이 논문은 문학을 실재론, 가치론의 세 종류의 입장으로부터 분류하면 幹彦, 秋江, 勇, 万太郎의 작품은 관념론의 입장을 견지하는 작품으로서 이러한 종류는 많지 않다. 勇를 제외한 세 사람의 작품의 재미는 吉原의 창녀 패거리를 보고, 祇園祭의 가마 행렬을 보는 재미가 있는 소설 제목도 무엇 무엇 情話라는 이름이 붙는 것으로서 인간의 고뇌로부터 말하면 면목이 없고 존중해야 할 것이 별로 보이지 않는다.「문단 선배인 여러분들이 통속에 빠져 있어서 그 때문에 진실 되게 나아가려는 신진작가의 진로를 방해하는 것,(중략) 문학의 의의를 이해하지 못하는 세간의 속된 무리로부터 문학을 바라볼 경우에는 무용물, 해악적이고 독소적인 것이라고 생각하기에 이르른 것」 등으로부터 여러분들의 一考를 번잡스럽게 하고 싶다고 항의하였다.

다음에 문학자들 대부분은 赤木桁平의 견해에 반대하였는데 소위 「유탕문학」에 좌우되지 않으면서도 赤木桁平의 견해를 반박하는 것이 있었다. 그 선두를 끊었던 것은 小山内薰였다.

예를 들면 小山内薰의 『소위 「유탕문학」에 대해서』(「時事新報」 대정5.8.12, 15, 16, 17) 라는 논문에서 荷風나 자신의 이름이 빠진 이유를 묻고 있는데 현 문단에서 유탕문학을 쓰지 않는 자는 鷗外, 漱石, 未明정도일 것이다. 문학자는 그러한 융통성이 통용되지 않는 인간은 도리가 없는 것이고 「만일 돈·판을 가지고 있으면서도 聖프란시스를 가지고 있는 곳에 시인의 가치가 있다」. 현재 나와 같은 처지에 있다하더라도 유혹시대가 있는 것이고 그 배후에 인간다운 애정이 있는 것이다. 「우리들의 유탕적 생활 — 무엇보다도 나는 요즘 조금 변했습니다만 그리고 끝내 완전히 변할 것을 바라고 있습니다만 — 이라 하여도 결코 赤木桁平씨가 포기할 정도로 가련한 인생의 단계는 아닙니다. 애정을 가지고 있으면 어떤 더러운 생활이라도 결코 무의미한 길은 아닙니다」. 「우리들의 유탕생활은 그들의 유탕생활과 비교하여 아직 그 방법이 부족합니다」. 「우리들은 좀 더 우리들의 생활을 깊게 파내려가야 합니다.

거의 나락으로 빠져들지 않으면 참다운 광명을 포착할 수 없습니다. 천사의 날개는 천국의 창고에 쌓여있는 것이 아니고, 지옥이라는 솥의 불속에 숨어있는 것입니다」. 「赤木桁平씨의 학설을 기다릴 것 까지도 없이 우리들의 생활, 우리들의 인물, 우리들의 작물을 진실로 가련하게 생각해야 하는 것입니다. 그러나 그것은 결코 赤木桁平씨가 말하는 것과 같은 천박한 이유로부터가 아닙니다. 인간은 나쁜 것입니다. 작물이 나쁜 것이 아닙니다. 인간이 나쁜 것입니다. 육체가 나쁜 것이 아닙니다. 혼이 나쁜 것입니다」. 「나는 나를 다시 한 번 버린 신에게 다시 한 번 돌아가고 싶은 것입니다. 유탕 자식의 귀택 — 나는 지금 나의 모든 악, 결점을 간직한 채로 자애 깊은 아버지가 있는 곳으로 사과하러 가려고 합니다. 그러나 나는 아직 아버지 집의 문을 완전히 들어가기까지에는 몇 번이나 뒷걸음 쳤는지 모릅니다. 좀 더 어두운 나락으로 떨어져 보지 않으면 진짜로 사과할 계획이 없는지도 모릅니다」. 요컨대 어떤 일을 경험하고 어떤 일에 대해 글을 써보아도 관계없는 것이다. 그것이 문제가 되는 것이 아니라 어떻게 경험했는가가 문제인 것이다. 赤木桁平는 예술가의 마음을 논하기에 앞서 아직도 예술가의 마음을 알아내는 방법이 부족하다고 반박했다.

長谷川天渓의 『예술가의 태도를 확립하라』(「時事新報」 대정5.8.30~31)는 논문에서 赤木는 内田魯庵의 『문인예술가의 생활』과 함께 광의의 철학적 배경이 있는 문학·미술이 될 것을 요구하고 있다. 문학자나 예술가는 좀 더 수양이 필요하다. 「많은 사람들의 생활은 굴종적이고」, 다른 한편 어떤 부분은 유탕적 분자가 너무 많다고 판정하여 순예술론 외에 다른 윤리적 기준을 나타내고 있다. 両君의 견해는 추상적으로 말하면 반대하는 사람도 없지만 현 문단에 대한 것이 되면 반론에 부딪치게 된다. 요컨대 그것은 예술가의 태도에 관한 문제이고, 이러한 태도가 정해지지 않으면 무엇을 제작해도 쓸모가 없다. 유탕문학의 철학적 배경이 희박하다는 설에는 찬성하지만 박멸하라고 하는 설에는 반대라는 것이다. 유탕을 위해 유탕문학을 만드는 것이 아니고, 단지 화류계에 참다운 생명의 흐름을 탐구하는 것에 그친다는 것이다. 비록 완성도가 떨어져도 거기에 성실한 태도가 있으면 철퇴를 가할 필요가 없다는 것이다. 지금의 세상에 빨리 劣情을 도발하면서 교묘하게 돈을 벌고 있는 패거리가 그 밖에도 많이 있지만 그러나 赤木桁平가 지적한 방면과는 다른 것이다.

本間久雄의 『소위 「유탕문학」과 현금의 문단』(「中央公論」 대정5.9) 이라는 논문에서 대략 小山内薫와 같은 취지의 논지를 전개한 위에 秋江, 幹彦들의 작품에 언급하면서 그 가치에 대해 논하고 있다. 그것은 일종의 독특한 정취의 세계를 조성하고 있기 때문에 세상의 인심을 해치고 있는 것이 아니기도 하고 다른 善芸術의 발달을 방해하는 것이 아니라고 논했다.

安成貞雄의 『「유탕문학」 박멸 불가능론』(「新潮」 대정5.9) 이라는 논문에서 売文社 系의 문학자로 또한 재야적 근성도 대단하였기 때문에 赤木桁平의 박멸론에 대해 그것을 역으로 취해서 반박을 가하는 이색적인 평론이었다. 우선 거기에 논지를 소개하고 있는데 무의미 무가치적인 다섯 작가의 작품을 읽은 것에 대해서는 대단히 고생했다고 조롱한 위에 「유탕문학」 세력은 다섯 작가에 한정되지 않는 큰 세력이어서 세속적 대중성을 가지고 문단의 한 구석을 차지하고 있다고 하였다. 이와 같이 전성을 자랑하였던 「유탕문학」의 배후에는 무엇이 있었는가 하고 묻고 나서는 그것은 경제상의 수요가 있었기 때문이라고 대답하였다. 이러한 수요는 현실을 회피하려는 요구가 현대 일반에 생겼기 때문이었다. 사회가 고착되고, 빈부의 격차가 심해지고, 여자교육이 보급되었기 때문에 현실생활의 압박으로부터 특별한 생활 정교를 즐기려는 경향이 강했다. 그러니까 통속소설의 독자는 증가하게 되었고 다른 한편 예술적 가치가 있으면서 현실회피 하는 요구에 충실한 읽을거리가 있다면 이것을 환영하기에 이르렀던 것도 당연하였다. 이와 같이 「유탕문학」의 성행은 現時의 사회조직 그 자체에 근본원인이 있었기 때문에 그 근본원인을 박멸하지 않는한 그 박멸은 불가능하다고 할 수 있지만 그러나 좋은 남자가 그것을 아쉬워한다는 것은 병법을 알지 못하는 것이라고 맺고 있다.

赤木桁平의 『유탕문학의 박멸』이 나타나고 나서 이것에 대한 賛否의 양론을 만나게 된다. 그는 26살의 법학사로서 갑자기 유행 평론가가 되어 『예술자료로서의 유탕생활』(대정5.9.8, 9, 12, 13), 『나의 「유탕문학론」에 대한 諸家의 비평에 대답한다』(대정5.10)를 쓰고 있었는데 이것에 대한 반론도 더해갔다. 이것들은 『예술상의 이상주의』(대정5.10.13)에 정리되었다. 이 논쟁은 또한 本間久雄, 安成貞雄들의 도발에 의해서 『대철퇴를 휘둘러 유탕문학을 격멸하라』(대정6.4) 등으로 계속 되었다.

그 밖에 赤木桁平는 白樺派를 둘러싸고 生田長江와 논의를 서로 교환하고 있었는데 대정6년 8월 동경대 독법과를 졸업하자 黒岩涙香의 万朝報社에 들어가서 논설기자가 되었다. 논설의 붓을 휘두르는 한편 문예평론을 썼는데 일본 최초의 『評伝夏目漱石』(대정6.5.28)를 저술했다. 다른 한편 赤木桁平의 筆誅를 넣었던 近松秋江는 인생의 쓴 맛에 대한 추억을 얘기했다. 또한 長田幹彦는 일시 谷崎潤一郎와 어깨를 나란히 한 작가로 촉망받았으면서도 통속작가로 전신했다. 後藤末雄는 존재가 희미해져 갔고 久保田万太郎는 조역을 충실히 하는 형태가 되었다. 어쨌든 『유탕문학의 박멸』이 나오고 나서 유미파·향락파의 퇴조는 결정적이 되었다. 또한 이것은 白樺派가 성행하던 전야의 한 시기를 고하는 역사적 사건의 산물이라고 봐야 할 것이다.

12

「白樺」 논쟁

1) 시라카바이냐 바카라시이냐

「白樺」는 그 정당한 위치를 인정받기 위해서는 많은 세월이 필요했다. 오늘날 武者小路씨가 아니면 안 된다든지 志賀씨, 里見씨, 또는 有島씨가 아니면 안 된다는 무리들이 지금부터 2~3년 전에는 그들은 과연 무엇을 말할 수 있었을까.(중략) 그림의 소개 등은 꽤 유익했다고도 할 수 있지만 그러나 그들이 쓰고 있던 것은 유치한 것이었다. 그들은 소위 도련님 같은 존재였기 때문에 별로 도움이 되지 않았던 것이다. ― 그렇게 말하면서 야유를 보내고 있던 무리들은 과연 오늘날 어떻게 변했느냐 하는 것을 여러분들도 느낄 수 있을 것이다. 적어도 당시 한 사람이라도 「白樺」의 암시에 걸리지 않았던 사람이 있었느냐.(『현대의 문단과 白樺派의 운동』)

赤木桁平가 이렇게 묘한 발언을 한 것은 예의 유탕문학 박멸론을 쓴 다음 해인 대정6년 9월호의 「新潮」였다.

「白樺」의 창간은 명치43년 4월이었다. 이 잡지의 출현은 당시 청년 독자들의 압도적인 지지를 받아 武者小路実篤를 비롯하여 志賀直哉, 里見弴, 長与善郎들의 작품은 일찍부터 여러 잡지에 받아들여질 정도로 뛰어났지만 그들의 작품이 문단에서의 평가가 결정적으로 작용한 것은 赤木桁平가 말하고 있는 바와 같이 아마 대정6년 무렵이라고 봐도 좋다. 그들이 인정받았다는 것은 그들의 작품보다도 어쩌면「白樺」의 6호란에서의 특히 武者小路実篤가 발언하였던 내용 즉 솔직하고 대담한 형태로 자신이 말하고 싶은 대로 그려내는 것에 있었지 않았을까 하고 생각된다. 그러니까 어쩌면 순수하다고도 볼 수 있고 또는 과대망상이라고도 볼 수 있는 결론이 나지 않는 武者小路実篤의 말 때문에 문단으로부터 오랫동안 반발과 냉소를 사고 있었던 것이다.「자기들 멋대로의 기분에 도취하여 뭐라도 해낼 수 있다는 저돌적인 태도가 나로 하여금 참을 수 없이 불쾌하게 만들었던 것입니다」(「新潮」 대정5.3월호)라고 本間久雄가 쓰고 있던 것도 이러한 입장으로부터 보면 당연하다고 할 수 있다. 또한 木下杢太郎도「武者小路実篤씨의 작품에 만일 어떤 반감을 불러일으키는 것이 있다고 한다면 그것은 아마 문체로부터 오는 것일 것이다」(「文章世界」 대정5.2월호)라고 말하고 있기도 하고 더구나 武者小路実篤나「白樺」에 예리한 비판과 이해를 함께 보였던 広津和郎도「나도 이전에는 白樺 ― 여기서는 武者小路実篤씨 쪽에만 초점을 맞추어 말하는 것이 훨씬 분명하기 때문에 武者小路実篤씨에 대해서 말해보자. 武者小路実篤씨가 초조하게 구는 것을 보고 좋은 느낌을 가지고 있지 않았다」(「文章世界」 대정5.12월호)라고 말하고 있다.

이것에 대해서는 武者小路実篤 자신도 응답하고 있다.

白樺를 출간하였을 때 新潮 6호에서 아호다라경과 비슷해서 왠지 바보스럽다고 해서 야유를 받았다. 바보의 반대가 시라카바다. 그러나 그런 말의 맞춤이 아무 것에도 도움이 되지 않는다는 것을 알고 있다. 어쨌든 경멸받아 온 것은 확실하다. 칭찬해 주는 사람 쪽에서는 도락의 거리로서는 좋은 도락이라고 말하며 칭찬하여 주었다. (『雑感』,「新潮」 대정5.6월호)

2) 生田長江의 자연주의 前派論

武者小路実篤에 대한 이러한 반감을 가장 노골적으로 던진 것이 生田長江였다. 그 대표적인 것이 『자연주의 前派의 跳梁』에서 였다.

白樺派가 가지고 있는 최대의 결함은 『어리석은 사람』을 쓴 武者小路実篤와 같이 야유도 반어도 없이 「어리석은」 것이였다는 것에 있다는 것이 生田長江가 생각하는 근본이었다. 더구나 長江는 武者小路実篤의 『어리석은 사람』을 읽지도 않았다고 한다. 읽어보지 않아도 武者小路実篤 및 그에 의해서 대표되고 있는 白樺派 문학이 어리석은 것에 있다는 것을 언명할 수 있다는 것이다. 그들은 자신의 어리석음을 자랑으로 삼고 있다는 것이다. 톨스토이나 도스토옙스키 등의 어리석음과 똑같은 의미를 가진 어리석은 것이라고 자만하고 있다는 것이다. 하지만 톨스토이나 도스토옙스키 등의 어리석음은 단순한 어리석음이 아니다. 극단적으로 생각하면 어리석지 않는 것과 표리일체한 어리석음을 지칭한다는 것이다. 또한 白樺派의 무리는 단순하고 정직하고 성실하다고 일컬어지고 있다. 그러나 그들의 단순함은 복잡함을 포용하고 소화한 또한 완전히 그것을 극복한 단순함이 아니라는 것이다. 톨스토이나 도스토옙스키와 같이 근대적인 복잡함에 피로를 느끼고 있는 사람들의 숨이 끊어질 듯 다급한 곳에서 발견되는 그런 단순함이 아니다. 뜬세상과 같은 거친 세파가 아닌 온실 속의 단순함과 같은 것이고 또한 단순한 단순함과 같은 것이다. 요컨대 그들은 자연주의 사조의 세례를 받고자 한다는 것이다. 그러니까 자연주의 前派일 수밖에 없다는 것이다. 거기서 長江는 결론을 내리고 있다. 「나의 소위 자연주의 前派의 소탕은 유탕문학의 박멸이라는 것보다 백 배나 천 배나 시급한 일이다」(「新

小説」대정5.11월호) 長江는 이것과 동시에 「文芸雑誌」에도 『최근 사조의 한 역전』을 싣고서는 똑같은 취지를 되풀이 말하고 있다. 白樺派가 가령 「그 문예 및 사조에 아무리 좋은 것이 있다 하더라도 그와 반면에 조그마한 일에도 무참하게 압도되어 버릴 만큼의 나쁜 것」을 가지고 그것이 「문단 및 사상계의 여러 가지 좋은 경향이나 조류를 방해한다고 생각되다」 보니까 그러한 것은 어설피 두기 보다는 완전히 숨통을 끊어버리는 것이 좋다는 것이다.

長江가 대정5년이 되어 이렇게 심한 감정적인 비난을 퍼붓게 된 것은 그의 반감에도 불구하고 武者小路実篤 및 그를 중심으로 하는 白樺派가 이미 무시할 수 없는 곳까지 그 지보를 굳혀갔다는 것을 말해주고 있다. 이것은 長江가 「어쨌든 자연주의 前派는 자연주의 운동에 의해 우선 元服을 차려입은 일본문단 및 사상계의 정당한 상속인이라는 것을 의미하는 것은 아니다. 문단 및 사상계의 본류답게 보이게 하여 가까이 두는 것조차 큰 재난이다」라고 말하고 있는 것에 의해서도 추측할 수 있다.

대정5년 3월의 「新潮」는 『신진 10작가의 예술』이라는 제목을 붙여 武者小路実篤, 吉田絃二郎, 藤森成吉, 長与善郎, 素木시즈, 豊島与志雄, 谷崎精二, 江馬修, 里見弴, 志賀直哉의 열 명의 작가에 대해서 安倍能成, 谷崎潤一郎, 堺利彦들의 감상을 말하고 있다. 그 속에서 久米正雄는 志賀直哉 등을 신진 10작가라는 이름 하에 「玉石同架」하고 있는 것에 대해 항의하고 있다. 우리들은 장편에 있어서의 漱石와 같은 위치를 단편의 경우 志賀에게 주고 있다. 적어도 그의 소설집 『留女』는 이제까지 일본에 낸 소설집 속에서 최고의 지위를 차지하는 것으로 보고 있는 것이다. 특히 『정의파』와 같은 작품은 세계적인 작품의 반열에 넣어도 괜찮은 것이다. 그러나 武者小路実篤를 이런 반열에 함께 둔다는 것은 잔혹하다. 이런 차별성이 보이지 않는다는 사람은 한심스러운 것이다. 그러나 자신이 武者小路実篤를 경애하는 것은 志賀의 경우와는 달리 작품보다도 그것에 나타난 인간미가 좋다는 의미이다.

武者小路実篤와 白樺派에 대한 長江의 비판은 이와 같이 반감으로 가득 차고 있지만 자연주의의 부정을 거치지 않는 단순함을 가지고 있다는 의미에서 널리 동감을 불러일으켰던 것이다.

3) 赤木桁平의 白樺派観

「白樺」의 지지자였던 赤木桁平도 長江의 論이 나오고 나서 3개월 후인 대정6년 2월의 「文章世界」에서 『白樺派의 여러 작가』를 논하면서 다음과 같이 말하고 있다. 톨스토이나 도스토옙스키의 진행 방법과 그들과 같은 길을 걸으려는 武者小路実篤의 진행방법과의 사이에는 큰 차이가 있다. 예를 들면 武者小路実篤의 진행에는 투쟁적인 의식이 없다. 자기 자신 내부의 적을 정복하고 면전에 있는 장애를 돌파해 나가기 위한 투쟁이 아니다. 그의 예술내용은 미리 부여된 것이라 할 수 있고 그 획득은 부정에 근거하는 긍정을 의미하는 것은 아니다. 따라서 그 예술은 망설이는 것, 의심할 수 있는 것을 취하여 의미 있는 암시를 주는 것만큼의 권위가 있는 것은 아니다. 이러한 곳에 武者小路実篤의 예술에 대한 한계점이 있는 것이다. 이러한 논은 長江가 자연주의 前派라고 이름을 붙인 것에 대해 그곳에다가 약간 이론적으로 정리한 것이다.

白樺派에 이와 같은 한계점을 인정하면서도 赤木桁平는 長江에 반대하지 않는 것은 아니었다. 예를 들면 武者小路実篤에게는 부정론을 통한 긍정이 없다는 것이다. 그것은 입에 올릴 만한 정의나 인도주의의 관념 속에 체험적 요소가 희박하다 하더라도 그것 때문에 白樺派를 제거해야 한다고 주장하는 長江는 말하자면 가치의 차이를 인정하는 것에 의해 그 가치를 말살하려는 것이다. 아무런 긍정적인 가치가 보이지 않는 일부의 자연파 작가를 부정하기 보다는 가령 단순한 긍정이라도 좋으니까 오히려 그러한 곳으로부터 진실 되고 순수한 白樺派의 긍정에 대해 존경한다는 것이다. 즉 白樺派의 좋은 점은 長江가 경멸하고 싶어지는 어리석음에 있다는 것이다. 그러한 단순한 긍정에 있어서도 어디까지나 순수한 기분으로 일관하려는 것에 있다는 것이다.

4) 武者小路実篤의 長江에의 응수

長江의 자연주의 前派論에 대해서는 당시 武者小路実篤는 2월 5일부터 3일간 「時事新報」 지상에서 다음과 같이 응수했다.

> 씨는 우리들을 자연주의 前派라고 말하고 있지만 우리들은 일본 자연주의가 자신을 생장하는 것에 무덤덤했던 것에 대해 참을 수 없어서 일어섰던 것이다. 자신의 주관을 어중간하게 죽여 버리고 있는 것에 대하여 일단 자신을 살리지 않고서는 안 된다고 생각하였기 때문에 일어섰던 것이다. 자신 안의 요구에 의해 일어섰던 것이다.

이와 같이 부르짖고 다음과 같이 보도했다.

> 나는 내 스스로 자신이 어리석다고 말했다. 그러나 그것은 세간을 조롱하여 말하였던 것이다. 세간은 나를 어리석다고 생각할 것이다. 長江씨와 같이 씨는

세간과 똑같은 생각을 가지고 있었을 것이다. 그러나 보아라. 어리석다고 생각하는 나야말로 실은 참다운 길을 걸어가고 있는 것이다. 자신은 그것을 사실에 의해 증명해 보이고 있는 것에 대해 알고 있었던 것이다. 그래서 당시 사람들에게 싫어하는 이름, 어리석은 사람, 세상물정 모르는 사람이라는 이름을 붙였던 것이다. 生田長江씨도 알고 있을 것이다. 당시는 천박한 인간이 얼마나 심각해지고 싶어하거나 아니면 바보스런 인간이 현명해지고 싶어하거나, 또는 큰 경험도 없는 인간이 뭔가 경험하고 싶어하는 것을. 그런 얼굴을 하고 있지 않으면 문단에 살아갈 수 없었던 것을. 그리고 세간으로부터 그러한 부분에 동감을 받고 있다는 사실에 대해 웃고 있었던 것이다. 지금이 되어 생각해 보면 읽어 보지도 않았던 長江씨가 그저 단순히 그 제목에 도취해서 나를 조소한다는 것은 5, 6년 정도는 뒤처져 있는 것이고 따라서 그는 나의 함정에 빠질 수밖에 없을 것이다. (『生田長江씨에게 선전 포고를 받고 조금』)

5) 和辻哲郎의 白樺派 옹호와 자연주의 비판

白樺派를 자연주의 前派로 보는 비난에 대해 정면으로 여기에 반박하게 되는데 그것은 역으로 자연주의에 통렬한 비판을 가하는 것에 의해 白樺派의 출현에 긍정적인 평가를 주려고 한 것은 和辻哲郎였다. 이전에 자연주의의 이론적 지도자였던 島村抱月는 그 자연주의가 문단에 새로운 바람을 불러오는 것에 대해 말한 것을 계기로 하여 소위 和辻哲郎의 자연주의 배격에 의한 白樺派 지지라는 활발한 비평활동이 시작된 것이다.

抱月는 대정6년 3월 1일 및 3일의 「時事新報」 지상에 실린 『바로한 転機를 그으려고 하다』라는 곳에서 다음과 같이 말하고 있다.

만일 우선 이러한 새로운 제창에 의한 사상이 격렬한 사회적 투쟁 때문에 피곤해진 결과로 인해 보다 자유스럽고, 보다 평화스럽고, 보다 편안한 마음으로 개인주의적 사상의 세례를 받아서 오늘날의 사회를 완화시키려 한다면, 도덕관념이 사회에 적용된다 하더라도 현대의 물질과 권력적인 사회상황을 변화시키기에는 아직도 힘이 미약한 것처럼 생각된다.

이러한 말투 속에는 자연주의 지도자였던 抱月로 하여금 白樺派에 의한 새로운 기운을 자연주의와의 싸움에 지쳤던 이 사회와 타협적인 도덕적인 관념을 내걸고 나타난 것에 유래한다. 그러나 그것은 기대할 수 있을 만큼의 것은 되지 못한다는 야유적인 감상을 내뱉어 내는 것에 지나지 않는지 모른다. 和辻哲郎는 이것에 대하여 곧 같은 지면상의 10일 및 13일, 14일, 15일의 4일간에 걸쳐 『이미 轉機 넘어지다』라고 제목을 붙여 적극적인 논진을 펼쳤다. 그는 그 모두에서 말하고 있다.

이와 같이 抱月가 설명하고 있는 바와 같이 문단의 신기운이라는 것을 단순히 개인주의적인 사상으로부터 비개인적 사상에의 추이라고 해석해 버린다면 그것은 유행의 변천에 지나지 않는 것이다. 좀 더 깊은 의미에서의 신기운이 움직이고 있는 것이라고 자신은 믿고 있는 것이다. 그것은 개인주의를 가지고 사회와 싸우고 있던 자연주의 진영의 사람들이 별 효과도 없는 싸움에 지쳐서 좀 더 부드럽고, 좀 더 부드러운 마음으로 사회의 도덕적 의식과 보조를 같이 하였다는 것은 아니다. 널리 말하면 이전의 문학자와 생활태도와는 조금 다른 문학자가 나타난 것, 좁게 말하면 이들 문학자들의 성숙한 면이 점점 눈앞의 현실적인 면이 되었고 이윽고 위대한 작가가 탄생될 것 같은 느낌을 주기 시작하였던 것이다. 이것은 단순히 일시적인 문제가 아니고, 근본적인 문화상에서의 혁신을 이루기 위한 한 단서이다. 목전에 하나의 轉機를 만들어야 한다면 그것은 시점을 주의의 변화에 두는 것이 아니라 생활태도의 차이에 두는 것이 좋다. 신진 문학자들의 사상은 하나의 주의나 경향 속에 개괄할 수 있다. 그러나 구시대 사람들은 대부분 이러한 점을 이해하지 못한다. 이것은 단순히 시대의 차이 때문만이 아니다. 경험을 쌓은 자와 경험이 없는 청년과의 차이도 아니다. 좀 더 근본적으로 말하면 인간의 차이인 것이다.

武者小路実篤 내지는 白樺派의 지지자 또는 이해자라 하더라도 정도의 차이는 있을지 몰라도 長江가 지적한 바와 같은 약점을 우선은 인정하지 않을 수 없고 또한 그러한 위에서의 동정이고, 이해이고, 지지였던 것이다. 和辻哲郎는 그러한 것과 달랐다. 작품이나 所論의 장단점, 우열, 적부 등과 관련되기 이전에 그들 생활태도의 차이, 인간 그 자체의 차이를 근본적인 문제로 삼고 있는 것이다. 그것은 근대적인 의미에서의 예술가라는 새로운 타입의 출현을 인정하고 있는 것이고 그러한 곳에 문화상에서의 혁신과 관련된 단서를 찾아내려는 것이다. 和辻哲郎는 이러한 관점으로부터 역으로 자연주의를 비판하기에 이르렀던 것이다.

이전 자연주의는 종래의 도덕적 편견이나 감상적인 미적 편견의 타파를 위해 싸웠다. 이것은 좋은 것이었다. 그러나 동시에 이 주의는 인간을 내면의 도덕으로부터 격리시키는 것에 의해 인간을 있는 그대로 분산되어 있던 여러 종류의 욕망이 횡행하고 있는 채로 그것을 긍정하려고 했다. 그들이 이유로 삼고 있는 것은 그것이 인생의 진실이라는 점에 있었다. 이러한 인생관과 인격적으로 동감하였던 사람들은 이 주의에 의거하여 이것을 내세웠다. 그들은 자연주의에 감화되었다기보다는 오히려 자연주의와 어울리는 본능과 양심과 경향을 가지고 있었던 것이다. 그러한 의미에서 자연주의는 바로 그들의 심장으로부터, 피에서부터 나온 것이었다. 그들의 특징의 제 1은 자신을 승화시키려는 요구가 결여되어 있다는 점이다. 그들에게 있어서 이상을 버린다는 것은 아무런 고통이 되지 못했다. 왜냐하면 그들은 자신 내생의 있는 그대로에 만족하지 않으면 안 되는 무언가를 가지고 있지 못했기 때문이었다. 제 2는 자연을 가볍게 보았다는 것이다. 자연에 대해서 극히 상식적인 시점에 의해 진을 가지고 바라보는 것에 의해 자기 내생의 단순함과 천박함을 옹호하는 것이 유행하였다. 자연은 파고 들어갈 수 없는 우물, 속을 알 수 없는 연못인 대신에 조금 비유적인 눈으로 보면 곧 밑바닥까지 볼 수 있는, 분량은 많지만 질적으로는 단순한 것으로 변해버렸다. 제 3은 그들은 내적 필연성이 없이 단순히 일을 한다는 것이다.

이와 같은 자연주의자들과 비교할 때 白樺派라고 불리어지는 신작가들의 생활태도에 있어서 그 차이는 분명하다는 것을 和辻哲郎가 말하려는 것이다. 그는 白樺派에의 동감을 적극적으로 써서 나타내고 있다.

그들의 눈은 자연의 한없는 깊이와 신비함에 이끌려갔고, 그들의 심장은 사랑과 정의의 정열에 의해 높게 動悸를 쳤고, 그들의 손은 어쩔 수 없는 충동에 의해 그 사랑과 정열을 실현하기 위해 진동하는 것이었다. 그들에게 있어서 자연은 정신적인 모습이었고 정신적 노작은 생활의 유일한 의의였다.

和辻哲郎는 여기에서 再転해서 자연주의의 근본적인 맹점에 파고들려고 한다. 抱月가 자연주의가 사회와의 싸움이고, 인도주의 등은 사회와의 완화라고 주장하는 것은 사실은 현대사회와 싸우지 않으면 안 되는 것은 전자가 아니고 후자였던 것이다. 우리들을 둘러싼 사회는 물질과 권력의 사회이기 때문에 개인주의적 사상 즉 자연주의적 사상의 세례를 받지 않은 사회라고 말하고 있다. 그러나 현대 사회는 그러한 만큼 자연주의와는 인연이 멀어진 것이 아닐까.

和辻哲郎에 의하면 현대는 인습·도덕의 가면을 쓴 자연주의 시대라고 한다. 현대 경제조직의 근저를 설명하고 있는 경제학은 완전히 자연주의 입장에 서있다는 것이다. 국가 활동도 현재의 大戰이 보이고 있는 바와 같이 완전히 자연주의적인 세계관, 인생관에 근거하고 있다는 것이다. 그러한 것에 대해 그것이 그렇지 않다고 보이게 하려는 무언가가 있다고 한다면 그것은 도덕적 가면이라는 것이다. 예를 들면 人道를 위해 독일과 싸우는 것과 같은 것이다. 자연주의가 이 가면을 벗어버리려는 것은 확실히 정당한 것이다. 하지만 이 가면을 벗어내는 것에 성공한다고 해서 과연 그것에 무엇이 남겠는가. 가면을 벗겨 낸다 하더라도 그것이 노골적으로 드러난다는 것뿐이 아니겠는가. 그러한 의미에서 자연주의는 근본에 있어서 현대사회를 긍정하고 있는 것이다. 사회의 가면을 벗어내고 그것을 한 단계 높은 곳으로 나아간다는 것과 같은 것은 이상이나 정의나 정열이 수반되지 못하는 자연주의로서는 원래부터 불가능했던 것이다. 그들은 또한 그만큼 근본적으로 사회와 싸울 필요를 느끼지 못했던 것이라고 한다.

이상과 같이 거슬러 올라가서 재차 그는 부정을 거치지 않은 긍정이라는 일반적인 비난으로부터 白樺派를 옹호하려고 하였다. 白樺派라고 일컬어지는 신작가들도 현대사회에 존재하는 악을 인정하고 있는 것이다. 그 경제적 조직의 근본을 형성하고 있는 물질적 탐욕만을 보더라도 정치 기관을 움직이고 있는 정치가들의 권력욕, 명예욕만 보더라도 그것을 인간의 자연적인 욕망이라고 하여 그대로 시인해서는 안 된다. 보다 큰 문화를 만들어내려는 욕망이 이상과 같은 중압 하에 질식되어서는 안 되는 것이다. 抱月는 아마 내면의 도의적 요구가 수반되지 못하는 자연주의자의 한 사람으로서 새로운 작가들 사이에서 과연 무슨 수로 도의적 기운이 불타오를 수 있을까에 대한 것을 감지할 수 없었을 것이다. 그것은 너무나도 새로운 기운에 맹목적으로 추종하고 있는 것은 아닐까. 여기서 톨스토이의 이름을 들어서 톨스토이가 왜 인도주의에 의해 러시아와 세계와 싸우지 않으면 안 되었던 가에 대해서도 抱月는 이해할 수 없었던 것이 아닌가 하고 말하고 있다. 계속해서 그는 자연주의가 오히려 개인을 중시한다는 것을 몰랐던 것이다. 그 자연주의를 일본에서 만들어진 많은 작품을 통해서 보면 곧 알 수 있다. 도대체 그들의 어느 작품에 인간의 존엄성이 털끝만큼이라도 그려져 있는가. 이러한 것을 그리려고 하였던 것은 단지 새로운 작가만은 아니었을 것이다. 요컨대 그것은 사상의 문제가 아니고 인격의 문제였던 것이다. 그것은 유행의 문제가 아니고 어떠한 경우에도 당연히 그러했어야 할 문제였던 것이다. 그것을 비개인주의적이라고 이름 붙이고 일시적인 반동으로 보는 것은 오히려 자기 삶의 빈약함을 폭로하는 것에 지나지 않는다는 것이 그의 결론이었다.

和辻哲郎의 논은 이상주의 철학의 입장으로부터 자연주의를 통렬하게 공격하여 白樺派의 신작가들을 전면적으로 옹호한 것이었다. 마침 抱月의 준비 부족이라고 밖에 보이지 않는 감상을 수단으로 하여 집요하게 자연주의의 맹점을 추급하고 있는데 그러한 것에 의해 白樺派의 의의를 분명히 하려는 기도였다. 長江의 소위 자연주의 前派의 설 등도 의식적으로 받아들여 논의를 전개하고 있는 것은 말할 나위도 없다.

6) 森田草平에 있어서 江口渙의 和辻哲郎에의 반론

和辻哲郎의 철저한 白樺派 옹호론에 대하여 반박 내지 의문을 제출

한 것에 森田草平가 있었고 江口渙이 있었다. 자연주의의 早稻田派의
논객들에게는 이미 왕년의 의지도 나타나고 있지 않았는데 예를 들면
本間久雄와 같이 일찍이 전통주의를 주창하면서 자연주의가 전통주의
로 전환하는 것은 자연스런 추이와 같은 너무도 당연한 愚論을 전개하
는 정도였기 때문에 누구 한 사람 和辻哲郎와 직접 대결을 하는 자는
출현하지도 않았다. 그것보다도 오히려 漱石山房 문하생으로부터 이론
이 나온다는 정도였다. 그러나 그것은 森田의 경우만 보더라도 和辻哲
郎에의 직접적인 반박이 아니라 이상주의적 자연주의와 같은 생각을 서
술하는 과정 속에서 和辻哲郎의 논에 자연스레 언급하게 되었다는 것
이다. 대정6년 4월의 「文章世界」에 『이상주의적 자연주의』라는 것을
森田는 쓰고 있다. 그 속에서 「時事新報」의 『이미 転機 넘어서다』에
언급하여 자연파에 대해서 가차 없는 실제를 지적하면서 인도파의 경우
는 자신의 요구를 내걸고 있을 뿐이라는 것은 너무 한 쪽에 치우쳐져
있는 것이 아니겠는가. 더구나 인도주의의 대표적 작가로서 들고 있는
것은 톨스토이였다. 서양의 경우는 톨스토이도 자연주의의 대가가 아니
겠는가. 톨스토이가 인도주의를 위해 싸웠는지 모른다. 그러나 톨스토이
만큼 비인격적인 욕망이나 성벽을 왕성하게 그린 작가도 드물었던 것이
다. 예를 들면 『어두움의 힘』 등은 그러한 것을 그리는 것에 의해 그의
인도주의가 드디어 마침내 빛을 발할 수 있었던 것이다. 비인격적이고
獸的인 욕망 속에 개인의 존엄성이 빛나고 있는 것이다. 만일 톨스토이
가 일본의 인도주의 작가처럼 현실에 육박해 가는 것을 두려워하여 비
인격적인 욕망이나 性癖을 그리는 것에 대해 잊어버리고 있었다고 한
다면, 또한 단순히 인류라든가 사랑이라든가 개인의 존엄이라든가 하는
공허한 말만을 내뱉고 있었다면 과연 『어두움의 힘』과 같은 작품이 그
려졌을까. 이것이 森田의 和辻哲郎에게 던진 의문이었고 항의였다.

江口도 이와 같은 것과 대동소이했다. 그것을 문장으로 나타내면 다음과 같다.

　　적어도 인도주의는 결코 공허한 개념이 아니고 실체가 있는 환영이 되어 시종 작자의 눈앞에 서 있지 않으면 안 된다. 그리고 환영은 끊임없이 작자 자신의 생활을 위협하고 있어야 한다. 만일 그것이 그러한 의미를 가진 환영에까지 도달하지 못하고 단순히 인도주의 개념에 그친다면 아무리 그 소리를 크게 낸다 할지라도 그것은 공허한 부르짖음에 지나지 않는 것이다. (『「청년의 꿈」에 대한 비평』「星座」대정6.3월호)

7) 和辻哲郎의 森田와 江口에의 반박

이러한 외침에 대하여 和辻哲郎가 침묵하고 있을 리가 없다. 5월의 「文章世界」에 『偏執과 당파심』을 싣고서는 森田를 향하여 다음과 같이 대답하고 있다.

자신은 이 한 문장에서 자연주의가 개인을 중시하고 있지 않았던 것에 대해 주장했다. 이것은 자연주의 즉 개인주의라는 통설에의 반박인 것이다. 그 증거로서 그들 어느 작품에도 인격존엄이라는 것이 털끝만치라도 그려져 있는가, 비인격적인 욕망이나 성벽 외에 어디에도 개인이 그려져 있는가 하는 물음이었던 것이다. 이것은 왜 비인격적 욕망이나 성벽을 그리는 것에 가치를 인정하지 않는 것인가, 자신은 그러한 것을 도저히 알 수가 없다. 자신이 바라는 것은 인격의 존엄이 그려지는 것인데 즉 그것은 현실의 추악한 방면을 그리지 마라는 의미는 아니다. 인격의 존엄이라는 것은 인간을 예쁘게 그리라고 하는 것은 아니다. 자신이 주로 문제로 삼고 있는 것은 문학자의 내생이고 삶의 방식인 것이다. 인간 속에 獸性만을 보는 사람과 獸性 속에도 인간을 봐야 한다는 사람과의 차이인 것이고 특히 전자에 대한 공격인 것이다. 자신은 당신이 생각하는 것처럼 武者小路実篤라는 한 작가만을 염두에 두고 말하는 것은 결코 아니다. 참되게 살아가려는 사람들 속에 자신이 염두에 두고 있는 것은 현실에 다가선다는 점에서도, 현실을 묘사한다는 점에 있어서도 자연주의자 보다는 훨씬 정직하고 훨씬 대담한 사람들이라 할 수 있다.

나는 여기에 작가 및 비평가로서 志賀直哉, 安部次郎라는 두 사람의 이름을 들고 있는 것에 의해 당신의 논의에 대해 응대할 수 있다고 믿고 있습니다.
내가 『이미 転機 넘어서다』를 썼을 때 많은 이름에 이들의 이름을 상기시켰던 것을 고백한다면 신시대 사람들의 약점이 현실적이지 못하다는 것을 잊고 있다는 당신의 설은 완전히 나의 논의와는 관련이 없다고 생각됩니다.

이미 분명해 진 바와 같이 和辻哲郎는 오직 문학자의 내생, 살아가는 태도에 있어서 신기운을 끌어내어 젊은 문학자들을 평가하고 있는 것인데 이러한 것과는 전연 다른 武者小路実篤의 작품 『청년의 꿈』의 감상을 시도하고 있다.

나는 그 동안에 작자에 대한 감격을 혼의 전율처럼 느꼈습니다. 특히 제 3막에서의 마지막 노인이 기도하는 부분을 읽었을 때에는 전신이 막 떨리고 눈물이 나왔습니다. 나는 그러한 사상에 감동을 받았던 것은 아닙니다. 그 부드러운 말 속에 내재해 있는 불꽃과 같은 정열을 느꼈던 것입니다. 행과 행 사이에 생명의 긴장을 느꼈던 것입니다. 나는 그 때 누구라도 이만한 긴장된 문장을 쓸 수 있을 것이냐고 생각했습니다. 원래 나는 武者小路実篤군의 사상이 계통에 따르고 있지 않고 있다는 것, 철저하지 못하다는 것에 대해 부인하려는 것은 아닙니다. 그러나 武者小路実篤군의 사상은 그 이후에 생활화 될 필요가 있는 것이 아니고 오히려 君에 있어서의 생활의, 또는 체험의 불완전한 표현에 지나지 않는다는 것입니다. 그 사상적 표현에 있어서 빈틈은 있을지라도 그 곳에 나타내려고 하였던 것은 좀 더 생동감이 있고 좀 더 구체성을 띤 것입니다. 나는 그 속에 단지 공허한 말만을 읽어내고 있는 사람들의 내생을 의심합니다.

이렇게 되면 이미 江口에의 대답은 나왔다고 봐도 좋다.

물론 나도 江口군의 所説에 일리가 있다는 것은 인정합니다. 武者小路実篤군의 작품으로부터 행과 행 사이에 나타나는 실감이나 정열을 결락시켜버리면 또는 그 독특한 높은 기품과 천부적인 청결한 Humor를 捨象해 버리면 -- 그렇게 해서 단지 그 사상만을 분석하면 그러한 설도 나올 수 있다고 생각합니다.

8) 岩野泡鳴의 조소와 和辻哲郎의 응수

武者小路実篤의 『청년의 꿈』으로부터 받았던 和辻哲郎의 감격에 대해 岩野泡鳴가 「그의 눈물은 싸구려 눈물일 것이다. 그의 문장관은 아마 2, 30전의 美文名句集에 의해 성장된 것 뿐이다」라고 조소를 보내고 있는데 그것은 창작의 분석을 알지 못하든가 아니면 변명만을 내세워 실물과는 전혀 다른 가치부여를 내리는 경우가 있어도 그것에 대해 정정하는 일이 없다는 것이다. 和辻哲郎 등이 그 일례에 속한다고 주장하는 岩野泡鳴가 내뱉는 말이었다(『요즘의 창작계』 「文章世界」 대정6.7월호).

和辻哲郎는 곧 다음 달의 똑같은 잡지에 『응수』라고 제목을 붙여 이것에 대해 응수했다. 岩野泡鳴로부터 2, 30전의 美文名句集으로 양성된 문장관이라고 냉소를 받았던 것에 대해 화를 낸 것이라고 보여지는데 이것은 이전에 비판적인 공격을 가하고 있던 자연주의 대표작으로서

德田秋声의 『진무름』을 들고 있었다. 거기에다가 志賀直哉의 『크로디아스의 일기』와 『佐々木의 경우』를 대치하고 있는데 『진무름』에 대해서는 특히 자세한 감상을 내리고 있다. 문장의 감상에 있어서 岩野泡鳴 등에 져서는 안 된다는 분노와 자부심이 눈에 보이는 것 같다. 그러한 흥미에서 이것을 인용을 하면 다음과 같다.

　　이 소설에는 유곽에서 나온 여자와 히스테리로 가득 찬 처를 고양이 새끼처럼 버리는 남자의 생활이 실로 정확하게 그려져 있다. 조금의 빈틈이 없이 게다가 구석구석까지 시야가 미치고 있어서 거짓 같은 것은 조금도 눈에 띄지 않는다. 독자는 그 여자가 거실의 화로 앞에 앉아있거나, 머리를 올려 술시중을 들거나, 마루에 꿇어앉아 음식 준비를 하거나, 충열된 눈으로 바느질을 하거나, 대략 그 여자가 할 것 같은 모든 행동이나 자세를 자세하면서도 구체적으로 눈으로 볼 수가 있을 것이다. 또한 그 남자가 여자의 침실로부터 나와서 멍한 시선으로 하늘을 바라보는 모습이나 히스테리에 가득 찬 쓸쓸한 표정을 하고 있는 처의 시선을 외면하고 서류를 만지는 태도나 거친 숨소리나 모든 그 남자가 할 것 같은 여러 장면을 볼 수가 있을 것이다. 그렇게 해서 이 남자나 여자의 마음에 왕래하는 여러 가지 감상, 기쁨이나 분노, 절망이나 피로 등이 그렇게 하지 않으면 안 되는 것처럼 너무나도 자연스럽게 움직여가는 것을 볼 것이다. 이러한 것을 보면서 秋声씨가 현대의 제 1인자라는 것에 대해 나는 조금도 이의가 없다.

秋声의 문학특색을 이렇게 감상할 수 있겠지만 그러나 이 세계에 들어앉은 채로 마냥 기뻐하는 것만은 아니라는 것이 평자가 말하려고 하는 바일 것이다. 여기에는 인간의 추악함, 인간들이 싫어하는 것을 예술로서 표현하고 있는 것은 아니다. 이 작품에 있어서의 우리들은 「인격적 가치에 대한 느낌이 느린 것」을 느끼지 않을 수 없다는 것이다. 인간 행위를 묘사하는 예술에 있어서 만일 인간적 가치를 표출할 수 없다면 미적 가치를 가졌다고는 말할 수 없다. 세익스피어가 그린 인물이나 행위에는 美醜貴卑의 판단이 강하게 나오는 상태로부터 제출되고 있다는 것이다. 그러니까 『크로디아스의 일기』의 작가처럼 인격 가치관의 차이에서 항의하는 사람도 나온다. 「泡鳴씨가 무엇을 말하려고 하던」여기에서 소리를 높여 결론을 내려고 한다. 武者小路実篤나 그 외의 젊은 작가들에게는 秋声 등이 가지지 못하는 귀한 것, 밝은 미래가 있는 것이다. 그들의 기교가 秋声와는 차이가 있다 하더라도 작품의 가치는 반대로 차이가 날 수 있는 것이다. 志賀의 『佐々木의 경우』를 읽는다는 것이 자신이 그러한 정보에 뒤떨어지고 있다는 것을 의미하는 것은 아니라고 생각된다. 예를 들면 여자아이가 불빛을 내고 있다. 그 경우의 여자아이나 佐々木의 자장가의 묘사는 진실로 내면적인 것이다.

똑같은 「文章世界」의 4월호에는 田山花袋論의 특집에 『자연을 잘보지 않는 사람』이라는 한 문장이 실려 있는데 그곳에서 花袋의 현실육박에 대한 부족함을 힐난하고 있다. 『처』는 심화시킨 작품은 아니어서 그런 것인지는 모르지만 절실하고 위대한 것은 아니다. 말하자면 성실하고 감동적이었지만 그의 근작의 경우 예를 들면 평범한 세간 지혜가 진리가 되고 있는 것과 같은 권위를 내세우고 있다고 하면서 『한병졸의 총살』을 들고 있다. 성욕에 관한 심리도 특수한 인간으로서의 주인공의 묘사도 천박하다고 볼 수 있는데 「주인공이 자신의 성격과 운명에 대하여 무지한 만큼 작자도 또한 주인공의 성격과 운명에 대하여 무지하다」라고 평가를 내리고 있다. 이것은 자연주의를 이론적으로 힐난했을 뿐만 아니라 秋声 · 花袋들의 자연주의 대표작가의 작품을 들고 있는데 구체적으로 그 작품들이 가지고 있는 결함과 불만에 대해 분명히 하고 있는 것이다. 이러한 점에서 이것은 『자연주의 논쟁』에서 본바와 같이 安倍能成의 입장을 한 단계 발전시킨 것이라고 볼 수 있다. 이러한 사실은 白樺派의 출현과 활동이 있었기 때문일 것이고 그러한 의미에서 和辻의 자연주의에 대한 격렬한 공격도 오직 白樺派의 옹호를 하기 위한 것일 수밖에 없었다. 白樺派 지지를 위해 그 만큼 과감한 비평활동을 행한 자는 없었던 것이다.

9) 広津和郎의 비판적 옹호

「白樺」를 둘러싼 논쟁에 있어서 広津和郎의 비평활동이 가지고 있는 의미는 특히 중요하다고 볼 수 있다. 和辻가 철저한 옹호자였다고 한다면 그는 비판적 이해자였다고 이름을 붙여야 할 것이다.

그의 『武者小路実篤論』(「新潮」 대정5.10월호) 속에 다음과 같은 말이 있다.

정의라든가 인류라는 깃발을 내걸고 종횡무진으로 사회나 문단에 대해 비평을 한다. 무슨 일이 있으면 천황을 떠받들고 있던 옛날 승려병사들에게 대적하는 것은 왠지 불충한 기분이 들어 옛날 인간들처럼 될 수 없었던 것과 같이, 지금의 문단에 정의라는 깃발을 내걸고 적대하는 것은 정의롭지 못하다는 기분이 들어 武者小路씨를 비판하는 것을 주저하게 만들고 있다.

우선 武者小路씨가 말하고 있는 정의라든가 인류를 해부하는 것이 지금 문단에 있어서 해야 할 급선무라 할 수 있다. 이것은 武者小路씨 자신에게 있어서도 마찬가지로 급선무일 것이다. 정의가 정의롭지 못하다는 것보다도 좋은 것과 인류가 인류답지 못하다는 것보다 좋다는 것은 선이 악보다 좋다는 것을 증명해야 하는 것과 같은 정도의 쉬운 문제인 것이다. 그러나 내가 말하고자 하는 것은 그 내용인 것이다. 그 내용이 어느 정도로 깊이가 있는지에 대한 문제인 것이다.

武者小路씨의 자신에 관한 비평은 정의라든지 인류라는 문제로 비화되면 그곳에서 멈춰서 버린다는 것이다. 씨의 회의는 정의이든 인도주의이든 그것에 대한 회의인 것이다. 정의라든가 인도주의라는 것은 그가 해부해야 할 것이 아닌 것처럼 믿고 있는 것이다. 톨스토이나 로뎅이나 스트린드베르를 생각하면 자신은 머리가 숙여지는 기분이 든다는 것이다. 그렇지만 일본 문단의 사람들을 생각해 보면 자신감이 생긴다는 시종 자기 비평의 척도에 타인을 가지고 오는 것에 대해 나는 씨를 위해서도 유감스럽게 생각한다.

長江는 『자연주의 前派의 도량』에서 広津의 이 말을 인용하고 있는데 「広津씨의 이 비평은 이 경우 내가 말하고자 하는 한 부분을 유감 없이 통쾌하게 말해 주고 있다. 이와 같은 유력한 지지자를 얻은 나는 깊게 파고 들어가고 싶은 마음이 생기는 것이다」라고 주장하고 있다. 그들은 인간을 선인과 악인으로 양분하는 것밖에 모르고 있는데 그것은 「신도 아니고 악마도 아닌 인간성은 신이 될 수 있음과 동시에 악마가 될 수 있다는 인간성은 그들에게 존재를 인정받고 있지 못하다」는 것이어서 이러한 단순한 편견을 고집하고 있는 「자연주의 前派의 소탕은 유탕문학의 박멸이라는 것보다도 백 배나 천 배나 더 급한 일이다」고 주장하였던 것이다.

広津의 武者小路論의 일부가 長江의 白樺派 공격에 이용되었던 것에 대해 広津는 항의한 적이 있었다. 『生田、武者小路 양씨에게』(「文章世界」 대정5.12월호) 가 그것이다.

그것에 의하면 자신은 長江가 말하는 의미를 가지고 武者小路나 白樺派를 적대시 하고 있는 것은 결코 아니라는 것이다. 그것은 武者小路의 『불타지 않는 불』 등에 나타나고 있는 그의 사상이나 태도 및 武者小路에 대한 일본문단의 태도 등에 대한 비평이어서 武者小路에 대한 공격은 결코 아니다. 자신의 생각은 문단인의 武者小路에 대한 태도가 적이나 동지이냐로 나누어지는 것뿐이어서 침착하게 그를 비평하지 않는 사실에 대해 이상하게 생각하고 흥미도 느꼈다. 그의 태도가 직선적으로 첨예한 것에 대해서 마음에 들지 않아서 무언가 말하고 싶어도 정의에 적대하는 듯한 기분이 들어 침묵하고 있는 사람들이 적지 않다는 사실에 흥미를 느꼈기 때문이다. 그리고 그것은 그러한 좋은 사람들에게 향해서 武者小路가 가지고 있는 정의감이나 인도주의를 비평하고 해부해 보라고 권한 것임에 지나지 않는 것이다. 長江는 白樺 일파에 대한 반감을 너무나도 과장하여 말하고 있는 것이다. 그들을 문단으로부터 매장시키는 것은 문단의 이익이 되기는커녕 지금은 꽤 큰 손실이 되고 있다고 생각한다는 것이 広津가 주장하고 있는 항의의 요지이다.

広津는 더 나아가서 武者小路 및 白樺派에 대한 최근의 관심에 대해 피력하고 있다. 그것에 의하면 武者小路에게는 언제나 일종의 초조함과 같은 것이 전달되어져 와서 자신을 별로 좋아하지 않고 있다고 생각하고 있었지만 그의 『어떤 청년의 꿈』을 읽고 그의 초조함을 알 수 있는 듯한 느낌이 든다는 것이다. 『어떤 청년의 꿈』 속의 제 4장 째에는 인간에 작용하고 있는 악마의 힘이 欧洲 戦乱에 의해 보여지고 있다는 것이다. 악마가 신을 굴복시키려고 모든 악마적인 요소를 인간에게 갖다 붙이고 있다는 것이다. 전란은 더욱 더 격렬하게 된다. 신의 자식인 인간이 잔혹하게도 점점 살해당한다. 나라와 나라는 모든 간계를 다하여 서로 맞서고 있다. 악마는 자랑스럽게 신을 굴복시킬 예정이다. 그런데 신은 아무 대책도 없이 하품을 하고 낮잠을 잔다. 그리고 「인간이 자신을 추구할 때가 아직 오지 않았다는 것이다. 그러나 언젠가 반드시 인간은 잘 될 것이다. 아무리 나쁜 짓을 하여도, 무엇을 하더라도 결국은 잘 될 것이다」라고 태연하게 있는 것이다. ― 이러한 신앙을 가지고 와서 武者小路는 그의 지상생활 위에 적용시키려 하고 있다. 그의 초조함은 이러한 곳으로부터 오고 있다. 이렇게 생각하면 좀 더 武者小路라는 사람을 알아야겠다고 생각하게 되었다. 자신에게 있어서 그에 대한 가장 큰 흥미는 그가 천상과 지상의 거리를 어떤 식으로 좁혀갔느냐 하는 점에 있었던 것이다. 「천상을 보고 아직 자신은 부족하다고 생각하고 앞쪽으로 진행하든가, (중략) 혹은 지상에 한 걸음 한 걸음을 내딛고 자신의 성장을 방해하는 자신의 성격 속의 여러 가지 분자를 배재하는 것에 힘쓰든가」. 武者小路가 어느 쪽을 취하는 지는 알 수 없지만 자신은 후자의 길을 취할 것을 바라고 있다. 왜냐하면 「만일 武者小路씨가 후자의 길을 취한다면 『새로운 집』 『불타지 않는 불』 등과 같은 작품에 나타나고 있는 씨의 태도가 좀 더 강력하게 되고 나서의 일일 것이다. 씨의 자신에 관한 비평이 예리하게 되고 나서 의 일일 것이다. 씨의 정의가 심화되고 나서의 일일 것이다. 운명의 Unconscious Harmony를 신뢰하여 모든 것을 그곳에 맡기고 간단히 지나칠 수 없기 때문이다. 내가 운명을 알고 있다든가, 인류를 사랑하고 있다는 것에 대해 정면으로 말하지 않아도 작품 전체에 그런 기조가 나오고 있기 때문이다. 그리고 좀 더 절실한 것은 武者小路씨가 가지고 있는 아픈 초조함이 점차 잃어가고 있기 때문이다」. ― 이상이 『生田, 武者小路 양씨에게』의 요지이다.

『어떤 청년의 꿈』에 대해서는 전달 11일의 「時事新報」의 月評에서 이 각본의 제 4막을 비평하였는데 그것은 久米正雄, 芥川龍之介의 작품과 비교하여 武者小路의 예술이 훨씬 우리들의 가슴에 다가온다는 것이다. 그러한 사실은 그가 단순히 발견을 위한 발견이나 그 발견을 다른 사람들에게 말할 때의 흥미에만 그치고 있는 것이 아니기 때문이다. 자신은 武者小路의 자기 비평에는 나름대로 의문을 가지고 있는데 그것은 그가 그의 신앙 위에 서서 자신을 둘러싼 세계의 비평을 하고 있을 때에는 그 나름의 꽤 예리함과 강력함을 드러내고 있는 것을 느낄 수 있다는 것이다. 『새로운 집』『불타지 않는 불』 등 작자나 작자와 가까운 인물을 묘사하고 있을 때에는 그 어느 것도 미적지근하고, 어느 선에 이르게 되면 타협을 하고 있는 것이 느껴진다. 그러나 이러한 각 본은 추종을 불허할 정도로 예리하다. 이것은 왜이냐. 広津의 말에 의하면 「이해 내지 발견과 신앙 사이의 반사경」이 없기 때문에 즉 그것은 자기 비평이 부족한 것으로부터 생기는 것이 아닌가 하고 말하고 있는 것이다.

武者小路의 초조함이 広津가 이해하고 있는 것에서 유래하는지 아닌지는 의문이 들지만 그러나 무엇보다도 武者小路가 인류나 정의나 사랑이나 천재 등을 자기 멋대로 사용하는 것으로부터 그의 성급한 말투가 초조함과 관련이 있다고 한다면 과연 그럴지에 대해서는 의문이 든다. 역시 「운명의 Unconscious Harmony를 신뢰하여 무엇이라도 그곳에 맡길 수 있다는」 것으로부터 시작된 것은 아니었을 것이고 실제로 또는 현재까지 그에게 그러한 움직임이 있었다고는 생각되지 않는다. 새로운 마을 운동을 포함하여도 마찬가지라 할 수 있다. 広津만 하여도 「白樺派 사람들이 이 초조함에 대해 스스로 알아차리지 못하고 있다는 것은 정말로 비참한 것이다」라고 말하고 있지만 적어도 武者小路는 초조함과는 관계가 없는 것이 아닌가 하고 생각된다. 따라서 広津가 기대하는 「지상의 한 걸음 한 걸음 내딛어서 자신의 성장을 방해하고 있는 자신 성격 속의 여러 가지 분자를 배제시켜 간다는」 방향은 武者小路의 자각에는 없었던 것처럼 생각된다. 그러나 그것은 그것으로서 広津의 武者小路 내지 白樺派에 관한 비평은 유연하면서도 예민하기도 해서 그들의 장점과 단점을 무엇보다도 확실히 알아차리고 있었던 것으로 봐도 좋다.

「그 순수한 합리적인 근본적인 정조 부분이 씨가 가지고 있는 가장 아름다운 부분이겠지만」이라고 말하고 있고 또한「항상 인생의 출발점에 서 있는 것 같다는 기분은 씨가 말하는 예술에서의 윤리적 의의를 나타내는 까닭인 것이다」(「文章世界」대정5.2월호 월평)라고 말하면서 이해를 보이고 있었던 木下杢太郎와 같은 면이 없는 것도 아니다. 예를 들면 비교적 호의를 보이면서 武者小路論(「文章世界」대정4.6월호)를 쓰고 있던 中村孤月와 같은 사람도 물론 그것이 쓰여진 시기가 약간 빨랐던 것에 그 이유가 있겠지만「창작으로부터 본 武者小路씨는 성실한 사람이다. 이해력이 깊은 사람이라는 것은 인정할 수 있어도 역시 그 실제 생활에 있어서는 충실하지 못했던 사람이라는 것을 이해해야 한다. 이것이 무엇보다도 씨가 가지고 있던 창작상의 결점이라 할 수 있는데 참다운 창작관이라는 입장에서 볼 때 그 가치를 떨어트리게 만드는 원인이 된다」라고 말하고「이 작가만큼 성실하고 그리고 그 창작관이 유희적으로 빠져드는 창작을 하는 작가도 드물 것이다」는 등, 앞에 본 和辻의 의견과는 완전히 반대의 발언을 하고 있는 것을 생각하면 広津의 비평이 얼마나 뛰어나고 정확한 것인 지를 알 수 있다. 그리고 広津의 이 비평은 대상에 대한 올바른 이해를 보이고 있다고 말할 수 있는 것과 함께 그 자신이 비평가로서의 뛰어난 소질을 가지고 있다는 것을 보이고 있는 부분이 되기도 한다. 이 사람만큼 명석함과 인간미가 풍부한 소유자는 그 밖에 없었던 것이 아닌가 하고 생각해 본다.

10) 広津의 『인도주의의 정의』

대정5년 11월의「新潮」가『当来 문예의 기조가 되는 인도주의에 대한

비판』이라는 표제로 평론을 특집을 내고 있었는데 그 속에서 広津는
『인도주의의 정의』라는 타이틀로 평론을 쓰고 있었다. 「인도주의라는
정의를 붙이려는 사람들에게 향해서 다음과 같은 주문을 부탁합니다」라
는 서언을 쓰고 있다. 중요한 발언이기 때문에 그 전문을 인용하면 다
음과 같다.

「어쨌든 인도주의는 이 넓은 인생의 모든 것을 포용함에 있어서 좁고 편협
한 범주에 그쳐서는 안 된다」

「예를 들면 톨스토이를 가지고 인도주의의 대표자로 삼는 것은 관계없지만
게다가 관계없는 것이 아니라 대단히 좋은 일이기도 하겠지만 그러나 부부는
형제와 같이 생활하라. 단 2년 간에 한 번만 그들은 형제 생활에 있어서 지장
이 없는 범위 내에서, 또한 그 형제 생활에 있어서의 파괴는 물론 여자로부터
시작되어야만 한다. 그것은 여자의 생리 상태가 그러하기 때문이다. 그러니까
남자는 결코 자기 스스로 그러한 것을 요구해서는 안 된다는 것을 자신의 인생
에 향해서 설명하는 것이 바로 인도주의의 진수라고 말하지 마라」

「그런 것보다도 어떤 여자가 열심히 자선사업을 해서는 즉 자신이 좋은 일
을 하고 있는 것으로부터 자신의 마음을 위안 삼으려 함에도 불구하고 그러나
쓸쓸하고 슬퍼서 참을 수 없는 것을 알고 있다 보니까 당신의 쓸쓸함은 자선
사업을 한다 하더라도 결코 고쳐지는 것은 아닙니다. 차라리 당신은 그러한 것
보다도 남자를 사귀세요 당신은 부자이기 때문에 아무리 남자를 사귄다 하더
라도 세간에서는 그것에 대해 아무런 말도 하지 않을 것입니다 라고 설명하고
있는 이와 같은 체홉의 총명함에 대해 그것을 인간의 허식이라고 알아차리고
진리의 추궁보다는 오히려 허위의 배제에 노력해야 한다고 하는 취지는 바로
그 체홉의 총명함을 인도주의 속의 가치 있는 요소로서 인정해야 한다는 것을
잊어서는 안 된다」

「인도주의로부터 나온 위대주의와 혼동하지 마라」

「인도주의와 좁은 도덕주의를 혼동하지 마라」

「인도주의의 출현이 旅順口 閉塞의 결사대에 참가하였던 水兵과 같은 순수
한 정직함, 용기와 같은 일본인적인 낭만주의가 되도록 하여라」

「만나는 사람들로부터 단지 칭찬만 받기를 원하고 그 사람들이 말하는 비평에

대하여 화를 낸다고 하는 것은 말하자면 인도주의를 단순히 높은 이념으로 끌
어올린 것밖에 되지 않는다는 것이다」

「제 멋대로 청년들의 마음을 암시에 거는 듯한 힘 있는 정의를 내리지 마라.
― 국가주의의 암시, 데카당의 암시, 인도주의의 암시, 이러한 것만 생각해도
전율한다」

「만일 인도주의를 가지고 장래 예술의 주조가 될 것이라고 설명해야 하겠지만
그것은 定義를 만든 사람의 취미이고 본능이라면 모든 예술에 통용되는 넓고 황
막한 정의를 부여하는 것은 그만두라. 좁은 범주에 사람의 혼을 불어넣어 그것을
도리어 고갈시켜 버린 예는 우리들은 지금까지 너무나도 많이 봐 왔다」

「행복에도 불행에도, 정의에도 정의롭지 못한 것에도, 선에도 악에도 유혹받
지 않고 학대받지 않고, 언제까지나 시간이 흘러가도 타고난 순수함을 잃지 않
는 존엄함을 지켜라. 지금 사람들은 악이나 정의롭지 못한 것에 대해 유혹을
느끼지 않는다. 적어도 유혹받지 않으려고 노력하고 있는 것이다. 그런데 선이
나 정의가 어떤 경우에 어떠한 유혹을 받는가에 대해서는 예방을 게을리 하고
있는 것이 아닌가하고 생각된다. 유혹받은 선이나 정의, 암시에 걸린 선이나 정
의, 그것이 참다운 선이나 정의와 비교해 보았을 경우의 특징이라는 것은 신경
적이라는 것이다. 암시에 걸린 선이나 정의는 인간의 배 속에도 영혼 속에도
잠들지 않는다. 그것은 미간과 미간 사이에 잠들어서 그것에 팔자의 주름을 만
든다. 그리고 인간을 정신적인 신경쇠약에 빠지게 만든다. 암시자는 곧 화를 내
거나 울거나 기뻐하거나 한다. ― 이러한 두려운 초조함이 인간 생활력을 소모
시킨다. 영혼을 건조시킨다. 그런데 문제는 암시자 자신은 그것에 대해 생장하
고 있다고 생각한다는 것이다」

인도주의에 대한 이상과 같은 広津의 이념에 대하여 稲毛詛風는
「인도주의는 역사적으로 자연주의보다 뒤떨어져서 출발하였는데 본질적
으로는 개인주의보다 늦게 출발하지 않으면 안 된다」라고 규정하고 있
다. 稲毛詛風의 이와 같은 발언은 아무런 이익이 되지 못하는 무용한
것으로 평가받고 있다. 여기에 대하여 広津는 대정6년 5월의 「新潮」에
서 『존재와 설명』을 써서 이것에 대해 응답하고 있다. 稲毛와 같은 비

평이 나오는 것을 자신은 이미 예기하고 있었다. 인도주의를 稲毛와 같이 개념적으로 규정하고 해설하는 것도 큰 잘못은 없지만 이러한 규정이 무엇을 낳는가, 문학 그 자체에 구체적으로 무엇을 기여하는가, 그러한 것이야말로 무용한 말이라고 지적하고 있다. 인도주의에 대한 広津의 구체적인 주문이야말로 그가 얼마나 구애받지 않는 눈과 마음으로 이 문단의 새로운 기운을 바라보고 있었던 가를 알 수 있다. 和辻씨보다도 더 깊고 넓은 마음으로 이 새로운 움직임을 냉정하게 바라보고 있었던 것을 알 수 있다. 톨스토이에 보이는 편견 따위를 배척하고 체홉이 소유하고 있는 명석함을 들고 있는 점 등에 그것이 확실하게 나타나고 있다. 톨스토이의 엄격주의를 배척하고 武者小路에게 「지상의 일보 일보를 내딛어 자신의 성장을 가로막고 있는 자신 성격 속의 여러 가지 분자를 배제할」것을 기대하였던 広津는 또한 당시의 正宗白鳥에 대하여 그가 인생의 추악에 대해 분노한 나머지 분노 그 자체, 절망 그 자체에 가치가 있는 것처럼 오인해 버린 것은 아닌지 하는 의문과 불만을 제출하고 있는 것이다(『내가 좋아한 白鳥씨』「文章世界」 대정6.1월호). 이러한 곳에 문학자로서의 広津의 인생에 대한 태도와 위치가 확실히 엿보이고 있다는 것이다.

11) 広津의 『志賀直哉論』

이러한 広津가 이윽고 白樺派의 한 사람인 志賀直哉의 존재에 큰 기쁨과 희망을 발견하게 되는 것은 당연하다. 「현대 일본작가 중에 신의 마음과 악마의 마음을 동시에 가장 잘 이해하고 있는 사람」이고, 이 현실을 가감 없이 볼 수 있는 사람이고, 예리한 이지와 바른 마음을 사랑할 줄 아는 열정에 불탄 마음의 소유자라고 최대의 칭찬을 바친 広津의 『志賀直哉論』이 쓰여 졌던 것은 대정8년 3월이었다. 이 평론에 의해 志賀直哉는 물론이고 白樺派에 관한 문학사적 평가도 결정되었다고 봐도 좋다.

이것보다 앞서 武者小路는 다음과 같이 쓰고 있다.

우리들은 자연주의의 사고방식을 수용하는 것은 어쩌면 우리 인간에게 있어서 사랑할 점이 많다고 느껴야 할 부분이 점점 줄어간다는 것과 같이 느껴진다는 것이다. 고마운 것이다. (중략) 그러니까 우리들이 등장하였기 때문에 자연주의는 당연히 과거의 것이 될 수밖에 없다는 것이다. 그러나 우리들이 영향을 잘못 받아서 극단적으로 인간을 사랑의 한 덩어리처럼 본다면 그것은 잘못된 것이다. (중략) 그들은 회의감을 받아들이는 것에 의해 인간으로부터 짐승에 가까운 것이 있다는 것을 발견하여 기뻐할 수도 있겠지만 우리들은 그러한 회의감을 받아들이는 것에 의해 인간은 역시 인간일 수밖에 없다는 것을 발견해 가는 기쁨이라는 것이다. (중략) 우리들은 좋은 선택을 한 것이다. 이것은 자연주의에 감사해도 좋을 것이다. 잘 무너져 주었습니다. 다시 재생하는 쪽은 우리들이 책임지겠습니다. (『회의의 수용방법』「文章世界」 대정7.7월호)

12) 武者小路의 절대적 개성 존중

武者小路의 자기비판은 정의라든가 인도주의라는 곳에 이르게 되면 멈춰 서버리는 것이다. 정의라든가 인도주의라는 것은 반드시 해부해야 한다고 신앙처럼 믿고 있는 것이다. 이렇게 비평하는 것은 広津이다 (『武者小路実篤』「新潮」 대정5.10월호). 개성을 살려나가는 것이 그대로 인류의 의지와 합치된다고 생각한 것이 武者小路의 근본 신앙이었던 것은 말할 나위도 없다. 武者小路 만큼 개성을 말하고, 인류와 인도주의를 설명한 문학자는 없을 것이지만 그에게 있어서는 개성 즉 인류, 인류 즉 개성일 수밖에 없었던 것이다. 個와 전체와의 조화를 이 정도로 소박하게 믿었던 것은 그 밖에는 없었을 것이다. 「개인이라든가 개성이라는 것을 통하여 인류의 의지를 살려간다는 것에 대해 지금 사람은 예상도 할 수 없었던 점이라고 생각한다. 그러나 그러한 것을 알지 못하고서는 白樺 운동을 알 수가 없는 것이다」(『白樺의 운동』)라고 하는 것은 武者小路 자신의 말이기도 하지만 말 그대로라고 생각한다.

「白樺」 창간호에 발표된 漱石의 『그리고 나서』평 속에서 武者小路는 「자신은 漱石씨는 언제까지나 지금의 상태 그대로 사회에 대하여 절망적인 생각을 계속 가지고 있을 것인지 아니면 사회와 인간의 자연스런 사이에 있는 조화를 발견해 낼 것인지에 대해 지켜보고 싶다고 생각한다」라고 말하고 「자신은 아마 후자가 될 것이라고 생각하고 있다. 그렇게 되면 그 때는 자연을 사회와 조화시키려고 하지 말고 사회를 자연에 조화시키려고 할 것이라고 생각한다」라고 쓰고 있다. 그리고 이것은 물론 漱石보다도 武者小路 자신을 말하는 말이 될 수도 있다. 漱石가 『그리고 나서』에서 추구하였던 자연과 사회의 결정적인 대립이라는 것은 武者小路에게 있어서 절실한 문제는 아니었던 것이다. 「사회와 인간의 자연성 사이에 있는 조화」와 같은 신앙이 원래부터 武者小路의 본령임에 틀림없었기도 하고, 더구나 그것은 사회를 자연에 조화시키려 하였던 예정 조화와 같은 것이었다. 그러니까 사회는 참다운 의미에서 武者小路 앞에 나타나지 않았다고 해도 좋다. 그에게 있어서 그의 개성은 물론 절대적인 것이지만 그러나 그것은 발견되어야 할 것은 아니었고 더구나 그것은 획득되어져야 할 것도 아니었다. 당연히 살려야 할 인류의 의지로서 그것은 그것에 있었던 것이다.

13) 木下杢太郎와의 논쟁

이것은 木下杢太郎가 「白樺」 동인인 山脇信德의 그림을 비평한 것이 계기가 되어 武者小路와의 사이에 두 세 번의 논쟁이 되풀이 되었는데 그 때의 武者小路 논의 속에 일찍이 노골적으로 나타나는 부분이 있다. 「白樺」창간된 다음 해 명치44년의 가을 무렵이었다. 이 논쟁에는 물론 山脇信德도 참가하고 있었다. 여기서 武者小路와 山脇의 논의를 木下와의 대비해 가는 형태로 보기로 한다.

논쟁의 사단은 명치44년 4월 하순 神田의 琅玕洞에서 열렸던 山脇信德의 작품 전람회의 『오차노미즈』『다리』『해오름』 등을 비평한 木下杢太郎의 「中央公論」 6월호의 한 문장에서 시작되었다. 杢太郎에 의하면 山脇의 그림은 전체적으로 작품의 감격이 강렬하게 느껴질 뿐으로 놀란 벙어리와 같이 너무나도 표현 기교가 떨어지고 있다는 것이다. 이러한 감격을 자각하고 교묘한 기술을 더해서 잘 이해된 회화의 약속 하에 발표되었으면 좋았을 것이다. 「外光 때문에 반짝반짝 빛나는 다리 밑의 수면, 교량 및 가옥 등의 강렬한 인상에 의해 화가의 감정이 격동하는지는 모르지만 그 때 파레트의 색을 아무런 질서도 없이 붓으로 심장의 흥분을 근육 운동으로서 화면에 나타낸다면 그 그림은 기술이 아니고 이미 그래프가 그려내는 표에 불과한 것이다. 그림이라는 것은 이 이상을 나타내는 것이 있어야 한다. 감격과 동시에 한쪽에는 조용한 이해력을 키워야 한다」는 것이었다. 요컨대 주관적인 감격은 괜찮겠지만 회화답게 되기 위해서는 그것을 객관적인 표현으로 정착시키는 기술이 동반하지 않으면 안 된다고 하는 것인데 그것은 이론으로서는 당연한 요구라고 봐도 좋다.

山脇는 이것에 대해 「白樺」 9월호에서 곧 반박하게 된다. 회화는 「내면 気息」의 고동 맥박과 같은 것이다. 그리고 인격 그 자체여서 기술 이상인 것이다. 그것은 「인간 관능의 전체적 존재」일 수밖에 없다. 木下가 말하는 회화의 약속 등은 第二義와 같은 것이다.

李太郎는 「白樺」 11월호의 『山脇信德군에게 대답한다』에서 이렇게 응수하고 있다. 화가로서의 자신의 인격과 그것이 발현한 작품과의 사이에 멋있는 통일이 있다고 보는 山脇의 論은 論으로서의 모순은 없다. 그러나 자신은 그것을 현대문명의 한 징조로서 보고 양자의 관계를 생각하지 않을 수 없다는 것이다. 예술품이라는 것은 그것을 통해서 타인에게 작자의 마음을 전달하는 기관이 되기 위해서는 거기에 일종의 약속이 필요하게 된다. 그렇다고 하여 무지한 많은 머리를 가진 괴물이라 할 수 있는 公衆에게 최대공약수적으로 알게 하려고 한다면 예술은 타락하지 않을 수 없다는 것이다. 거기서 양자의 관계를 이해하고 충분히 자신의 내적 생명을 발표할 수가 있으며 또한 동시에 될 수 있는 대로 많은 감상자의 동감을 얻을 방법이 필요하게 된다. 이것이 회화의 약속이다. 「만일 당신이 俗衆으로 하여금 당신의 예술을 구가하게 만드는 것, 마치 당신의 예술을 숭배하게 만드는 것처럼 하려고 생각하였다면 당신은 당신의 도그마를 객관적인 약속으로까지 확대시키지 않으면 안 된다」. 이상이 李太郎가 응수한 대략적인 부분이다.

武者小路는 이것을 원고로 읽었다고 보이는데 같은 잡지의 같은 호의 6호 雜記欄에서 여기에 언급하면서 쓰고 있다. 李太郎의 「만일 당신이 俗衆으로 하여금」 운운에 대해서 자기 스스로 「마치 당신이 당신의 예술을 숭배하는 것처럼 하려고 생각하였다면 당신은 이루 말할 수 없는 바보입니다」라고 말하고 싶다. 자신은 李太郎와 같이 俗衆에게 무게를 둘 수 없다. 자신은 李太郎와 같이 개성을 인정하지 않을 수 없다. 이것이 武者小路의 의견이다. 거기에는 또한 다음과 같은 주목할 만한 발언이 있었던 것이다.

자신은 단지 자신을 위해 꾀하는 것이 동시에 그것이 사회를 위하는 것이고, 인류를 위할 때만이 사회를 위해 또는 인류를 위해 꾀하는 것이 된다. 자신을 위해 꾀하는 것이 동시에 그것은 군중을 위하는 것이 될 때만이 군중을 위해 움직이려고 생각하게 된다는 것이다. 그러나 사회를 위해, 인류를 위해, 군중을 위해 꾀하는 것이 자신을 위한다는 것이 되는 것은 사회를 위해, 인류를 위해, 군중을 위해 움직일 마음이 없다는 것이다. 그러한 기분이 되면 타락하게 되는 것이라고 생각하고 있다. 이렇게 처리해서는 설명할 수 없다. 尊德의 소위 이치 외의 이치인 것이다.

변명이라고는 설명할 수 없을 정도로 철저한 자기본위의 입장인 것이다. 더구나 이 자기본위는 귀족적인 우월의식, 俗衆에의 멸시감에 의해 지탱되고 있는 것에 그 특색이 있다. 이것은 계속해서 「白樺」 12월호의 『木下杢太郎군에게』에서 山脇는 다음과 같이 말하고 있다.

관능과 표현 사이에 한 치의 빈틈도 허용하지 않는 예술심이야말로 처음으로 생명이 있고, 힘이 있고, 진실로 우리들이 요구하는 예술이다. 그런 만큼 타인에게 마음을 전달할 필요는 없다. 예술은 그런 귀찮은 일을 하는 장치가 아닌 것이다. 다시 말합니다. 예술이라는 것은 영감입니다. 자신의 표정을 될 수 있는 대로 많은 사람에게 이해시키려고 여러 가지 표정을 짓는다. 그것은 배우들이 짓는 표정입니다. 창녀들이 짓는 표정입니다. 예술은 그런 작위적인 것과는 다르다. 좀 더 발작적이고, 좀 더 필연적이고, 좀 더 무목적인 것이다. 자기 표정이 타인에게 이해되든지 안 되든지 간에 또는 악감정을 불러일으키든지 쾌감을 불러일으키든지 그런 것을 생각할 여지는 없는 것이다. 그런 것은 배우에게는 표정법이 될 수 있고, 창녀에게는 유곽에 사용하는 말을 할 수가 있고, 회화에는 약속과 형식이 생겨나는 것이다.

이와 같이 말하고 있는 것과 조응하는 것이 있다. 山脇로부터 보이는 것은 극단적인 주관주의이고 자기도취인 것이다.

山脇나 武者小路의 이와 같은 입장이 객관주의자인 杢太郎와 대조적으로 대립하고 있는 것은 말할 나위도 없다. 杢太郎는 똑같이 「白樺」 12월호에 『無車에게 준다』를 쓰고 있다.

山脇군의 화풍이 갑자기 이유 없이 山脇군에게 일어난 것은 아니다. 나의 시야로부터는 公衆 속의 한 사람인 같은 사람에게 다른 公衆으로부터 영향을 받게 되고 그것을 같은 사람의 기품 내지는 경향이 받아들여져 그것이 소화가 되면서 자신의 것으로 만드는 것이라는 식으로 본다. 이와 같은 까닭에 의해 당연히 재차 다른 사람들에게 영향을 미칠 수 있는 것이라고 생각한다. 그런 까닭으로 그 사이에는 반드시 무언가의 공통분자가 있는 것이다. 이것을 약속이라는 것이다. 그런 까닭으로 회화의 약속이라는 말 속에도 인간이 가지고 있는 감각적인 공통, 처방의 인식에 대한 공통 더 나아가 자세하게 들어가서는 때의 정신문명이 가지는 공통이라는 여러 요소가 포함되어 있는 것이다. 그러한 식으로 좀 벗어나서 보려는 나에게 있어서 本尊의 주관적인 가치를 왕왕 간과하는 일이 있다. 내가 욕심을 부린다는 것은 인간계에 일어난 하나의 일에 대한 인과전말을 분명히 정리하려고 하는 것이 주된 목적이기 때문이다.

이와 같이 말하고 있었고 또한 武者小路는 만사를 자신을 위해라는 큰 주의로부터 보면 연역하는 확신 있는 사람이라는 것을 알 수 있지만 자신은 방관자로서 「이와 같은 원칙에서 출발하고 있는 판단이 표면적으로 보면 합리적이면서 왕왕 사리의 기미를 탐구하고, 事象의 내부에 너무 투철한 나머지 도움이 되지 못하는 쓸데없는 논의가 되는 것이고 또한 방해가 될 뿐이라는 것을 조롱하고 있는 것이다」라고 쓰기에 이르러서는 양자의 차이는 더욱더 명료하게 된다. 문명비평가로서의 木下가 가지고 있는 객관적이고 귀납적인 태도와 어디까지나 자기 본위에 집착

하고, 자기에게 충실하는 것에 의해서만이 인류의 의지에 통하는 것이
라고 보는 武者小路의 주관적 태도와는 아무리 노력하더라도 서로 허
용될 리가 없다.

14) 망각된 중심적 과제

杢太郎는 山脇가 던진 최초의 반발에 응대한 문장의 최후에 「나는
국외자로서 일본문명을 객관화하고 그 평형을 유지하는 위에 소위 근세
인 속의 근세인인 Van Gogh나 Cezanne보다도 전습의 조정자라고 불려
진 Manet의 이해가 필요하다고 생각하고 있는 것입니다. 그래서 그러한
풍의 결론이 되었던 것입니다」라고 말하고 있는 이 때 극히 중요한 문
제가 제출되었던 것이다. 여기에는 외국문화의 수입, 또는 이식에 대한
근본태도가 문제시 되고 있는 것이다.

杢太郎의 이 한 문장은 명치44년 9월에 발표되었는데 1개월 전인 8
월에 漱石는 和歌山市에서 『현대 일본의 개화』라는 강연을 하고 있었
다. 夏目漱石와 木下杢太郎라는 명치 말기의 뛰어난 두 사람의 문명
비평가가 시기를 같이 하여 일본의 서양 근대문화 섭취에 있어서 근본
에 대한 의견을 토로하고 있었던 것은 의미 깊은 것으로 봐야 한다. 원
래부터 杢太郎는 이 문제를 논하는 것이 당면 목적이 아니었기 때문에
단순히 암시적인 말투에 그치고 있었다. 漱石는 이러한 것에 반하여 자
신의 연제를 내걸었던 강연이었기 때문에 전면적으로 이러한 것을 추구
하여 갔다. 일본 근대문화의 비극성을 심각하게 받아들여 아마 그것은
정신적으로 통하였던 청중으로 하여금 암담한 심연을 들여다보게 만들

었을 것임에는 틀림없다. 현재에서도 똑같은 생각을 가질 수 있을 정도로 통하는 것이었다.

서양문화가 내발적인 것에 비하여 일본 명치문화는 외발적인 것에 지나지 않아서 그것이 심리적으로 어떤 영향을 우리들에게 던져 주고 있는가. 그러한 공허함과 그것이 우리들의 정신에 가져오는 왜곡된 현상을 고발한다는 것이 漱石 강연의 요지였다. 서양이 백년에 걸쳐 겨우 발전을 이루었던 문화를 일본인은 10년의 年期를 단축하여 섭취하려고 하였기 때문에 예를 들면 그것은 식탁에 있는 그릇 수를 헤아리기는커녕 처음부터 맛있는 음식이 나왔는지 자신의 눈으로 확인하기 이전에 벌써 반찬을 가지고 가 버려서 마치 새로운 것을 펼치는 것과 똑같은 것이 되지 않을 수 없었던 것이다. 또한 담배 맛도 제대로 모르는 어린 이가 마치 맛있는 듯이 담배를 피우고 있는 것과 같은 것이어서 그것을 하지 않으면 안 되는 일본인은 비참한 국민이라고 말할 수밖에 없다는 것이다. 그렇다고 하여 그것이 나쁘다고 해서 중도에서 그만둘 수도 없다는 것이다. 「눈물을 삼키면서 표피적으로 흘러갈 수밖에 없는」 비극을 漱石는 확실하게 인식하고 지적하고 있는 것이다. 이러한 외발적인 문화는 자연스러운 결과로서 단층적이 될 수밖에 없는 것이고 일관된 지속성이 결여되어 있다는 것이다. 전통과 혁신의 건강한 싸움이 존재하지 않고 따라서 거기에는 참다운 성숙은 끝내 보이지 않는다는 것이다. 漱石와 함께 명치문화의 이러한 불행한 성격을 놓칠 수가 없었던 李太郎가 일본문명을 객관화하고 그 평형을 유지하는 위에 근세인 속의 근세인인 고흐나 세잔느 대신에 전습의 조정자인 마네에 대해 이해하려고 한 의도는 명료하다. 그러나 그런 것은 山脇나 武者小路에게 있어서 너무나도 관심 밖의 일이었음에 틀림없다. 그들로서는 오로지 개성만이 절대적이었다. 자연주의가 패배하고 그 타개의 방향이 예를 들면 啄木에 의해 암시 되었던 것과는 관련이 없는 지점에서 그들은 개성을 내걸고 새롭게 출발한 것이었다. 따라서 그들의 개성은 사회적으로 획득되어져야 할 것이 아니고, 선택받은 자가 가져야 할 우월의식에 의해 뒷받침 되어졌다는 것은 전술한 대로이다.

자연주의의 부정을 거치지 않는다는 이유로서 白樺 사람들을 자연주의 前派로서 배제하였던 生田長江와는 달리, 개성이 가지고 있는 역사적인 의미를 알고 있었던 것임에 틀림없는 杢太郎가 오직 개성이라는 과제를 둘러싸고 武者小路 사이에 새로운 논쟁을 전개한다면 그것은 얼마나 의미 있는 것이 될까 하고 생각하지 않을 수 없었던 것이다. 그러나 그러한 논쟁이 행해지는 공통적인 지반이 결여되어 있었던 것에 보다 큰 문제가 도사리고 있었다고 하는 것은 말할 나위도 없다. 「白樺」에 대한 공격이나 武者小路에 대한 비판이 얼마만큼 행해졌던 그들의 중심 과제였던 개성에 대해서는 아무런 비판이 보이지 않았던 것이야말로 주목해야 할 점이다. 어쨌든 사회를 위해, 인류를 위해, 群集을 위해 꾀해야 했던 것이 자신을 위할 때에는 사회를 위해, 인류를 위해, 群集을 위해 움직일 기분이 나지 않는다는 것이다. 그러한 기분이 생기기 때문에 타락하는 것으로 생각하였다는 말만큼 개성 절대 신앙자인 武者小路의 면모를 말해주는 것은 없다. 그것은 동시에 그의 개성이 극도로 낭만적 성격의 소유자라는 것을 확실히 보여주고 있는 것이다.

15) 安倍能成와 生田長江의 논쟁

이상과 같은 「白樺」 또는 武者小路의 입장을 지지하였던 阿部次郎,

安倍能成, 和辻哲郎 등 당시 이상주의 청년 철학자들의 활동이 있었던 것은 이미 설명한 대로이다. 여기서는 「白樺」 나름대로의 武者小路와는 직접 관련이 된 것은 아니지만 그것을 지지 또는 부정하려는 배후의 사상으로서 사회와 개인의 문제를 둘러싼 두 세 개의 논쟁이 있었다.

대정4년 1월 29일의 「読売新聞」에 安倍能成의 随想 『서재와 街頭』가 실렸는데 「反響」 4월호에는 生田長江가 『소위 한 大事라는 것은 무엇이냐』를 싣고서 安倍能成의 의견을 비판한 것이 계기가 되어 양자 사이에 논쟁이 교환되었다.

요컨대 우리들은 사회나 국가에 충실하느냐 아니냐를 생각하기 전에 우선 자신에게 충실하느냐 아니냐를 생각하지 않으면 안 된다고 주장하는 安倍能成의 자기 생활 第一義설에 대하여, 이러한 것은 근대가 가지고 온 迷妄이어서 「자신을 보다 좋게 하는 것에 의해서만이 사회를 보다 좋게 할 수가 있고, 사회를 보다 좋게 하는 것에 의해서만이 자신을 보다 좋게 할 수가 있다」는 신조를 長江가 주장해 온 것에서 유래하는 논쟁이었다. 長江의 최초 비판에 대해 응답하였던 安倍能成는 「読売新聞」 2월 19일, 20일의 양일 간에 걸쳐서 『놓쳐버린 한 大事』를 내걸고 長江를 반박하였다. 그런데 長江는 같은 신문 2월 24일, 25일의 『安倍能成군에게』에서 재반박하게 되고 게다가 같은 신문 3월 28일, 30일의 『第一義라는 까닭』에서 安倍能成는 세 번이나 長江에게 응수하였던 것이다. 이와 같이 되풀이 반박과 응수를 거듭한 것이지만 양자의 논지가 그것에 의해서 심화되었다고 느껴지는 부분은 없는 것 같고 그것보다도 도리어 서로 간에 自説을 강조하는 선에서 끝나버린 느낌이 든다.

安倍能成에 의하며 자신을 제 1에 둔다는 것은 자신이 근대인이든 비근대인이든 상관없이 그렇게 하지 않을 수밖에 없었던 자신에 부과한 요구였고 실제의 사실이기도 하였다. 長江는 이러한 것을 근대인들이 무리를 함께 하는 하나의 의리처럼 치부하는 것은 속단이라 할 수 있다. 자신은 長江처럼 자신과 사회를 동렬에 두는 것은 아무래도 불가능하였다. 자신에게 있어서 자기 생활은 어디까지나 第一義이고 사회생활은 第二義에 지나지 않는 것이다. 자기생활을 第一義라고 생각하지 않았던 長江의 태도는 역시 한 大事를 놓친 것이라고 말하지 않을 수 없다.「예수의 십자가는 만인을 위한 것임과 동시에 예수 자신을 위한 것이었다. 그는 세상의 구세주가 되는 것에 의해서만이 그 자신을 구원할 수 있었던 것이다」라고 長江는 말하지만 스스로를 구원한다는 것은 세상을 구원하는 것에 대한 근본이 되지 않으면 안 된다. 세상을 구원한다는 것은 스스로를 구원하는 결과이어야 한다. 內村鑑三는『신자와 진위』라는 감상문 속에서「신자는 우선 제 1로 자신을 위해 기독교를 믿는 자를 말한다. 자기 죄를 구원받기 위해, 자기 영혼을 구원받기 위해, 자기의 신 앞에 의롭게 되기 위해, 기독교의 복음을 믿는 것이다」라고 말하고「사회 구제를 위해, 국가 경륜을 위해, 衆生濟度를 위해 기독교를 믿는다고 하는 자는 모두 가짜 신자이다」라고 단언하고 있는데 자신이 말하고자 하는 바는 평명하게 이 일절에 다 포함되어 있다. 이상이 安倍能成가 주장하는 것이었다.

長江도 또한 自說을 양보하지 않았다. 安倍能成는 세상을 구원하는 것이 스스로를 구원하는 결과가 된다는 것을 알고 있었지만 스스로를 구원하는 것이 세상을 구원하는 결과가 된다는 것은 알지 못했다. 예수가 만인을 구원할 수 있었던 것은 그의 마음이 만인의 마음을 포섭할 수 있는 곳까지 확대되었기 때문이라는 것을 알았다는 것이다. 물론 그러나 그의 마음이 구세주로서의 사업과 함께 크게 된 것에 대해서는 몰랐다는 것이다. 따라서 만인을 아직 구제하지 못한 것은 자신 스스로가

다 완성하지 못하였다는 것에 대해서 몰랐다는 것이 된다. 이와 같은 사실에 대한 무지는「근대인 安倍能成군」이 근대적 상식 또는 근대적 나쁜 상식 속에 안주하고 있을 뿐이어서 그것으로부터 빠져 나오려는 진지한 노력을 게을리 하였기 때문이 아니겠는가. 도대체 사회 개선에 공헌하지도 않고 자신을 크게 하고 보다 좋게 할 수 있다고 생각할 수 있는가. 사회에 어떤 災厄이 일어나도 어떤 불의·부정이 행해져도 수수방관하면서 가만히 있으면서 자신을 크게 또는 보다 좋게 키워갈 수 있다고 생각할 수 있는가. 이것이 長江가 말하려고 하는 대략적인 것이었다.

여기에 대하여 安倍能成는 응수를 거듭하고 있다. 자신이 집요하게 주장하는 것은 자기 생활이 第一義라는 것이어서 사회적 생활을 부정하자는 것은 아니다. 모든 생활은 자신으로부터 출발한다. 사회로부터 출발하는 것이 아니다. 단지 사회에 의해서 실현되어질 뿐이다. 일체 생활의 源頭인 자신의 第一義를 주장하는 것은 극히 지당하다고 보아야 한다. 그렇다고 해서 완전히 자신을 구원할 수 있고 또는 만인을 구원할 수 있다고 하는 것은 아니다. 단지 對他的 생활이 반드시 對自的 생활에 근거를 두어야 하는 것에 대해 주장하는 것에 지나지 않는다. 사회의 정의롭지 못한 것을 수수방관하면서 자신을 보다 좋게 할 수 있느냐는 물음에 대해서는「자기 생활의 필지적인 발전으로서의 사회적 교섭」을 부정하는 것이 아니다는 것을 거듭 분명히 밝히고 싶다. 어쨌든 자신의 개조를 바깥으로 돌려서는 사회의 개조가 이루어지지 않는 것은 당연한 것이다. 이것이 安倍能成가 말한 대답의 큰 주류이다.

16) 阿部次郎과 生田長江의 논쟁

安倍, 長江의 논쟁은 그대로 阿部次郎와 長江와의 논쟁으로 통하는 것이었다. 대정5년 4월호의 「太陽」에 阿部次郎는 『두개의 길』이라고 제목을 붙여 長江의 비판에 응답하고 있다. 이 한 문장의 모두에는 長江와의 사이에 오랫동안 걸렸던 의견 대립의 경위가 서술되어 있다. 그것에 의하면 재작년 여름 「早稻田文学」으로부터 「실사회에 대한 우리들의 태도」에 대해서 엽서회답으로 요구받았을 때 「나는 지금 온힘을 집중시켜야 할 곳은 당연히 자기 자신의 일이기 때문에 지금 당장의 입장에서는 될 수 있는 대로 실사회와의 갈등을 피하지 않으면 안 된다고 생각하고 있습니다. 그러나 그것은 나의 힘이 부족하기 때문이고 모든 사람이 그렇게 하지 않으면 안 되기 때문은 아닙니다. 나의 힘이 좀 더 있었다면 나는 충분히 실사회와 맞설 수 있다고 생각하고 있습니다」라고 대답했다고 한다. 여기에 대하여 長江는 다음 달의 「反響」에 그 비평을 쓰고서는 자신의 힘이 넘치기 때문에 실사회로 나아간다고 하는 것은 자신과 사회를 분리하여 생각하고 있기 때문이다. 「실사회가 자신이라는 윤곽을 띠고 있고, 자신이 실사회라는 초점이 된다는 중요한 의식이 결여되어 있」기 때문이라고 말했다고 한다. 그리고 예의 「자신을 보다 좋게 하려는 것에 의해서만이 사회를 보다 좋게 할 수가 있고, 사회를 좋게 하는 것에 의해서만이 자신을 보다 좋게 할 수가 있다」는 독특한 신조를 강조했다고 한다. 이 비평에 대해 수긍할 수 없었던 阿部次郎는 私信으로 그 취지를 설명하고 불명확한 점에 대한 설명을 요구하였지만 그 대답은 얻을 수가 없었다. 그런데 長江는 작년 가을 「新日本」에서 재차 똑같은 말을 반복하면서 자신은 비평가이기 때문에 이와 같은 집요한 오해 앞에 침묵할 수가 없어서 붓을 들었다고 하는 것이다.

阿部次郎가 말하고자 하는 것은 다음과 같은 것이다. 자신은 자기 자신의 일과 실사회의 일을 자신이 처해 있는 현재 노력의 초점을 모으려는 특수한 문제와 대립시킨 것에 지나지 않는다고 하였다. 원래부터 사실상 사회가 자신에게 영향을 미치고 있었고 자신의 활동이 사회에 파급되는 사회학적 고찰을 부정하는 것은 아니라고 하였다. 또한 이와 같은 준비에 충실해 온 자신의 활동이 장래 실사회와 절실한 교섭을 맺지 않고서는 있을 수 없다는 것을 부정하는 것은 아니라고 하였다. 요컨대 長江와 자신과의 차이는 長江가 막연히 병렬적으로 두고 있는 上求菩提, 下化衆生의 두 구절에 대해서 자신은 현재의 초점에서는 우선 上求菩提를 취하고, 下化衆生의 활동을 장래에 기약하고 싶다고 하였다. 이것조차 「사회를 보다 좋게 하는 것에 의해서만이 자신을 보다 좋게 할 수 있다는 중요한 신념에 따른 것은 아니다」라고 비난하였던 것은 衆生濟度의 활동을 하기에는 어느 정도의 준비와 축적이 필요하다는 것에 대해서 이해하지 못하고 있다는 것이다.

阿部次郎의 이 한 문장에 대하여 長江는 다음 달 「新小説」의 『阿部次郎군에게 주는 글』에서 대답한 것이 있었다.

長江가 말하기에는 阿部次郎와 비교하면 阿部次郎의 편이 훨씬 자신의 생각과 가까운 것을 알 수 있고 따라서 의외의 기쁨을 발견했다는 것이다. 자신의 주장의 모든 것은 자신의 수양이 있고 나서라는 나태함과 독선주의를 가진 일부 사상가들을 각성·편달시키려는 의도에서 출발했던 것이다. 그것은 소위 실사회에 들어가려는 문단 사상계의 한 구석에 남아 있었던 특수한 경향에 대해 그것을 냉소적으로 보려는 무리함을 애써 감추려고 했기 때문이었을 것이다. 요컨대 「자신을 보다 좋게 하는 것에 의해서만이 사회를 보다 좋게 할 수 있다」는 현대적 상식을 교묘하게 내걸면서 「사회를 보다 좋게 하는 것에 의해서만이 자신을 보다 좋게 할 수가 있다」는 옛날 성현의 교훈에 보이고 있는 큰 진실에 이르지 못하고 있는 사람들에 대해서 참을 수 없었다고 말하고 있다.

17) 개인과 사회

이들 논쟁을 통하여 주목해야 할 사실은 安倍能成이든 阿部次郎이든 生田長江이든 개인과 사회의 조화 관계에만 신경을 쓰고 다른 곳에는 주목하지 않는다는 것이다. 사회관습이나 통념, 국가조직 등이 개인의 발전을 어떻게 저지하고 있는가에 대해서는 조금도 의심하지 않는다는 사실이 놀랄만한 일이다. 특히 阿部次郎에 있어서는 개인과 사회의 모든 문제를 上求菩提, 下化衆生이라는 抹香 냄새가 나는 二聯으로 취급하고 있다는 것은 더욱 놀랄만한 일이다. 이상주의라고 말하기 보다는 오히려 정신주의라고도 말해야 할 것이다. 또는 「白樺」에 지지를 보내는 安倍와 阿部次郎를 상대로 논쟁을 거듭하면서 가장 격렬한 반「白樺」의 선두주자가 되었던 長江의 주장은 자신의 주체성에 뒷받침이 된 인생관에 근거하는 것이 아니라 단순히 자신이 좋아하지 않는 世潮의 일부에 대한 반감으로부터 유래한다는 것을 안다면 흥취가 식어버릴 것이다. 말하자면 그들이 추상적인 논의에 시종하였던 느낌을 지울 수 없었던 것도 당연한지 모른다. 특히 그들이 사회라든가 국가에 대해 구체적으로 어떻게 생각하고 있었는 지에 대해서는 예상도 가지 않는 것이다.

18) 三井甲之와 堺利彦의 비판

三井甲之는 『인도주의라는 것은 무엇이냐』(「文章世界」 대정6.1월호)라는 논문에서 국가와 인도주의의 관계에 대해서 의문을 제출하고 있었는데 그는 국가주의자였던 만큼 국가에 대해서만은 적어도 앞의 세 사람과 비교해 보면 훨씬 구체적으로 파악하고 있었음을 알 수 있다.

그는 우선 휴머니티의 발달의 由因에 대해 다음과 같이 말하고 있다.

과학적 보편성으로부터, 지적 생활에 살고 있는 시대와 국가를 초월한 유통으로부터, 예술적 객관성으로부터, 국제적 통상경제 관계로부터, 국어의 유통으로부터, 종교적 전도 사업으로부터, 국제법 성립으로부터, 동맹 협상의 국제관계로부터, 동서양 문명의 융합으로부터 프로라는 것에 대해 그 밖의 여러 가지 입장으로부터 휴머니티는 발달하고 있는 것이다.

이것은 대단히 정확한 인식이라고 해야 할 것이다. 그는 그 다음에 이와 같이 발달하고 있는 휴머니티라는 관념과 현 大戰과는 어떻게 조화를 이룰 수는 없을까에 대해 문제를 진행하고 있다. 왜냐하면 교전국의 예술가, 학자, 정치가는 각각이 자국의 입장을 변호하면서 전쟁의 이유를 설명하고 있기 때문이다. 그것은 휴머니티와 전쟁의 관계인 것이다. 그렇게 보면 인도주의는 연합군 측에 의해 실현되는 것인가. 적국 측에 의해 실현될 것인가. 또는 전쟁 때문에 어쩔 수 없이 휴머니티가 가지고 있는 이상으로 향해서 일 보 일 보 걸어가고 있는가. 따라서 그는 「白樺」 및 그것에 취지를 찬동하는 사람들에게 묻지 않을 수 없었던 것이다.

현 일본 문단에서의 인도주의자는 현 전쟁에 대하여 또는 병역의무에 대하여 어떤 생각을 가지고 있는지. 휴머니티라는 관념이 막연한 사람의 그림자나 다리가 없는 유령이 아닌 소위 現念이 되기 위해서는 그곳에 인류생활에 직접 필요한 현실적 입각지를 주지 않으면 안 된다. 거기에는 우선 인류생활에 필요한 현실 조직으로서의 국가에 대해서 또는 인간성이 가지고 있는 명암에 대한 양면을 표현해야 할 예술에 대해서 생각해야 한다. 일본 현 문단에서의 소위 인도주의자라고 지칭되는 사람들은 어떠한 국가관과 예술관을 가지고 있는가. 국가, 군비, 병역의무를 부정하고 정의·인도주의라는 입장에서 인간성을 제한하는 것이 인도주의의 신앙이라고 생각하여 성인군자, 인의, 박애, 도덕을 주장하고 있는 것이 많다. 예를 들면 그들은 일본에 소개된 프랑스 문학 속에서 르네·파장, 홀·바르제, 모리스·바레스들의 작품에 보이는 향토예술, 전통주의, 조국주의에 대하여 어떠한 태도를 보이는가.

「白樺」 지지의 대표자라고도 봐야 할 安倍能成, 阿部次郎, 혹은 和辻哲郎들이 이러한 국가주의자들이 던지는 물음에 과연 그들은 어떻게 대답하였을까. 이미 봐 온 바와 같이 개인과 사회의 연관을 어디까지나 조화로운 관계에 두고 생각하고 있었던 그들에게 있어서 단순한 사회와는 달리, 강고한 정치적 조직체로서의 국가와 휴머니티 관계와 같은 것은 애초부터 관심 밖이었던 것은 아니었을까. 더구나 개인 즉 인류라는 개념에 집착하였던 武者小路는 어중간한 사회나 국가 따위는 애초부터 안중에도 없었던 것이다. 그러니까 堺利彦가 「新潮」(대정5.3월호)에 실린 『신진 열 작가의 예술』에 응답하면서 다음과 같이 말하고 있다.

武者군이 국가주의, 군국주의에 대하여 반항적인 태도를 보이는 것은 소생 등이 가장 바라는 바입니다만 그러나 武者군이 어느 정도까지 국가사회의 조직에 대해서 지식을 가지고 있는지, 그것에 대해서는 확실하지 않습니다. (중략) 소생이 중등계급 출신자로서 노동계급의 입장에 서서 일하지 않으면 안 되었던 것과 같이 武者군도 또한 순연한 평민계급의 견해, 사고방식으로 일을 하지 않으면 안 되었던 것이 아닐까요. 아니면 그렇게 되었으면 좋겠다고 생각했던 바입니다.

이와 같이 말하고 있지만 이 사회주의자의 말은 이러한 경우 문제의 요점에 대해 정확히 파악하고 있다고 봐야 한다.

19) 白樺派의 현실적 지반

여기서 우리들은 앞에 인용한 武者小路의 말―「개인이라든가 개성을 통하여 인류의지를 살려가는 것이라고 말하고 있는 것은 지금의 사람은 그렇게 생각도 못 할 것이다. 그러나 그러한 것에 대해 알지 못하면 白樺 운동에 대해서 알지 못하는 것과 같은 것이다」라고 말하고 있는 것에 대해 다시 한 번 생각해 볼 필요가 있을 것이다. 이것은 戰前에 쓰여 졌던 것인 만큼 전후가 된 지금은 아무도 예상도 할 수 없었을 것임에 틀림없다. 그러나 적어도 대정 초기부터 대정6, 7년에 걸친 한 시기의 일본사회에는 개인과 사회, 국가와의 조화에 대한 이와 같은 소박한 신앙과 같은 분위기가 있었던 것이다.

개인 속에 보편적인 인간성이 내재하고 있다는 사상은 근세유럽의 휴머니즘이 가지고 있던 근원이었고 이와 같은 조화적인 신념이 참담한 파산으로 끝났던 것은 유럽근대의 비극이라고 본다면 프로벨 등의 프랑스 자연주의가 이러한 비극에 대해 복수한 것이라 볼 수 있다. 이와 같은 복수를 통해서 자기 해체로부터의 탈출의 길을 발견해 내었던 사정에 대해서는 많은 설명이 필요한 것이 아니다. 그들이 살았던 19세기 후반의 자본주의 사회는 그러한 곳까지 그들의 자아를 몰아세웠던 것이다. 그렇게 보면 武者小路에 의해 대표되는「白樺」의 인도주의가 자연주의 前派일 수밖에 없다는 長江의 매도는 이 자연주의가 일본의 것이 아닌 한 그것은 정당하다고 볼 수 있다. 이것은 이미 봐온 바와 같은 명치 자연주의가 사실은 낭만적 염세주의의 한 변종에 지나지 않았던 것과도 관계하는 것이다.

「白樺」의 인도주의가 만일 이것을 유럽에 옮긴다면 거기에는 자아확립을 위한 사회와의 싸움이 결여되어 있다는 점에서 또한 낭만주의 前派라고 말할 수 있다. 個가 바로 보편이고, 개성의 발휘가 바로 인류의 지일 수 있다는 것은 그들에게 있어서 중간자인 국가나 사회가 존재하지 않았다는 것을 의미하는 것이다. 사회나 국가가 개성을 억압하는 모든 의무나 속박으로부터 자유스러운 것처럼 착각하고 있다고 생각할 수밖에 없다는 것이다. 『자연주의 논쟁』에서 이미 봐온 바와 같이 도덕의 성질이나 발달을 국가조직으로부터 분리하여 생각하는 것에 대한 잘못된 점이라는 것을 인식하고 그러한 입장에서 자연주의를 비판한 것은 啄木였다. 게다가 거슬러 올라가면 문학과 인생의 고찰을 일본의 정치적 조직의 고찰로 이끌어서 구조직의 유물인 忠君愛国의 비판에까지 나아간 것은 『人生相涉論争』에서 봐 온 透谷였다. 게다가 『浮雲』이든 『舞姬』이든 이들 작품이 가지는 의미는 모두 이 관료국가와 인성과의 문제일 수밖에 없었다. 그것들은 지금 「白樺」나 그 지지자들이 염원하는 것으로부터 떠나가 버린 것은 전술한 대로이다.

「白樺」 창간이 일본국가의 본질을 드러낸 소위 大逆事件의 1개월 전이었던 것은 이러한 의미에서 주목할 필요가 있다. 개인을 살리는 것이 곧 인류 의지에 합치하고, 個가 그대로 보편성과 연결된다는 입장으로부터 국가나 사회나 역사를 捨象한 武者小路를 중심으로 일어났던 것이 소위 인도주의 문학운동이다. 大逆事件과 전후하여 더구나 물론이 사건과는 관련 없는 것에서 출발했다고 하는 것은 그들 문학운동의 근본 성격을 알아보는데 있어서 도움이 되는 것이다. 게다가 그 후의 일본국가, 일본사회의 흐름이 그들 문학운동과 서로 어울릴 수 있는 기반이 되었다는 것, 그러한 의미에서의 낙천적인 인생관에 뿌리내린 이 운동이 사회로부터 고립이 되기는커녕 오히려 그 영향은 깊고 넓어서 일본 문학사에 있어서 공전의 강력한 문학운동이 될 수 있었다는 사실이 더 한층 중요하다. 「白樺」 운동이 무엇보다도 강력한 영향력을 가졌던 것은 대정3, 4년부터 대정7, 8년까지의 수 년간으로 대개 제 1차 세계대전의 시기였다. 이 대전에 일본은 시종 유리한 위치에 있어서 러일전쟁 이래 급속하게 신장한 자본주의가 비약적으로 발전하였던 절호의 시기였다. 미증유의 호경기에 휩싸여 벼락부자라는 新語가 범람하기도 했다. 자본주의의 번영은 영원한 것처럼 생각되었다. 국가도 사회도 민족도 捨象되어 개인이 곧 인류와 직결한다는 몽상이 현실적으로 그 지반을 가질 수 있게 만든 것이다.

20) 「教養派」 시대

문단을 비롯하여 세간은 이러한 낙천주의에 대해 반쯤은 아연하고 반쯤은 냉소를 보냈다. 唐木順三에 의하면 大正이라는 시기는 문화사적으로 보면 「教養派」 시대라고 한다. 阿部次郎의 『三太郎의 일기』에서의 三太郎가 敎養派의 한 견본이라고 한다. 「대정 이래의 교양은 스스로의 손에 의해 고전을 선택했던가. 성경으로부터 하이트만에 이르기까지 모든 것이 고전이라고 생각하였던 것은 아무것도 고전이 아니라고 하는 것과 같은 것이다. 성경도 교양이고 모파상도 또한 교양이었다. 두 뇌는 물집으로 부풀어 올랐지만 긴장은 되지 않았다」(唐木順三, 『현대사에의 시도』)라고 한다. 개성을 기반으로 하는 교양파에 있어서 국가, 사회, 민족, 역사 등 모든 시간적 공간적 제한점이 소멸했던 것은 武者小路와 다를 바가 없는 것이다. 그들은 무엇이든 이해하였고, 무엇이 되었던 그들이 이해할 수 없는 것은 없었다. 여기서 다시 한 번 근세인 속의 근세인이었던 고흐나 세잔느보다도 전습의 조정자인 마네의 이해가 더 필요하다고 말하였던 뛰어난 문명비평가의 말을 상기시켜야 할 필요가 있는지도 모른다.

그러나 白樺派는 결코 교양파가 아니었다. 그들은 예술과 사상의 모든 천재들에게 호소한 것이고, 그 천재들은 여기에 부응한 것이어서 천재의 저작에 대해 교양을 쌓은 것은 아니다. 오히려 자신 속의 톨스토이에게, 자신 속의 고흐에게, 자신 속의 베토벤에게 호소하였다고 보는 편이 맞는지도 모른다. 白樺派는 교양파의 발생을 예기하고 조성한 것이었지만 동시에 교양파도 또한 白樺派를 배후로부터 강력하게 지지하였던 것은 그들의 대표격인 阿部次郎, 安倍能成, 和辻哲郎들의 비평 활동이 보이는 대로이다.

21) 「새로운 마을」의 창설

武者小路가 그의 면모를 충분히 발휘하였던 것은 말할 나위도 없이 「새로운 마을」의 창설이었다. 새로운 마을의 건설에 착수하여 그가 동지와 日向로 출발한 것은 대정7년 8월이었다. 「白樺」 대정7년 12월호에

11월 16일 부의 武者小路의 통신이 나오고 있는데 그것은 다음과 같다.

　우리들이 지금 정착하려고 하는 곳은 日向의 児湯郡 木城村 石河内이라는 곳이다. 참모본부의 5만분의 1의 지도에 있는 尾鈴山이라는 곳을 보니가 小丸川에 붙은 곳으로부터 石河内라는 곳이 있었다. 그곳의 경사면을 따라 강이 둥글게 돌아서 반도처럼 된 곳이 있다. 그곳 전부가 우리들의 것이 되었다. 보고 싶은 사람은 보기 바란다. 그 강의 물이 대단히 아름답다. 그리고 어떤 곳은 깊은 연못을 만들고 있다. 天正 때의 성 뒤에는 겨울산 돼지나 사슴이 나오고 원앙새가 나온다고 한다.

이 새로운 마을에 대해서 武者小路는 무엇을 계획했던가.

　자기들은 무엇을 하려고 하는가. 새로운 사회를 만들려는 것이다. 그곳에서는 모두가 일하려고 할 때 일정한 시간만큼 일하는 대신에 의식주의 걱정으로부터 해방되어 천명을 다하기 위해서는 돈이 필요 없는 사회를 만들려는 것이다. 게다가 자유를 즐기고 개성을 살리려는 것이다. (『토지』)

또한 다음과 같이도 말하고 있다.

　새로운 마을의 사업은 한 쪽의 진심이 진심과 연결되는 기쁨을 맛보는 것이고, 또한 인류에 개인을 연결시키는 일이고, 또한 모든 사람이 참된 의미에서 다 함께 형제가 될 수 있는 길을 사람들에게 보이는 것이고, 개인이 인류 및 다른 개인에 대해서 어떻게 생활해야 하는지를 그리고 자신의 생명을 어떻게 살려야 하는지를 만인에게 보이는 일이다. (『새로운 마을에 대해서』 「新小説」 대정7.9월호)

日向의 한 구석에 이와 같은 이상향을 만들기 위한 토지 매입에 성공하여 武者小路가 기쁨의 통신을 「白樺」 앞으로 쓴 대정7년 11월에

제 1차 세계대전은 끝났다. 전 해 11월에는 러시아에 혁명정권이 들어섰다. 대전이 일본에 가져온 호경기는 이 무렵 절정에 가까웠고, 물가의 폭등에 의해 한편에는 하룻밤 사이에 부자가 속출하고, 다른 한편에는 민중의 생활난이 급격하게 악화되어 가기도 했다. 대정7년 여름에는 쌀소동이 전국적으로 퍼져갔고 끝내는 군대가 출동하기에 이르렀다. 스트라이크나 탄광의 폭등이 각지에서 일어나게 되었고 이것은 다음 해의 川崎 조선소, 그 다음 해의 八幡 제철소의 2대 스트라이크로까지 발전한다. 이렇게 하여 대정8년에는 호경기가 절정에 달하게 되고, 대정9년에는 서서히 전후의 공황이 시작되고 있었다. 武者小路에 의해 새로운 마을이 만들어 진 것은 이와 같은 사회 정세 속에 이루어진 것이었다. 이전은 대역사건을 계기로 한 분주한 정치적 반동 속에서 사회사상과는 완전히 관련이 없는 독자적인 사상에 입각하여 「白樺」를 일으켰고, 지금 또한 전후의 騷然한 노동 공세와 데모크라시 사조의 수입 속에 그들의 사조와는 아무런 관련이 없는 새로운 마을 창설에 착수한 것이었다. 러시아 혁명과 민족자결과 쌀 소동과 스트라이크와 데모크라시와 이러한 일본과 세계의 아비규환 속에 개인을 인류에 연결시켜 간다는 프로그램을 적당한 노동의 기초 위에 쌓는 것에 의해서 인류의 몽상국을 九州의 한 구석에 실현하려고 한 것이었다. 비판과 냉소와 공감이 이 기사에 쏠려진 것은 당연한 일이었다. 그것들에 대해서는 여기서 다 할 수는 없다. 냉소든 공명을 보이든 상식론의 범위를 벗어나는 것은 아니었다.

22) 有島武郎의 비판과 이해

그러한 속에서 가장 밑바닥으로부터 단 한 사람 특히 주목해야 할 비판적 이해자로서 나타난 것이 「白樺」 동인의 한 사람이었던 有島武郎였다. 「中央公論」 대정7년 7월호의 『武者小路 형에게』라는 한 문장이 이것이다. 「전쟁과 평화는 결국 자본가라는 소수자의 손에 의해 제멋대로 좌지우지되고 있습니다」라고 말하고 「어떠한 권력이 이것을 아무리 숨기려 하여도 숨길 수 없을 정도로 평명한 현상입니다」라고 말하고 「미봉책으로 순간을 모면할 수 없는 회전기가 도래하고 있습니다」라는 전제에 서서 다음과 같이 결론을 짓고 있다.

나는 당신의 계획이 아무리 면밀하게 준비되고 실현되어도 결국은 실패에 끝난다고 생각하는 것입니다. 실패에 끝나는 것이 당연하다고 생각하는 것입니다. (중략) 만일 지금 세상에서 이러한 계획이 성공할 수 있다고 생각한다면 그것은 도리어 이상한 일이 아니겠습니까. 그러한 곳에 사람들은 반드시 타협의 묘미를 찾아낼 수가 있겠지요. 요컨대 실패하든 성공하든 당신의 계획은 성공이었습니다. 그러한 것이 도래할 새로운 시대의 기초가 된다는 것에 있어서는 똑같습니다. 일본에서 처음으로 시행하려는 이러한 계획이 목적에 벗어난 성공을 이루기보다는 어디까지나 趣意에 철저해서 실패하지 않기를 바랍니다.

미래를 약속하는 것은 滑稽인지도 모르겠습니다만 나도 어떤 기회의 도래와 함께 당신이 기획하였던 것을 어떠한 형태로든 기획해 보려고 생각하고 있습니다. 그러나 내 멋대로 실패도 해보려고 생각하고 있습니다.

武者小路는 다음 달의 「白樺」 誌上에서 다음과 같이 대답했다.

有島武郎씨와 나와의 차이가 새삼스럽게 확실하게 느껴졌다. 역시 有島武郎씨는 有島武郎씨라고 생각했다. 다른 사람보다 훨씬 나를 이해해 주고 있는 것은 말할 나위도 없겠지만 有島武郎씨에게 확신이 조금이라도 섰다면 有島武郎씨가 정말로 그러한 것을 생각하고 있었다면 그러한 것은 지나친 자부심이 아니었을까요. 有島武郎씨가 아니 백 명이 나와도, 또한 무엇을 말한다 해도 나는 자신이 생각하고 있는 확신에 대해 버릴 생각이 없고, 용기를 버릴 생각이 없다는 점이다. 이러한 점에 대해서 안심해 주기 바란다.

그러나 有島武郎씨가 소위 훌륭한 실패의 모범을 보여 주기를 바라고 있다. 그 때는 有島武郎씨의 정신에 대해 확실히 알고 싶다고 생각하는 것이다. 그 때는 존경해야 할 것에 대해 진심으로 존경을 보내고 싶다고 생각하는 것이다.

有島武郎의 비판은 새로운 마을의 기획이 인류의 몽상이기 때문에 결국 몽상의 순수성에 대해 철저해 줄 것을 바라면서 요구한 것이었다. 그것은 비판적 이해에 시종한 것이지만 몽상을 몽상이라고 받아들이지 않는 武者小路에게 있어서 有島武郎의 진의는 도저히 이해할 수 없는 것이어서 그의 대답은 대단히 감정적으로 격해 있는 것을 알 수 있다. 여기에 대하여 有島武郎는 더욱 『독자에게』라는 문장을 「白樺」와 「새로운 마을」 쌍방의 9월호에 발표했다. 그것에 의하면 武者小路의 응답이 너무나도 감정에 치우쳐져 있다고 말하고 있기 때문에 이상하게 생각하고 있다는 것이다. 그것에 대해 私信으로 그 진의를 물었던 바 이러저러한 사정이 쓰여져 있는 위에 「내가 불복하는 것은 나라는 인간에 대해서 당신은 한 마디의 신뢰를 보내는 것이 아니고 내가 하는 일을 단지 일로서만 인정하고 있기 때문에 일반적으로 文士의 일로서만 존경해 주었다는 것입니다」라고 했다고 한다. 有島武郎는 이것에 대해서 「나에게 있어서 그 감상은 有島武郎군이라는 인간에 대하여 철두철미 말하고 싶었던 것이다」라고 말한다. 게다가 어떤 회합에서 실패가 결정되어 있는 것을 굳이 그러한 것을 계획한 武者小路는 바보스러운 흉내를 내는 것뿐이라고 말하였고 또한 그 어리석음에 대해 가련하다고 말하고 있는 사람을 보고 그 곳에 자신은 반감을 느꼈다. 새로운 마을의 일에 대해 성공하느냐 실패하느냐라는 사실만에 집착해서 비판을 가하는 사람이 많은 것을 알아차리고 나서 그러한 자신의 감상을 공개장이라는 형태로 발표한 것이라 말하고 있다.

새로운 마을의 운동을 포함하여 武者小路를 중심으로 하는 「白樺」 문학운동을 부정적으로 비판하는 것은 그렇게 간단한 문제가 아니다. 특히 사회과학의 입장으로부터 말하면 원래부터 비판의 대상이 될 수 없었던 것이다.

23) 사회주의와의 대결

대정10년 5월이 되어 「読売新聞」에 平林初之輔의 武者小路에 대한 비판의 글이 나타난 것을 계기로 하여 양자 및 前田河広一郎와의 사이에 논쟁 비슷한 응수가 있었다.

내가 왜 문학자들이 가지고 있는 사회주의적 경향을 싫어하는가. 그것은 사회주의라는 것은 일종의 실제운동으로 과도기의 주의라 말할 수 있는 것으로 이윽고 그것은 사라질 주의이기 때문이다(『문학과 사회주의적 경향』 대정10.5. 20, 21).

진실로 문예에 필요한 것, 산출해 내어야 하는 것에 대해서는 즉 이러한 것이 문예계에까지 사회주의적 경향을 띠어야만 된다는 본능을 가지고 있는 것이다. 이것은 가만히 있어도 곧 알 수 있는 것이다. 사회주의에 대해서는 나는 문외한이다. 그러나 새로운 마을이 성장함에 따라서 사회주의와 어떠한 관계에 있는가에 대해서는 학자들에게 그러한 것을 맡긴다. 자신은 자신이 또는 인간은 이렇게 살아야만 참된 삶이라고 생각하는 것만을 가지고 살아갈 예정이다.

그것이 자본주의나 사회주의와 어떠한 관계에 있는지는 자신은 잘 알지 못한다. (『문학과 사회주의적 경향』 대정10.5.20, 21)

이렇게 武者는 같은 대답을 되풀이하고 있다. 여기에 대하여 平林初之輔, 前田河広一郎들의 사회주의적 입장으로부터의 비판은 굳이 들 것까지도 없다. 단지 대정10년이 되면 白樺派의 대표자인 武者小路가 사회주의와 직접적으로 대결해야만 했던 것은 중요하다. 소화2년 1월 20일의 「読売新聞」에 武者小路가 『曠野社의 사건에 대해서』와 같은 변명을 써야만 했다. 대정15년 11월 「새로운 마을」의 출판부인 曠野社에 두 명의 馘首者를 낸 것에서부터 쟁의가 발생하였다는 사건이 일어난 것이다. 「단순히 馘首 문제에 대한 경쟁 투쟁의 기관을 없애서 관념상에 있어서의 투쟁, 환언하면 曠野社라는 인도주의 가면을 쓴 자본주의 조직에 대항하고 그 정체를 백일하에 폭로하기 위해」 소화2년 1월에 曠野社문제대책위원회가 조직되었다. 이상의 인용은 그 성명서의 일부분이다. 武者小路는 소화2년 1월 20일의 「読売新聞」에 『曠野社의 사건에 대해서』라는 변명에 대해 쓰고 있다. 자신은 이번 문제에 대해서 아무것도 알지 못했다고 말하고 「내가 부당하게 욕을 먹었던 것에 대해서는 오히려 좋았다. 나는 싸울 기분이 생겼고 자신감이 생겼기 때문이다」라고도 말하고 있다.

이것에 대해서 3일 후의 「読売新聞」 지상에 青野季吉가 『武者小路씨의 태도를 논한다 ― 曠野社 문제에 대해서 ―』를 발표하고 있는데 「인도주의 정신에 의해 맺어진 형제들이 그 생존상 생활상에 있던 동지들의 紛議를 해결하기 위해 집단운동의 게와르트에 의한 것일 수밖에 없었다고 하는 사실은 인도주의에 있어서 이 이상 더 부끄러운 일이 있겠는가」라고 쓰고 있다. 즉 「白樺」 시대는 이 시기를 가지고 역사적으로

완료되었다고 볼 수 있다.

새로운 마을은 武者小路의 꿈일 뿐만 아니라 인류의 꿈이기도 하였다. 그러나 그 몽상이 이 정도로 순수하고, 그 꿈에 이 정도로 순수하게 살려낸 정신이었다는 것은 어떠한 비판에도 당당할 수 있는 것이다. 실제로 새로운 마을의 실체가 어떠했던 간에 그곳에 위탁된 그의 꿈의 절실함에 대해 조소할 수 있는 것은 아니다. 오늘날은 더욱 더 불가능할 것이다.

이와 같은 반현실적인 몽상이 널리 깊게 사회적 공감을 얻을 수 있었던 특수한 한 시기가 대략적으로 말해서 대정시대였다고 할 수 있다. 大戰의 호경기에 의한 안이한 생활감각이 민중을 지배하고, 문화와 교양이라는 이름 하에서 일체의 문화비판을 잊어버린 시대였던 것이다. 「白樺」의 문학운동은 이와 같은 문화나 교양과는 근본적으로 성격이 다르면서도 그것들의 비판이 되지 않았을 뿐만 아니라 그것들과 좋은 조화를 이룰 수 있었던 것으로서 또한 배후로부터 강력한 지지를 받았다고 하는 것은 이 운동이 대정기의 대표적 주조가 될 수 있었던 이유가 되는 것이다. 그러나 「白樺」 논쟁을 통해서 볼 때 이 운동에 대한 근본성격을 이해할 수 있었던 사람은 아마 有島武郎 한 사람이었는지도 모른다.

이상과 같이 대략적으로 고찰하여 봤지만 이상에서 제외된 즉 잘 알려져 있지 않은 부분을 취급하면 다음과 같다.

「白樺」 논쟁에 대해서 臼井吉見의 『근대 문학 논쟁』 속에 잘 정리되고 있는데 그 속의 「회화의 약속 논쟁」 부분에서 처음에 지적된 것을 稻垣達郎가 그것을 받아서 적극적으로 의미를 부여하게 된다. 그것을 本多秋五가 臼井보다도 일찍 『「白樺」파의 문학』 속에서 적절하게 취급하고 있다. 長谷川泉가 편집한 『근대문학논쟁사전』에서 정리한 것이 있고, 또한 明治書院版의 『일본문학의 쟁점 5』의 「근대편」에서 재정리, 보충도 한 것이 있다. 이런 종류의 논쟁의 발단, 경과, 수확 등에 대해서는 우선 기존의 정리에 의해 이미 대부분이 채워졌다고 생각한다. 『근대문학 논쟁 사전』에서는 다음과 같이 정리하고 있다.

(1) 「회화의 약속」 논쟁
(2) 「자연주의 前派」 논쟁
(3) 「白樺派의 옹호·白樺派의 비판적 이해」에 관한 논쟁
(4) 「새로운 마을」 논쟁
(5) 「문학과 사회주의」 논쟁

이와 같이 언급하였다. 『일본문학의 쟁점』에서는 「白樺」 창간 전후의 논쟁이라기보다는 반응과 「『회화의 약속』논쟁」 외에 三井甲之와 武者小路実篤, 柳宗悦와의 사이에 전개된 「『국민적인 것과 세계적인 것』논쟁」을 더하고 있었다. 앞의 (1) 과 (2) 사이에 삽입된 것이다.

그것들에 『어리숙한 사람』을 둘러싸고 전개된 有島武郎와 武者小路実篤, 혹은 「호도도기스」의 문예시평이나 朝日문예란에서의 安倍能成의 발언과 武者小路와의 응수, 이어서 「두 개의 마음」 상연과 관련되는 秋田雨雀과 武者小路와의 응수, 게다가 有島武郎 관계에서 말하면 너무나도 저명한 「『선언하나』 논쟁」, 倉田百三 관계에서 말하면 「『静思』 논쟁」 등 「白樺」 종간까지만 한정해서 보더라도 각각의 동인·준동인을 중심으로 한 발언·응수·논쟁은 상당량의 숫자가 될 수 있다는 것은 사실이다.

그들 논쟁의 발단·경과·수확을 기록한다 하더라도 중복되는 면이 많고, 너무나도 무의미한 것처럼 생각되기 때문에 지금까지 잘 언급을

하지 않았던 秋田雨雀과 武者小路実篤의 「두 개의 마음」 상연과 관련되는 응수만을 한정하여 정리하고자 한다.

「두 개의 마음」은 대정원년 9월에 집필되어 그 해 11월의 「白樺」에 게재된 武者小路의 초기 희곡 중의 하나이다. 이 희곡은 대정2년 12월 洛陽堂이라는 잡지사에서 발행된 白樺叢書의 한 권인 『마음과 마음』에 수록되었고 또한 대정5년 4월 新潮社로부터 간행된 『작은 세계』에도 수록되어 있다.

『마음과 마음』은 武者小路의 최초의 희곡집이라고도 말할 수 있기 때문에 여기서 문제로 삼고 있는 「두 개의 마음」 외에 희곡의 처녀작인 『어떤 가정』(「白樺」제 2호 명치42.10), 모두에게 적이 되려고 자아의 수호에 입각한 의도를 선언한 『도색의 여자』(「白樺」 명치44.2), 『어느 날의 꿈』(「白樺」 명치45.3), 굶고 있는 도둑은 나쁜 것이 아니다는 대담한 선언을 유머스럽게 행한 『어느 날의 휴식』(「白樺」 대정2.4), 『嬰児殺戮 속의 한 작은 일』(대정2.6), 『양부』(「白樺」 대정2.7)의 7편의 희곡과 「평범한 네 남자의 회화」 「망치를 치는 소리」 「인간을 만드는 한 순간의 회화」 등 9편의 「대화」가 수록되어 있다. 희곡과 대화는 사실은 武者小路 문학의 정수라고 할 수 있는 것이다. 이 처음의 희곡·대화집은 모두 「白樺」에 게재된 것만을 말한 것인데 다음의 「中央公論」에 처음 진출하는 『나도 모른다』(대정3.1)에 이르기까지의 그의 발상에 관한 원형을 알아내기에는 대단히 중요시해야 할 단행본인 것이다.

이 『마음과 마음』이 간행되던 지점에서 武者小路는 스스로의 사색의 보조, 사상의 뒷받침이기도 했던 초기 雑感의 종류를 모은 『생장』을 똑같이 白樺叢書로서 洛陽堂으로부터 간행하고 있었다는 사실을 잊은 것은 아니다. 초기 雑感集인 『생장』과 초기 희곡·대화집 『마음과 마음』은 완전히 똑같은 비중으로 취급해도 괜찮을 것이고 그것은 『어리숙한 사람』과 함께 武者小路 문학을 지탱하는 세 개의 축으로 함께 돌아다 볼 필요가 있는 것이다.

『두 개의 마음』『어느 날의 휴식』『나도 모른다』『28세의 예수』 등의 초기 희곡의 가작이나 소설 『작은 세계』나 『제 2의 어머니』 등을 수록한 「작은 세계」도 또한 초기의 武者小路 세계를 엿봄에 있어서 대단히 중요한 희곡·창작집이다. 『도색의 여자』『두 개의 마음』『어느 날의 휴식』『나도 모른다』로 계속되어지는 희곡 노선 위에 武者小路의 에고를 확립하는 보조가 놓여있는 것을 알 수 있다.

『마음과 마음』『작은 세계』의 어느 쪽에도 수록된 『두 개의 마음』은 『어느 날의 휴식』과 함께 武者小路에 있어서 써야 할 때 썼던 작품인 것이다. 피해 갈 수 없었던 중요한 작품이라고 봐도 좋은 것이다. 『마음과 마음』의 「序」에서 武者小路는 다음과 같이 말하고 있다.

　　「자신은 그것을 썼을 때 자신의 전력을 다 했다. 그 시간은 짧았을 것이다. 그 결과는 많지 않을 것이다. 그러나 그 당시 자신에게 있어서는 그럴 수밖에 도리가 없었던 것이다」

　　「자신은 이러한 작품을 쓴 일에 대해 부끄러워하지 않는, 그러면서 실망도 하지 않는다」

　　「자신은 원래부터 자신에게 부여된 것에 대한 기쁨을 발견해 낸 독자를 상상 한다. 그러나 그것은 자신이 알 바가 아니다. 자신은 자신이 가능한 대로의 것을 하는 수밖에 도리가 없는 것이다. 다른 사람들로부터 무슨 말을 듣던 걸어갈 수 없는 곳은 결코 걸어가지 않는다. 충실히 걸어갈 수 있는 유일한 길만 통과한다」

이와 같이 쓰고 있다. 『두 개의 마음』에는 「영주」와 「腰元」와 「近習」와 「무사 갑, 을」이 등장한다. 중심은 「영주」와 「腰元」에 있다. 부

인을 잃은 영주는 腰元에 대단히 집착한다. 원래 이 영주는 가령 율법
이 있어도 책형이라든가 화형을 내리는 것을 싫어하는 사람이었다. 그
런데 腰元는 近習와 사이가 좋게 된다. 그 녀석도 바보스러운 일을 한
것이다. 그 여자도 바보스러운 일을 한 것이다. 발각이 되면 살해당할
것임에 틀림없다. 그렇게 발각될 것임에 틀림없을 것이다. 영주도 이번
에는 단단히 화가 났다는 무사들의 대화에 의해 막이 열린다. 腰元는
부인이 병환 중일 때 자신에게 말 한 외양은 부처와 같은데 마음은 짐
승보다 못한 영주를 조롱하면서 반대로 近習에게 가까이 하였다고 한
다. 그러나 腰元의 본심은 영주를 따르고 싶어 한다는 것을 영주도 그
것을 간파하고 있다. 죽여 달라는 듯이 부르짖어도 처음부터 마음을 연
다. 영주는 자신을 위해 살아가도록 부탁한다. 그러자 지금까지 말 한
것은 전부 거짓이기 때문에 죽여 달라고 말하기 위해 일부러 만든 일이
라고 腰元는 말하고서는 이별을 몇 번이나 고한다. 영주는 너와 같은
여자를 살려 두는 것은 망설임의 씨앗이 된다고 말하면서 그녀의 목을
자르고서 자네의 바램은 이루어졌다고 했다. 나는 자네를 생각할 때마
다 강하게 되어야 겠다고 생각했다. 그렇다 하더라도 자네는 너무나도
약했다. 아름다운 얼굴이다. 다시 볼 수 없는 아름다운 얼굴이라고 부르
짖는 선에서 끝나고 있는데 1 막짜리의 작품이다.

그다지 알려져 있지 않은 희곡이기 때문에 지금과 같이 줄거리를 소
개한 것이지만 한 남녀의 육체 속에 잠들고 있는 상반되는 두 개의 마
음의 양상이 나름대로 표명되고 있는 작품으로 武者小路 작품 중에는
1막이면서도 복잡한 요소를 내부에 포함하고 있는 것이다.

이 『두 개의 마음』의 상연이 발표되고 나서 3년이나 지난 대정4년
말이었다. 11월 29일부터 15일간 新富座에서 喜多村이나 貞奴가 배우
역할을 한다고 하였다. 山本有三가 무대 감독을 겸했다. 有三는 『그

여동생』 때도 여기에 근무한 적이 있어서 武者小路 희곡과는 이미 인연이 있었다. 武者小路 희곡의 상연은 이 해의 6월에 선대 守田勘弥의 文芸座에서 상연했던 『나도 모른다』가 최초였다. 이 『두 개의 마음』은 그것에 이은 두 번째의 상연물이었다. 『나도 모른다』의 호평이 『두 개의 마음』에로 향해졌다고 생각할 수 있다. 구작이었던 것만큼 또한 상연한다는 것에 대해서도 아직 익숙하지 못했던 만큼 안심과 불안이 武者小路에게 교차하였던 것 같다. 이 작품은 그의 어머니도 죽은 형수도 좋아했다고 일컬어지고 있었기 때문에 여자들에게는 인기가 있었던 것으로 생각하여 보통의 신파물을 보던 사람들도 불쾌감을 주지 않았다고 「白樺」의 「六号雑記」에 기록되어 있었던 것이다. 新富座에서는 鏡花의 『폭포의 물줄기』도 똑같이 상연하였던 것이다. 「나는 멋대로 쓰는 것이다. 읽는 사람도 멋대로 읽는 것이다. 그럴 경우는 괜찮은데 다른 것과 함께 보여 질 경우에는 그다지 기분이 썩 좋지 못하다고 생각한다. 그러나 그것은 그런 기획을 하는 사람의 죄이지 결코 나의 죄는 아니다. 멋대로 하라는 것이다. 그러나 자신의 작품을 해 보이려는 사람에게는 자신은 고마움과 쾌감을 느낀다. 그 감사함은 그것을 감상한 뒤에 한다 하더라도 설령 구작일지언정 자기 작품을 올리는 무대에는 축복이 있기를 바라는 것은 당연한 것이다」라고 말하는 그것은 말하자면 구작이기는 하지만 일종의 강한 기대감을 표하는 발언을 六号雑記에 서술하고 있었다.

그런데 이 『두 개의 마음』은 『나도 모른다』와 같이 단순하면서도 강한 것이 되고 있지 못하기 때문인지는 모르지만 상연에 대한 세평은 그다지 좋은 편은 아니었다. 그 중에서도 秋田雨雀가 「時事新報」(대정 4.12.7, 11) 지상에서 「武者小路씨의 『두 개의 마음』의 상연」이라는 문장을 썼다. 그것은 친구 에로생코에게 이 작품을 가장 먼저 읽혔는데 그 에로생코가 이 작품보다 오히려 『도색의 여자』 등에 흥미를 보였다는 것이다. 자신은 이 『두 개의 마음』은 『나도 모른다』보다 스케일도 작고, 모티브도 약하다고 생각이 들었지만 일본 감상주의를 잘 나타낸 작품이라고 하였다. 또한 기교의 점에서도 다른 작품과 비교하여 보면 빈틈이 없고 치밀하기 때문에 상당히 좋은 작품이라 생각하고 있었다. 그런데 상연된 것을 보니까 영주가 腰元를 죽인 이유를 명확히 알 수 없기도 하고 또한 近習도 썩 잘 그려진 것도 아니라는 식의 소견을 피력하였던 것이다. 하우트만의 『엘가』와 비교한 것도 삽입되어 있었다. 그렇다고 해서 특별히 악의가 있는 비평이라고 할 정도는 아니었다. 그러나 武者小路는 영주가 腰元를 죽인 이유가 확실하지 못하다는 이 작품의 기본적 부분에 언급한 것에 대하여 꽤 분개하면서 똑같은 「時事新報」의 12월 17일에 『秋田雨雀군에게』라는 문장을 실었다.

영주가 腰元를 죽인 이유를 자네이기 때문에 알지 못한 것이라고 하면서 자네는 한심스러운 것이라 말하고 있다. 집요하게 腰元에게 이별을 고하게 한 것은 자살을 의미하는 것이라고 말하고 또한 腰元가 죽게 되는 것은 부인망령의 책임이라고 말하고 있다. 이 작품은 자유스러운 영주가 부자유스러운 腰元를 도우고 싶어도 도울 수 없었던 슬픔을 쓰려고 한 것이라고 단언하고 近習에 대해서는 어떤 식으로 받아들이든 신경이 쓰이지 않는다고 덧붙였던 것이다.

여기에 대하여 雨雀는 12월 26일의 「読売新聞」 지상에서 「武者小路군에게」를 쓰고 자신 의견에 대해 대폭적인 보충을 가했다. 사실은 雨雀는 이 상연의 경우 내부적 관련을 맺고 있어서 배우의 조언자로서의 입장에 서 있었던 것이다. 따라서 이 작품을 3번이나 보았다는 것이다. 雨雀는 영주의 마음에 함께 울어주는 사람이 없었다는 武者小路의 순수한 마음에 대해 조롱할 기분은 전연 없고, 도리어 사람들이 추구하는 마음의 단일함에 대해서는 자신도 기쁘기 때문에 그러한 쓸쓸한 맛은 자신도 경험해 봤다고 처음으로 표명하게 된다. 그러면서도 아무리 생각을 바꾸려고 하여도 마지막 부분에 관해서만은 아무래도 불명확하다는 것이다. 武者小路는 이별을 종종 고하게 만든 것은 자살을 의미한다고 말은 하고 있지만 그것은 어디까지나 작자 자신의 생각일 뿐인 것이고, 이 상연물을 직접 본 사람에게는 다른 해석이 생길 수 있다는 것이다. 그러한 것에 대해서 제작자로서는 생각해 보아야 한다는 것이다. 지금까지 죽음을 원했던 여자가 갑자기 영주가 죽일 의사가 없어졌다는 것을 판단하고 나서 여자는 자신의 생각을 완전히 바꾸게 된다. 여자는 오히려 영주에게 모욕감을 주게 되면 영주는 그러한 것에 화를 내면서 그녀 자신을 죽일지도 모른다는 순간적인 기지가 떠오를 수도 있는 것이다. 그녀가 이별을 몇 번이나 고하고 갈 수 있다고 생각하였기 때문에 영주 쪽에서는 순간적이고 발작적인 감정에서 그 여자를 살려줄 수 없다는 절망감으로부터 여자를 죽이게 되었다고 雨雀는 보고 있는 것이다. 또한 그것은 그가 관객 입장에서의 정직한 인상으로부터 여자가 몇 번이나 영주를 조롱하고 있는 부분이 부각되었기 때문이라고 보았던 것이다.

자살하기 보다는 살해해버리는 쪽이 자신을 훨씬 강하게 살릴 수 있다고 생각하는 사고방식에 대해서 일반적으로 그것에 대해 확인해 봐야겠다는 언어의 우선 순위가 문제가 되고 있다는 것이다. 따라서 이러한 제작을 통하여 그 진의를 확실하게 확인해 보는 것은 불가능하다고 생각한다는 것이다. 자신은 강하게 될 것이라는 영주 최후의 말에 대해서 연출을 맡았던 山本有三와 배우 喜多村와의 사이에도 문답이 있었던 것이다. 山本有三는 영주는 여자에게 패배했다. 그것이 영주 생애의 기억이 되어 자신생활을 강하게 만들었다는 의미에 있어서는 승리한 것이라고도 말할 수 있다고 하였고 喜多村는 자신이 여자를 살릴 수 없었기 때문에 여자에게 손을 댄 것이 자신생활에 영향을 주게 되어 강하게된 것이라는 해석을 내리고 있었던 것이다. 즉 연출자도 배우도 武者小路가 의도하는 대로는 받아들이지 않았던 것이다. 제작자의 마음과 그것을 취급하는 사람 또는 볼 것과의 사이에는 언제나 하나의 빈틈이 있다는 것을 각오해야 할 필요가 있다는 것이다. 더구나 그 책임은 언제라도 보는 것만으로 돌릴 수 있다고는 생각하지 않는다는 것이다. 또한하우트만의 『엘가』에서는 깊이 파고 들어가면 남녀의 본능성이 언급되고 있는데, 『두 개의 마음』의 경우 腰元의 마음에는 과거의 도덕이 부인의 망령으로 되살아나서 그것이 여자의 생활과 본능을 깨뜨리고 강하게 만든다. 그러나 그것은 소극적인 반발력이 되어 나타난다는 형태라는 것이다.

즉 雨雀는 武者小路의 이러한 순수한 의도에 기본적인 경의를 표하면서도 일반 공중 앞에서는 그 의도가 의도로서 바르게 전달되는 것은이미 처음부터 결정되어 있는 것에 대해서는 의문을 가지고 있었다. 그것보다도 오히려 항상 양자 사이에는 하나의 빈틈이 있다는 식으로 생각하는 것이 더욱 중요한 것이 아닌가하고 말하고 있는 것이다.

이러한 것에 대하여 武者小路는 특별히 반론을 펴고 있지는 않다. 그러나 『두 개의 마음』이 세평이 좋지 않았던 것에 대해서는 아직 이 작품이 충분히 예술화 되어 있지 못했던 구작의 불안에 대해 생각을 하면서도여전히 이 작품은 앞으로 볼 것이라고 생각하여 소설보다는 각본이 뒤떨어진 것처럼 생각하고 있는 사람들에게 불만을 표출하고 있었다.

『나도 모른다』를 쓰고 나서 이후의 武者小路는 더 한층 자신의 입장을 명확히 하고 있다. 예를 들면 『작은 세계』의 「自序」에 있어서 다음과 같이 쓰고 있다.

「자신은 마음을 움직이지 않고서는 아무 것도 쓸 수 없었다」
「독자의 마음에 다가가지 못한 작품은 없을 것이라 생각하고 있다. 적어도 다가가야 할 작품이라고 생각하고 있다」
「나의 마음에 대해 언급하지 않았습니다 라고 말하는 사람이 나오던 간에 자신은 그럴 리가 없다고 생각하는 인간 같다」
「그것은 당신이 둔하기 때문입니다 라고 자신은 배 속에서 생각하는 인간 같다」

이와 같이 그는 감연하게 쓰고 있다.

『두 개의 마음』이 상연이 될 때 구경꾼은 웃거나 소란스럽게 하거나 한다. 또한 조소의 소리도 내뱉는다. 雨雀의 후의를 마음 속으로 간직하였던 발언이라 할지라도 꽤 신경이 쓰여서 응수하기도 한다. 그러나 「새로운 세계」를 간행하는 차원에서는 다음과 같이 말하고 있다.

「자신에 대한 변명은 그만두자. 보여 지는 대로 보여 주는 것에 만족하자」
「자신은 이제 변명을 하지 말고 웃으면서 있는 만큼의 자신감은 있기 때문에」

이와 같이 말을 내뱉는 것이었다. 『두 개의 마음』은 명실 공히 훌륭한 1막이라고는 말하기 어렵다. 영주나 腰元가 등장하는 일종의 역사물이지만 소위 역사의식을 가지고 만들어진 것은 아니다. 일정한 엄격한 역사적 조건 속에서 인물이 살고 죽는 것은 아니다. 영주일 필요성도 腰元일 필요성도 없다. 단지 武者小路의 살아있는 사상이 영주의 형태를 빌려 腰元의 형태를 빌려 주장되고 있을 뿐이다. 사실의 드라마가 아니고 관념의 드라마인 것이다.

雨雀의 발언은 武者小路의 장점과 결함을 교묘하게 지적한 꼴이 되었다. 未来社版의 『秋田雨雀 일기』를 보면 대정4년 12월의 페이지에 다음과 같이 적고 있다.

「밤에 新富座를 찾았을 때 喜多村씨를 방문하여 武者小路의 『두 개의 마음』을 본다. 아무래도 예상보다 재미있을 것 같다. 귀가 길에 근처의 대합실에서 상세한 비평을 했다.」(2일)

「에로센코군과 함께 新富座에로 『두 개의 마음』을 보고 싶어졌다. 白樺의 동료 및 楠山, 池田의 양군과 만났다. 『두 개의 마음』은 처음에 볼 때보다는 조금은 좋아진 것 같다. 그러나 신경질적인 요소가 조금 결여 되어 있었다. 그러나 새로 나온 작품으로서는 무난했었다. 柴田군에게 『두 개의 마음』의 평을 부탁했다.」(4일)

「밤, 武者小路군 앞으로의 감상문을 読売에 보내기 위해 4시간이나 걸려서 썼다.」(19일)

「『武者小路군에게』 8매를 보냈다.」(20일)

「오늘 아침 武者小路군으로부터 나의 엽서에 대한 회답이 왔다. 同君은 꽤 이해가 부족한 사람이라고 생각했다. 新富座의 『두 개의 마음』의 비평에 대해서 묘한 야유조의 응답을 했기 때문에 나는 読売에 「武者小路군에게」를 썼다. 그것에 대해서 오해가 있는 것 같았기 때문에 나의 마음을 간단히 써서 보냈다. 그것은 나의 마음을 기울인 솔직한 것이라고 말해도 좋은 엽서였지만, 그것에 대해서 내가 당신에 대해 가지고 있던 지금까지의 공상이 뻔뻔스러운 것이라고 말해 보냈다. 이러한 사람에 대해서는 완전히 뭐라고 말해야 좋을지 모른다. 그러나 이러한 사람에게는 처음부터 강한 태도로 나오는 편이 좋다. 친구를 모두 자신을 긍정하고 있는 사람만 있는 것처럼 생각하게 하는 것은 결코 좋은 일이 아니다.」(대정5.1.2)

이와 같이 써 넣고 있다. 이것을 보면 「時事新報」「読売新聞」의 응수가 있고 난 뒤의 私信의 상황이 확연하게 보인다.

雨雀의 유연한 응수에 대하여 마음이 움직여져 솔직한 마음으로 충실히 써내려 간 자신의 작품은 반드시 독자의 마음을 울릴 수 있다는 순수하고도 직선적인 기분을 계속 가지고 있는 武者小路의 모습이 확실하게 떠오르는 것이다. 거기에는 확실히 기교 이상의 것이 있는 것은 사실이지만, 주관의 비약이 심한 경우는 독자나 관객측에서 보면 그 낙차에 놀라게 되고 따라갈 수 없게 되는 상황도 일어나는 것이다.

이상과 같은 고찰을 간략하게 다시 한 번 정리하면 다음과 같다.

木下杢太郎가 「画界近事」(「中央公論」 명치44.6)에서 「白樺」파의 주변에 있었던 山脇信徳의 그림을 볼품없는 그림, 예술이 없다고 혹평하고 「회화의 약속」을 몸에 지니도록 촉구한 것에 대하여 山脇信徳가 「白樺」지상의 『断片』(명치44.9)에서 「나는 붓을 들었을 때(중략) 일체의 약속에서 벗어나려 노력하고 있다」고 하고, 범속의 이해 등은 염두에 없다고 반론하였다. 게다가 武者小路가 山脇信徳을 도와 여기에 개입했다. 이것이 本多秋五가 「명치 문학 최후의 대 논쟁」이라고 말하고 있는데 「대정문학의 개시를 알리는 논쟁」이라고 불렀다. 소위 「회화의 약속」 논쟁의 발단이었다.

이 논쟁을 효시로 하여 「白樺」파의 존립을 둘러싼, 혹은 「白樺」파의 작가의 거취를 둘러싼 일련의 논쟁이 소화 초기까지 간단없이 계속되었다.

臼井吉見의 「『白樺』 논쟁」(『근대문학 논쟁 上』) 이래 이 명칭이 일반에 정착하였지만, 무엇을 「白樺」 논쟁이라고 부르는지, 그리고 어디로부터 어디까지가 「白樺」 논쟁인지 아직도 확실한 정설은 없다. 臼井吉見는 명치44년의 木下杢太郎, 山脇信徳, 武者小路의 논쟁으로부터 소화2년의 曠野社 쟁의를 둘러싼 논쟁까지를 자세하게 병렬적으로 소개하였지만 紅野敏郎도 지적하고 있는 바와 같이 (『근대 문학 논쟁 사전』) 臼井吉見가 다른 항목으로 취급한 「선언 하나」 논쟁을 「白樺」 논쟁 속에 넣는 것도 가능할지 모르겠다.

臼井吉見는 개개의 논쟁에는 이름을 붙이지 않았지만 紅野敏郎에 의해서 試案이 제시되었다. 즉「회화의 약속 논쟁」이하 生田長江와 武者小路의「자연주의 前派 논쟁」, 和辻哲郎나 広津和郎들의「白樺派의 옹호·白樺派의 비판적 이해에 관한 논쟁」, 有島武郎나 武者小路들의「『새로운 마을』 논쟁」, 武者小路와 平林初之輔, 前田河広一郎들 사회주의자와의「문학과 사회주의 논쟁」 등이다.

이것들의 武者小路와 中村孤月의 논쟁, 有島武郎의「선언 하나」를 둘러싼 논쟁, 曠野社 쟁의의 논쟁 등을 더한 것이 광의의「白樺」 논쟁이라 부를 수 있다. 그렇게 해서 그것으로부터 새마을 논쟁, 문학과 사회주의 논쟁,「선언 하나」 논쟁, 曠野社 논쟁 등 어느 쪽이냐 하면 개인적인 성격의 논쟁,「白樺」의 후기 혹은 폐간 이후의 논쟁을 제외한 것이 협의의「白樺」 논쟁이라 할 수 있다.

이러한 논쟁들을 통하여 武者小路는 거의 계속해서 출현하였는데「白樺」 논쟁의 과반은 武者小路 논쟁이라 할 수 있다. 그는 木下杢太郎와 山脇信徳의 응수에 개입했을 때 자신은 타인의 주관보다도 자신의 주관을 믿는, 자신을 위해서가 사회를 위해서가 될 때만큼 사회를 위해서 작용하고, 사회를 위해서가 자신을 위해서가 될 때는 사회를 위해서 작용하지 않는다고 했다. 이것은 그가 말하는 武者小路 주의의 정신인 것이고, 이것을 자연주의 後派의 자기주의라고 주장하였지만 세간에는 젊은 사람의 미숙한 독선으로밖에 이해하지 못하였기 때문에 논쟁은 피할 수 없었던 것이다.

새로운 마을도 그 자신을 위한 비약이라 할 수 있는데 따라서 신명을 바쳐 새로운 마을을 위해 일하는 것은 자기 스스로에게도 같은 친구들에게도 그것은 추구할 수 없는 것이었다. 사회주의라는 것은 비슷하면서도 비슷하지 않는 체질에 대한 모색이라 할 수 있다..

참고문헌 ―

· 国文学解釈と教材の研究 第9巻第12号、学灯社、昭和39.10

· 瀬沼茂樹、日本文壇社、講談社、昭和53.5

· 吉田精一、明治の文芸評論、桜楓社、昭和55.9

· 浅井清外6人 共編、新研究資料 現代日本文学 第一巻 小説I・戯曲、明治書院、2000.3

· 国文学解釈と教材の研究 第34巻第4号 臨時増刊号、学灯社、平成1.3

· 日本近代文学館編、日本近代文学大事典、講談社、昭和52.2

· 臼井吉見、近代文学論争(上、下)、筑摩書房、1975

· 土方定一、近代日本文学評論史、法政大学出版局、1973.11

· 布野栄一、「政治と文学論争」の展望、桜楓社、昭和59.3

· 松本健一、詳解現代論争事典、流動出版、1980.1

· 平野謙、現代日本文学論争史(上、中、下)、未来社、1969.6

저자 정인문

* 동아대학교 대학원 국어국문학과 박사과정 수료(문학박사)
* 일본 大東文化대학 대학원 문학연구과 박사후기과정 일본근대문학전공 수료
  (일본문학박사)
* 일본 筑波대학 대학원 인문사회과학연구과 (일본문학박사, 논문박사)
* 문학평론가
* 동아대학교 일어일문학전공 교수

【主要著書】

·芥川龍之介 作品 研究 1, 2
·太宰治 作品 研究 1, 2
·1910/20년대의 한일 근대문학 교류사
·일본문학 키워드
·일본 근/현대 작가 연구
·일본근대 소설의 감상방법과 실제 I
·일본근대문학의 어제와 오늘 외 다수.

일본 명치기 문학논쟁사

초판인쇄   2006년 8월   14일
초판발행   2006년 8월   26일

저자   정인문
발행   제이앤씨
등록   제7-220호

132-040 서울시 도봉구 창동 624-1 현대홈시티 102-1206
TEL (02)992-3253 / FAX (02)991-1285
e-mail ncbook@hanmail.net
URL http://www.jncbook.co.kr

ISBN 89-5668-373-5 93830
정가 12,000원